浙江省高职院校"十四五"重点立项建设教材

大学生
心理健康教育

Mental Health Education of College Students

吴一玲　章波娜　孔丹华　编著

浙江大学出版社
ZHEJIANG UNIVERSITY PRESS
·杭州·

图书在版编目（CIP）数据

大学生心理健康教育 / 吴一玲，章波娜，孔丹华编
著. -- 杭州 : 浙江大学出版社，2023.11（2025.7重印）
ISBN 978-7-308-21932-7

Ⅰ.①大… Ⅱ.①吴… ②章… ③孔… Ⅲ.①大学生
－心理健康－健康教育－高等职业教育－教材 Ⅳ.①G444

中国国家版本馆CIP数据核字(2023)第047095号

大学生心理健康教育

DAXUESHENG XINLI JIANKANG JIAOYU

吴一玲　章波娜　孔丹华　编著

策划编辑	傅宏梁
责任编辑	高士吟
责任校对	郑成业
封面设计	林智广告
出版发行	浙江大学出版社
	（杭州市天目山路148号　　邮政编码　310007）
	（网址：http://www.zjupress.com）
排　　版	杭州林智广告有限公司
印　　刷	杭州杭新印务有限公司
开　　本	787mm×1092mm　1/16
印　　张	14.5
字　　数	325千
版 印 次	2023年11月第1版　2025年7月第4次印刷
书　　号	ISBN 978-7-308-21932-7
定　　价	45.00元

前　言

　　"你学过心理学呀，那你猜猜我现在心里在想什么？"学点心理学就真的能猜到别人心里的想法了吗？亲爱的同学，欢迎走入大学生心理健康教育这门课程，来揭开心理学的神秘面纱。

　　我校心理健康课程组一直致力于探索适合高职院校大学生的心理健康教育的教学内容和教学方法，本教材在2017版校本教材的基础上，根据学生的使用感受与反馈不断修订，几度易稿，终有所获。本教材聚焦于大学生关心的自我意识、人际关系和情绪管理等话题，将教学、咨询、危机干预等学生心理工作中的常见问题以"关系"为主线串联起来，围绕关系主题分八个专题进行探讨。专题一、二、三着重探讨人与自己的关系，专题四、五、六探讨人与他人的关系，专题七和八探讨人与生命的关系，由内向外、推己及人，使学生最终达到自我和谐、人我融洽、积极幸福的生命境界，培育"自尊自信、理性平和、积极向上"的校园文化。同时，将教师团队制作的微课和学生微视频大赛获奖作品作为配套学习资源，并以二维码的方式呈现。

　　本教材的上一版获得浙江省普通高校"十三五"新形态教材立项，是心理健康课程组全体教师的智慧结晶。在教材内容的编排上，专题一和八由章波娜编写；专题二、三、四、五分别由陈道亮、曲倩、湛森和周颖编写；专题六和七由孔丹华编写；吴一玲、章波娜负责全书的框架设计、审核和统稿。

　　正如一枚硬币有正反两面，人类的情绪、认知和行为也有积极和消极两面，而引领这个世界走向美好的，不正是诸如创造、爱、感恩、责任等人类本性中的积极面吗？让我们从积极心理学的角度出发，着眼于人性和生活中的美好，探索自己，了解别人，从而生活得更幸福、更快乐！

编者

2023 年 8 月

CONTENTS 目录

心理健康概论

▶▶ **教学目标**

知识目标：掌握心理健康的定义和判断原则；了解心理健康的标准；知道大学生心理健康教育的课程性质。

能力目标：学会判断病与非病，掌握几种异常心理的识别特征；学会心理不健康时的应对方式；知道心理求助的对象、途径和方法。

情感与价值目标：形成身体健康、心理健全、社会适应的健康模型理念；在达到心理健康最基本标准的基础上不断发展自我，确立积极向上的情感和价值追求，并树立心理产生危机时的求助意识。

▶▶ **课前热身**

1. 健康是否等于没有疾病？

2. 你认为自己是个心理健康的人吗？

3. 有不健康的心理就是心理不健康吗？

▶▶ **导言**

叔本华曾说，一个健康的乞丐比患病的国王更幸福；教育家洛克也强调，健康是为我们的事业和我们的福利所必需的，若没有健康，就没有幸福。也许健康不等于幸福，但一个心理不健康的人，必定与幸福失之交臂。

微课：心理健康导论

大学教育的目的，是帮助大学生过上有意义的幸福生活。而幸福是一种主观体验，当大学生心被蒙尘时，追求幸福就变成缘木求鱼。

心理健康的人，能保有一种积极的内在状态，能恰当地处理人与自己的关系、人与他人的关系、人与生命的关系，从而能顺应环境、发展自我，这才有了实现幸福的可能。

第一节　健康与心理健康

在中国喜庆的日子里，不管男女老少，大家重复最多的祝福语是"祝您健康"。健康问题正在被更多的人重视，但健康不是单纯的祝福就可以实现的，健康需要争取、需要培养、需要建设，更需要护卫。那么，健康到底是什么？心理健康又是一种怎样的状态？

一、现代健康观

人人都想拥有健康，但对健康内涵的认识，却随着社会的发展及人类对自身认识的深化产生了极大的变化。过去那种认为只要身体没有疾病、生理机能正常就等于健康的观念正在被一种"立体健康观"所替代，即健康是由心理尺度、医学尺度和社会尺度来评价的。1977年，美国学者恩格尔（Engel）在《科学》杂志上发表的一篇论文提出了一个基本假设：健康和疾病是生物、心理、社会因素相互作用的结果，即生物—心理—社会模式（bio-psycho-social model），这立即在医学和健康领域产生了广泛的影响，使得健康的概念由单纯的生物医学模式转向了当代生物—心理—社会医学模式。

理论研究与实践证明，人是生理、心理与社会的统一。人不仅仅是一个生物体，而是有着复杂的心理活动、生活在一定的社会环境中的完整的人。1948年，世界卫生组织（World Health Organization，WHO）成立时，其在《组织法》中指出："健康不仅为疾病或羸弱之消除，而是体格、精神与社会之完全健康状态。"世界卫生组织还提出了健康的10条标准：

（1）有充沛的精力，能从容不迫地应对日常生活和工作压力而不感到过分紧张；

（2）态度积极，乐于承担责任，不论事情大小都不挑剔；

（3）善于休息，睡眠良好；

（4）能适应外界环境的各种变化，应变能力强；

（5）能够抵抗一般性的感冒和传染病；

（6）体重适当，身材均匀，站立时头、肩、臂的位置协调；

（7）反应敏锐，眼睛明亮，眼睑不发炎；

（8）牙齿清洁，无龋齿，无痛感，无出血现象，牙龈颜色正常；

（9）头发有光泽、无头屑；

（10）肌肉丰满，皮肤富有弹性，走路轻松有力。

由这10条标准可以看出，健康包括身体健康和心理健康两个方面，两者相互影响，相辅相成，缺一不可。对于正在成长发展中的大学生而言，身体健康固然重要，但心理健康有着更突出的地位。"心理健康是健康的一半"的理念正在被越来越多的人所接受。为了实现完满康宁的健康状态，我们不仅要讲究生理卫生，还要讲究心理卫生。因此，准确地认识心理健康的内涵和标准，有意识地规划、调整自己的心理发展，主动改善心理健康状态，就成了健康心理学研究的首要问题。

"亚健康状态"是近年来医学界提出的概念，又称"第三状态""次健康"，因其具有广泛的社会性和特有的时代性，被称为"世纪病"。"亚健康状态"一般是指介于健康和疾病之间的一种生理功能低下的状态。通俗地讲，"亚健康状态"是指在医院检查不出毛病，而自我感觉身体不舒服的情况。"亚健康状态"是一种动态的变化状态，有可能发展成为第二状态，即生病；也有可能通过治疗恢复到第一状态，即健康。

小知识

"亚健康状态"的表现

1. 晚上有时辗转难眠。

2. 睡不安稳，或入睡后惊醒、多梦。经常有不明原因的头痛。

3. 经常感觉到莫名的情绪压抑，总觉得心里不舒服。

4. 在面对压力与冲突时，内心挣扎着各种声音，让自己不知所措。

5. 面对目标与理想蓝图，有深深的无助感与脆弱感。

6. 生活在压力、焦虑和紧张之中。

大学生的亚健康状态应引起重视。来自上海体育学院的调查显示，上海大学生的亚健康发生率为 14.29%，其中理科类学生的亚健康发生率为 12.16%，文科类为 16.25%；男生的亚健康发生率为 13.26%，女生则为 16.07%，由此可见处于亚健康状态的大学生比例并不小。较晚入睡、饮食不科学、心理压力大、上网时间长、沉迷游戏、缺乏锻炼等都有可能引起大学生的亚健康状态。

二、现代心理观

心理是人脑对客观物质世界的主观反映。

（一）心理的实质

心理是人脑的机能，是人脑对客观现实主观的、能动的反映。人的心理包括心理过程和个性心理特征。

1. 人的心理是人脑的机能

人脑是心理的器官，心理是人脑的机能。现代科学技术的发展，尤其是认知神经心理学的深入研究，使心理是人脑的机能这一判断得到解释。例如，动物脑的某个部位被破坏，会引起动物特定行为的丧失，这说明行为与大脑的机能有关，而动物的行为又与动物的心理息息相关，所以心理与脑的机能有着不可分割的联系。在临床实践方面，有这样一些现象为其提供了有力证据：枕叶受到损伤，视觉会失常；额叶受到损伤，人就不能很好地根据言语来调节行动等。

心理学历史上有个令人惊奇的案例，一个名叫菲尼亚斯·盖奇（Phineas Gage）的建筑工人，因爆炸时被一根钢管刺穿脑袋，前额叶皮层受损，他虽然并没有因此而死，却失去了分辨是非的能力，无法控制自己的脾气，从一个顾家的好男人变成了一个打架、酗酒、骂人的人。这说明当人脑遭受损伤时，其正常的心理活动就会部分甚至全部失调和改变，盖奇的案例证实了心理现象与大脑机能的密切联系。

🔗 **链接**

在记忆与大脑的研究历史中，最出名的人恐怕不是哪个医生或科学家，而是一位患者。很多神经学的教材中，都有专门的一章描写这个代号为"H.M."的患者。H.M. 全名为亨利·古斯塔夫·莫莱森（Henry Gustav Molaison），小时候的他是个健康的男孩，但在一次车祸之后，他患上了癫痫。到他 27 岁的时候，癫痫已经严重到让他什么都做不了的程度，随时都有可能发作，他每周都要昏厥好几次。神经外科医生威廉·斯科维尔（William Scoville）在为他做了各项检查后认为，只要切除 H.M. 的一部分致病脑组织，就可以减轻他的症状。

没想到手术竟带来了悲剧性的后果——莫莱森醒来后，失去了对任何新记忆的存储能力。因为在手术的过程中，莫莱森的海马体受损，他失去了将短时记忆转化为长时记忆的能力。莫莱森永远只有 20 秒的记忆，他再也无法独立生活。然而，莫莱森却成为人类神经科学领域被广泛研究的对象，由此开启了当代脑神经科学的研究。

2. 人的心理是对客观现实的反映

人脑是人的心理产生的前提，提供了人的心理产生的可能性，而要把这种可能性变为现实，还必须依赖于客观现实。一方面，客观现实是人的心理活动内容的源泉，如果说人的大脑是个"加工厂"，客观现实便是原材料，心理活动的内容都来源于客观存在的事物。另一方面，社会生活实践对人的心理起制约作用，没有人的社会生活实践，仅有健全的大脑也不会产生正常的心理。因此，心理的产生必须具备脑与客观现实两个条件。

3. 人的心理是对客观现实的主观的、能动的反映

主观性是指一定的个人或主体对客观现实带有主体自身特点的反映。对同样的客观现实，不同的人，甚至同一个人在不同时期和不同条件下，往往反映各不相同。

能动性是指一定的个人或主体对客观现实的反映是自觉、积极、主动的。它集中体现了人的心理（即意识）的主要特点。人有意识，能自觉确定目标、制订计划、调节行动、克服内外部的困难，达到改造自然和社会的目的。

（二）人的心理现象

心理学主要研究人的心理现象，心理现象通常分为两个方面，即心理过程与个性心理（见图 1-1）。

```
                ┌ 认知过程（感觉、知觉、意识、记忆、想象、思维）
        ┌ 心理过程 ┤ 情绪情感过程（情绪、情感）
        │        └ 意志过程
心理现象 ┤        ┌ 个性心理倾向（需要、动机、兴趣、理想、信念、世界观）
        └ 个性心理 ┤ 个性心理特征（能力、气质、性格）
                 └ 自我意识（自我认知、自我体验、自我控制）
```

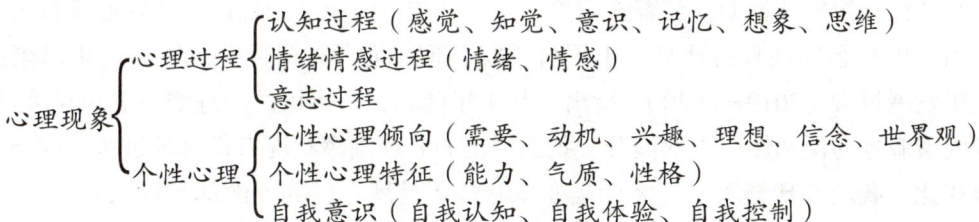

图1-1　心理现象

1.心理过程

心理过程是心理活动的动态过程，主要反映客观事物的性质和规律。

人的心理活动都有一个发生、发展、消失的过程。人们在活动的时候，由各种感官认识外部世界事物，形成感觉、知觉、意识、记忆、想象、思维，并通过大脑的活动思考事物的因果关系，同时伴随着喜、怒、哀、惧等情感情绪体验和意志调整的过程。心理活动的整个过程可分为3个方面，即认知过程、情感情绪过程和意志过程，也就是我们常说的知、情、意。

人的认知过程、情感情绪过程和意志过程是统一的心理过程的3个不同方面，它们是相互联系、相互影响、相互制约的。认知过程是引起人情感与行动目标的基础，情感情绪对人的认知活动与意志行动起着动力或阻力的作用，意志品质又反过来对人的认知、情感和目标的实现起着巨大的影响作用。

2.个性心理

个性心理也即人格，是一个人经常的、稳定的、本质的心理特征，是一个人整体精神面貌的反映，由个性心理倾向、个性心理特征和自我意识组成。

人在认识客观事物和改造客观事物的过程中，不仅有认识、情感、意志等各种心理过程，还会表现出每个人特有的心理特点，这些不同的特点构成了人们心理上的差异。人们在日常生活中形成的那些稳固且经常出现的心理特点，就叫个性心理。

个性心理倾向包括需要、动机、兴趣、理想、信念和世界观。这些心理倾向在整个个性倾向中的地位，随个人成熟与发展的阶段而有所不同。

个性心理特征包括气质、能力与性格。性格是人与人相互区别的主要方面。一个人的性格一旦形成，就会稳定地贯穿在他的全部行为活动中。因此，我们可以根据一个人的性格特点，预测他在某种情境中的表现。性格表现出一个人的品质道德行为和世界观，在个性中具有核心意义。

自我意识包括自我认识、自我体验和自我控制，对应心理过程中知、情、意3个环节，自我意识的相关内容将在专题二详细展开介绍。

三、心理健康观

心理健康问题是影响经济社会发展的重大公共卫生问题和社会问题。当前，我国正处于经济社会快速转型期，随着人们生活节奏加快，竞争压力加剧，个体心理行为问题及其引发的社会问题日益凸显。中国科学院心理研究所科研团队编写的《中国国民心理健康发展报告（2019—2020）》指出，与十年前相比，国民的心理健康意识显著增强，心理健康服务的便利性也大幅提升。我国居民的心理健康状况有很大的进步，但与发达国家相比，我国心理健康服务无论是在便利性还是满意度等方面都有很大差距。因此，提升全民心理健康意识、倡导健康生活方式非常重要。

心理健康关系到基本的社会福祉和人民的根本利益。促进学生身心健康、全面发展，是党中央关心、人民群众关切、社会关注的重大课题。党的二十大报告中也提出要"重视心理健康和精神卫生"[①]。

1.心理健康的定义

不同的人，其心理健康问题可能是以不同的方式表现出来的。即使是同一个人，在不同的时期，其反映心理健康的特点也可能是不同的。关于心理健康的概念，并无统一界定，第三届世界卫生大会指出："所谓心理健康，是指在身体、智能及情感上与他人的心理健康不相矛盾的范围内，将个人心境发展成最佳状态。"

2016年，国家卫生计生委、中宣部、中央综治办、民政部等22个部门共同印发《关于加强心理健康服务的指导意见》（国卫疾控发〔2016〕77号）（以下简称《意见》）。《意见》作为贯彻落实习近平总书记在2016年全国卫生与健康大会上的讲话要求，落实"十三五"规划纲要和"健康中国2030"规划纲要的重要文件，是我国首个加强心理健康服务的宏观指导性意见。《意见》明确将心理健康定义为："心理健康是人在成长和发展过程中认知合理、情绪稳定、行为适当、人际和谐、适应变化的一种完好状态。"

2.心理健康的标准

美国心理学家马斯洛（Maslow）和米特尔曼（Mittelman）提出了心理健康的10条标准：① 有充分的安全感；② 充分了解自己，并对自己的能力做适当的评价；③ 生活的目标切合实际；④ 不脱离周围现实环境；⑤ 能保持人格的完整与和谐；⑥ 具有从经验中学习的能力；⑦ 能保持良好的人际关系；⑧ 能适度地宣泄情绪和控制情绪；⑨ 在不违背社会规范的条件下，能适当地满足个人的基本需求；⑩ 在不违背社会规范的前提下，较好地发挥自己的个性。

马斯洛和米特尔曼主要从适应社会的角度提出了心理健康的10条标准，是人本主义的心理健康观，强调自我的实现。心理健康的标准有很多，但并非符合所有的标准才是健康的心理。

1986年，我国学者郭念锋在《临床心理学概论》一书中，提出了评估心理健康水平

---

① 习近平. 高举中国特色社会主义伟大旗帜　为全面建设社会主义现代化国家而团结奋斗——在中国共产党第二十次全国代表大会上的报告[R]. 北京：人民出版社，2022：49.

的 10 条标准，在国内受到广泛的认同，具有非常好的指导意义。

（1）周期节律性。人的心理活动在形式和效率上都有自己内在的节律性，比如白天思维清晰，注意力集中，适于工作；晚上能快速进入睡眠状态，以便养精蓄锐。如果一个人每到晚上就睡不着觉，那表明他的心理活动的固有节律处在紊乱状态。

（2）意识水平。意识水平的高低，往往以注意力水平为客观指标。如果一个人不能专注于某种工作，不能专注于思考问题，思想经常开小差或者因注意力分散而出现工作上的差错，就有可能存在心理健康方面的问题。

（3）暗示性。易受暗示的人，往往容易因周围环境产生情绪的波动和思维的动摇，有时表现为意志力薄弱，给精神活动带来不稳定性。

（4）心理活动强度。这是指对精神刺激的抵抗能力。在遭遇巨大的精神打击时，精神刺激抵抗力弱的人往往容易留下后患，可能因为一次精神刺激而导致反应性精神病或癔症，而精神刺激抵抗力强的人虽有反应但不会患病。

（5）心理活动耐受力。这是指个体对现实生活中长期反复地出现的精神刺激的抵抗能力。

（6）心理康复能力。由于各自的认知和经验的不同，个体从一次打击中恢复过来所需要的时间会有所不同，恢复的程度也有差别。这种从创伤刺激中恢复到正常水平的能力，称为心理康复能力。

（7）心理自控力。情绪的强度、情感的表达、思维的方向和过程都是在人的自觉控制下实现的。当一个人身心十分健康时，他的心理活动会十分自如，情感的表达恰如其分，辞令通畅、仪态大方，既不拘谨也不放肆。

（8）自信心。一个人有恰当的自信心是心理健康的一种标准。自信心实质上是一种自我认知和思维的分析综合能力，这种能力可以在生活实践中逐步提高。

（9）社会交往。一个人与社会中其他人的交往，也往往标志着一个人的精神健康水平。当一个人毫无理由地与亲友断绝来往，或者变得十分冷漠时，这就构成了心理异常的症状，叫作接触不良。如果一个人过分地进行社会交往，也可能处于一种躁狂状态。

（10）环境适应能力。环境就是人的生存环境，包括工作环境、生活环境、工作性质、人际关系等。人不仅能适应环境，而且可以通过实践和认识去改造环境。

世界卫生组织 2008 年发布的统计资料显示，全球完全有和完全无心理疾病的人各占人类总人口的 6% 和 9.5%，而 84.5% 的大多数人居于中间状态，即"第三种状态"。正如我们的身体健康状况经常会在健康与不健康之间游走一样，人的精神状况也会在某一特定阶段处在某一种特定状态之中。人的心理健康状况实际上是一个从心理状况良好到心理状况不良的连续体，一端是最佳的心理状态（心理康宁），另一端是最差的心理状态（精神疾病），两个极端之间是不同程度的心理问题。有人尝试将心理健康状况的连续体从理论上分为心理康宁、一般心理问题、心理障碍和精神疾病 4 个区间。

四、大学生的心理健康

（一）大学生心理健康的标准

大学生的年龄普遍在18～25岁，正处于成年早期（根据埃里克森的人格发展八阶段理论划分），这一时期是个体人生发展的关键时期。在这一阶段，大学生正处于从生理成熟到心理成熟的人生发展阶段，其世界观、人生观逐渐形成，能自觉、自制、果断、主动地计划和决定自己的行为，同时自我评价的能力日益增强，能够自觉、主动、客观、全面地评价自己，所以，大学生的心理具有这一年龄阶段的许多特点。

根据《中国国民心理健康发展报告（2019—2020）》，从性别来看，男性和女性心理健康状况的差别不大，但是在不同年龄段，心理问题差异非常显著，我国18～25岁的青少年的心理健康指数低于其他各年龄段。

《中国国民心理健康发展报告（2019—2020）》显示，90%的大学生认为自己的心理健康状况良好。而评估显示，超过70%的本科生没有抑郁问题，约90%的大专生没有抑郁问题，造成这一差异的部分原因在于大专生运用人际支持调控情绪的情况好于本科生。

根据我国大学生的实际情况，我们认为应从以下8个方面评判大学生的心理健康水平。

1.智力正常

智力，是人的观察力、注意力、记忆力、想象力、思维力、创造力及实践活动能力等的综合，包括在经验中学习或理解的能力、获得和保持知识的能力、迅速而成功地对新情境做出反应的能力、运用推理有效地解决问题的能力等。这是大学生学习、生活与工作的基本心理条件，也是适应周围环境变化所必需的心理保证。因此，衡量大学生的智力是否正常，关键在于其是否正常地、充分地发挥了自我效能，即是否有强烈的求知欲，乐于学习，能否积极参与学习活动。

2.认识自我，悦纳自我

认识自我是指一个人对自己的身心状况、能力和特长，以及自己所处的地位与他人关系的认识和体验。客观、全面、正确的自我认识是大学生心理健康的重要条件。大学生在进行自我观察、自我认定、自我判断和自我评价时，能做到自知，恰如其分地认识自己，摆正自己的位置，既不以自己在某些方面高于别人而自傲，也不以自己在某些方面低于别人而自卑；在面对挫折与困境时，能够自我悦纳，喜欢自己，接受自己，自尊、自强、自制、自爱适度，正视现实，积极进取。

3.了解他人，善于与人相处

人的本质是一切社会关系的总和，良好而深厚的人际关系是事业成功和生活幸福的前提。在人际交往时，大学生要积极主动地认识和了解他人，乐于与人交往，既有广泛的人际关系，又有知心的朋友。在与周围人交往时，大学生要用一种尊重、信任、宽容、开放的心态与人相处，能客观地评价自己和他人，交往动机端正，善于取人之长补己之短，并能不断完善和保持自己独立而完整的人格，有自知之明，不卑不亢。如果一个大学生只为自己着想，不能宽厚待人，消极的交往态度多于积极态度，总是诋毁、怨恨、敌视别的同学，那么就应当考虑他的心理是否出现了异常，是否产生了导致心理不健康的问题。

4.热爱学习，乐于工作

学习是大学生的首要任务，是大学生活的主题。心理健康的大学生，不仅乐于学习和工作，而且能将自己的智慧、能力有效地发挥到学习和工作中。他们求知欲强，勇于探索，珍惜青春，并能取得一定的成就。这些成就为他们带来的喜悦和满足，又增加了他们在学习和工作中的兴趣。因此，他们在对待紧张繁忙的学习和工作时，能够克服困难、排解阻力，不会因挫折失败而产生焦虑、绝望等消极情绪。但是，也有一部分大学生的情绪总是低落的、消极的，他们怨天尤人，因苦闷失望、思虑过度而失眠，以致神经衰弱，这就是心理不健康的征兆，长此下去，就会影响正常的学习和工作。

5.情绪协调稳定

情绪是人的一种心理活动，是大脑机能对客观现实的反映，是人对客观事物是否满足主体的需要而产生的体验。情绪协调稳定是心理健康的重要标志。心理健康的大学生在一般情况下情绪较稳定，心情较愉快，善于控制与调节自己的情绪，既能克制又能合理宣泄自己的情绪；情绪的表达既符合社会的要求又符合自身的需要，在不同的时间和场合有恰如其分的情绪表达；愉快情绪多于负面情绪，乐观开朗、富有朝气，对生活充满希望；情绪反映与环境相协调，反映的强度与引起的情境相符合，既有适度的情绪表现，又不为消极情绪所驱使导致行为的失控，能够保持比较平静的心境和清醒的头脑；遇到不开心的事情时，能克制自己的情绪，尽快排除心理障碍，甩掉精神包袱。

> 💡 **思考**
>
> 1.你觉得自己是一个情绪稳定的人吗？
>
> 2.有消极情绪时，你通常会怎么处理？

6.应对挫折，意志健全

人的一生，只要有追求、需求、欲求，就难免会有失败、失落和失望。所以，人既要有迎接成功的准备，也要有面对挫折的勇气和意志。意志是人在完成一种有目的的活动时进行选择、决定与执行的心理过程。意志健全者在行动的自觉性、果断性、顽强性和自制力等方面都表现出较高的水平。意志健全的大学生在各种活动中都有自觉的目的性，能适时地做出决定并运用切实有效的方式解决所遇到的问题，在困难和挫折面前，能采取合理的反应方式，能在行动中控制情绪并言而有信，而不是行动盲目、畏惧困难、顽固执拗。

7.人格完善和谐

人格是个体比较稳定的心理特征的总和。人格完善就是指具有健全统一的人格,个人的所思、所想、所做是协调一致的。一个健康的大学生的人格结构的各因素是完整、统一和协调的,具有正确的自我意识,不产生自我同一性混乱,以积极进取的人生观作为人格的核心,并以此为中心把自己的需要、目标和行动统一起来。

案例

班里有一位同学,性格较软弱,同学拿她开玩笑,叫她"娇小姐"。有一天她去食堂,迎面走过来几名同学,看到她后,一名男同学冲着她坏笑,还对着她敲饭盒,她紧张到不知所措,马上打电话告诉了父母,父母当晚就坐飞机到学校劝慰她。

点评:与婴儿期的物质断奶相对应的是始于青春期的"心理断奶"。当孩子很小的时候,安全感是父母给的,父母给了孩子物质和精神双重的庇护。孩子长大后应从心理上开始与父母建立边界,在与外界互动的过程中独立思考,发展出自信和掌控感从而建立起安全感。但是,很多父母总是对孩子不放心、不放手,导致孩子在心理层面长不大,无法自己建立安全感,尤其是在遇到困难的时候会自然地出现"退行"(是一种防御机制,指人们在受到挫折或面临焦虑、应激等状态时,放弃已经学到的比较成熟的适应技巧或方式,而倒退到使用早期生活阶段的某种行为方式,以原始、幼稚的方法来应对当前情景,从而降低自己的焦虑)。对父母来说,控制的爱会使孩子的个性扭曲。对孩子来说,大学时代处于人生最活跃、最丰富多彩的时期,是心理断奶的关键时期。心理断奶意味着大学生切断个人与父母、家庭在心理联系上的"脐带",构建自己独立的心理世界。大学生的成熟不但是生理发育的成熟,而且是心智的成熟和独立面对挑战的勇气。

8.心理行为符合大学生的年龄特征

人的心理活动是一个不断发展的过程,心理发展的各个阶段所表现出来的质的特征,称为心理发展的年龄特征。每个人的认识、情感、言行、举止应基本符合他的年龄特征,这才是心理健康的表现,如果严重偏离了心理发展的年龄特征,那就是心理异常或心理不健康的表现。比如,一位处于青春期的大学生,没有一般大学生应有的活泼好动、勤学好问、反应敏捷等心理特征,而是老气横秋、反应迟钝,甚至毫无主见,像小孩子一样喜怒无常,那么他的心理就不可能是完全健康的。

(二)正确理解大学生心理健康的标准

正确理解大学生心理健康的标准,应重视以下3个方面。

1.标准的相对性

心理健康不等于所有心理和行为都是健康的,心理不健康也不等于所有心理和行为都是不健康的。事实上,大学生心理健康与不健康并无明显界限,而是一个连续化的过程，如果将正常比作白色，将不正常比作黑色，那么在白色与黑色之间存在一个巨大的缓冲区域——灰色区，大多数人都散落在这一区域内。这说明，对多数大学生而言，在人生的发展过程中出现心理问题是正常的，大学生应增强自我保健意识，及时进行自我调整。人的健康状态的活动是一个发展的问题，一个人产生了某种心理障碍并不意味着将永远保持这种状态。大学生产生心理冲突是非常正常的，大多数是可以自行解决的。

2.标准的整体协调性

把握心理健康的标准，应以心理活动为本，考察其内外关系的整体协调性。从心理过程看，健康的人的心理活动是一个完整统一的协调体，这种整体协调保证了个体在反映客观世界的过程中的高度准确性和有效性。事实表明，认知是健康心理结构的起点，意志行为是人格面貌的归宿，情感是认知与意志之间的中介因素。从心理结构的 3 个方面（即本我、自我和超我）看，一旦它们不能有规律地协调运作，就可能产生一系列的心理困扰或问题。从个性角度看，每个人都有自己长期形成的稳定的个性心理，一个人的个性在没有明显的、剧烈的外部因素影响下是不会轻易发生变化的。从个体与群体的关系看，每个人在其现实性上可划分成不同的群体，不同群体间的心理健康标准是有差异的。

3.标准的发展性

事实上，不健康的心理在个体成长过程中会不可避免出现，但随着个体的心理成长逐渐调整而趋于健康。心理健康的标准是一种理想尺度，它一方面为人们提供了衡量心理是否健康的标准，另一方面也为人们指出了提高心理健康水平的努力方向。每个人如果能够在自己现有的基础上继续努力，就可以追求自身心理发展的更高层次，从而不断发挥自身的潜能。大学生心理健康的基本标准，是能够进行有效的学习和生活。如果正常的学习和生活都难以维持，大学生就应该及时调整自己的心理状态。

综上所述，大学生心理健康与不健康的区别是一个复杂的问题，涉及范围很广泛。上述的 8 个方面，既可作为区分大学生心理健康与否的标准，也是大学生改善自己心理状态，促进心理健康的目标。应该注意的是，心理健康的标准不是固定不变的，而是动态发展的，不应机械地照搬套用，而应灵活地掌握和应用。不能把偶然发生的一些不正常的心理和行为认同为心理不健康。大学生心理健康的标准是在综合心理健康者所具有的特点的基础上，对大学生心理状态的一般要求，而不是最佳的心理境界。所以，心理健康的大学生也应该不断努力提高自身心理健康的水平。

第二节　大学生常见的心理问题

> 学生一："我感觉自己在一个四分五裂的小岛上，不知道自己在干什么，想得到什么样的东西，时不时感觉到恐惧。19年来，我从来没有为自己活过。"
>
> 学生二："学习好和工作好是基本的要求，如果学习好，工作不够好，我就活不下去。但也不是说因为学习好，工作好我就开心了。我不知道为什么要活着，我总是对自己不满意，总是想各方面做得更好，但是这样的人生似乎没有尽头。"
>
> 学生三："我的世界像是一个充满迷雾的草坪，草坪上有井，但不知道在何处，所以我走着走着就不小心掉了进去，摔断了腿，在漆黑的井底我拼命地喊，我觉得我完全没有自我。这一切好难。"
>
> ……

上述大学生，在成长过程中没有受过太大的挫折，生活条件优渥、个人条件优越，却感到内心空洞，找不到自己真正想要的，就像漂浮在茫茫大海中的孤舟一样，感觉不到生命的意义和活着的动力，甚至找不到自己。这背后的根源到底是什么？一些大学生的物质生活丰富，为什么精神世界却贫乏和苍白？

大学生是社会上文化层次水平较高、思维较活跃的一个群体，也是未来的国之栋梁。但是受社会环境和自身年龄特点的影响，正处在成年早期、社会阅历浅、缺少人际关系历练的大学生在心理健康方面容易出现问题。在对国家统招专科生55672人的调查中发现，造成学生休、退学的主要病因是精神心理性疾病和传染病，其中2015—2019年所有影响学业的疾病中精神心理性疾病占57.14%，成为休、退学的首要疾病因素。这与同类报道一致，提示大学生的心理现状不容乐观。[②]

《中国国民心理健康发展报告（2019—2020）》指出，2020年青少年的抑郁检出率为24.6%。其中，轻度抑郁的检出率为17.2%，高出2009年0.4个百分点，重度抑郁为7.4%，与2009年保持一致。心理健康问题在一定程度上干扰了大学生学习、生活，阻碍了大学生成才。

一、心理正常与异常的区分

微课：心理
正常与异常
的判断

在心理学上，人的心理状况分为两种，一种是心理正常，另一种是心理异常。心理正常包括心理健康和心理不健康，而心理不健康又包括一般心理问题、严重心理问题和神经症性心理问题。

正常的心理活动是一个完整的统一体，各个心理过程之间相互联系、相互影响，协调一致地在实践活动中发挥作用，使个体具备了完好的社会

---

② 许瑞平. 2009年—2019年影响大学生学业的疾病因素分析[J]. 基层医学论坛，2020（24），17：2383-2385.

功能。

心理异常是指个体的心理活动紊乱，或歪曲地反映客观现实，使其没有能力按社会认可的适宜方式行动，其心理状态和行为后果对本人或社会是不适应甚至是病态的。其中，"没有能力"是指因脑损伤等器质性缺陷或功能性缺陷原因，无法按社会认可的适宜方式行动，使人难以理解和难以接受。"不适应甚至是病态的"是指心理状态和行为表现偏离了社会常模，即违反社会习俗和社会准则，造成了本人或他人的痛苦。

根据科学心理学的定义，心理是客观现实的反映，是脑的机能。我们可以用3个标准判断心理是正常还是异常。

（一）心理活动过程协调稳定

心理活动过程协调稳定即心理活动中认知、情感情绪和意志行为3个过程内容完全统一、协调。知、情、意、行协调一致是人类精神活动的整体性表现，一个人的心理过程一致表现在内心体验与环境一致。

正常人结婚生子办喜事则喜气洋洋，亲人故去办丧事则悲痛难忍，这就是情绪情感与认知、与客观事件和环境的协调一致。反之，若一个人用低沉的语调向别人述说令人愉快的事，或者对痛苦的事做出愉悦的反应，那么他的心理过程失去了协调一致性，是一种情感倒错的异常状态。

（二）主客观世界相一致

心理活动与外部环境具有统一性，个体能够根据客观环境的需要和变化，不断调整自己的心理行为，使所思所想、所作所为能正确反映外部世界，无明显差异，达到和客观环境协调的状态。

> **案例**
>
> 女，27岁，患有精神分裂症。
>
> 医生问来访者："你哪里不舒服？"
>
> 来访者答："我妈想看电视，都在骂我，我又不认识你们，天气太热。"

幻觉和妄想是生活中常见的主客观世界不一致的表现，它们的出现意味着个体的自知力和现实检验力受到了很大的损害，分不清主观体验和客观存在。

幻觉是一种严重的知觉障碍。外界不存在某种事物而个体自身却感知到了这种事物，这是客观环境中没有相应的现实刺激作用于感觉器官而出现的知觉体验，是一种虚幻的知觉。正常人可能偶尔出现幻觉，如处于疲劳状态、酒醉后，时间短暂。如果个体反复出现幻觉或持续出现幻觉，则是病理现象。常见的幻觉有幻听、幻视、幻嗅、幻味、幻触及内脏幻觉，其中幻听是最常见的。幻觉是精神科临床上常见且重要的精神病性症状之一，当个体出现幻觉时，应及时去医院诊治。

妄想是一种病理性的歪曲信念，是病态的推理和判断。常见的妄想有被害妄想、关系妄想、物理控制妄想、钟情妄想等。妄想是一种思维障碍，患者信念的内容与事实不符，没有客观现实基础，但患者坚信不疑，并因此罔顾客观事实，造成本人或他人的痛苦。

> **案例**
>
> 小A就诊时对医生说："经常听到有几个人在议论我，说我不团结同事，是叛徒。"因此，小A每天都对着空气争辩。

（三）人格稳定

个性心理特征具有相对稳定性，即人的个性心理特征在没有重大外部环境改变的前提下，气质、性格、能力等相对稳定，行为表现出一贯性。一个性格内向的人，在多数场合下会显得羞涩安静；而一个性格外向的人，在多数情况下，更愿意进行社交。有些同学怀疑自己患有人格分裂，理由是自己在外人面前很安静，而回到寝室却很活泼，其实这仍是人格稳定的体现，因为他有固定的社交模式。

如果在没有明显外部原因的情况下，一个人的人格相对稳定性出现问题，那么这个人的心理活动可能出现了异常。例如，一个很节俭的人，突然挥金如土；或者一个待人接物很热情的人，突然变得很冷漠。如果我们在他的生活环境中找不到足以促使他发生改变的原因，那么可以说，他的精神活动已经偏离了正常轨道。

在长期的生活实践中，每个人都会形成自己独特的人格心理特征。这种人格心理特征一旦形成，便有相对稳定性；在没有重大外界变革的情况下，一般是不易改变的。

综上所述，区分心理正常与异常的三原则以自知力和现实检验力为判断和鉴别的主要指标。异常心理与正常心理之间的差别是相对的，两者之间在某些情况下可能有本质差别，但在更多情况下只有程度的不同，也可能相互转化。

二、心理不健康

心理不健康分为一般心理问题、严重心理问题和神经症性心理问题3种（见表1-1）。

表1-1 心理不健康的分类

分类	心理活动的性质	心理冲突的性质	问题持续时间	内容是否泛化	问题严重程度
一般心理问题	正常；不健康状态	常形冲突	较短；一两个月	尚未泛化	基本未影响社会功能
严重心理问题	正常；不健康状态	常形冲突	较长；两个月以上，半年以内	已经泛化	社会功能轻度受损
神经症性心理问题	正常；不健康状态	开始变形	较长；三个月内	泛化严重	社会功能中度受损

（一）一般心理问题

主诉： 来访者感到焦虑，烦躁，入睡困难，经常做噩梦，这种状态持续了一个多月。

来访者为男性，24岁，大四学生。来访者犹犹豫豫地走进咨询室，眉头紧锁，不敢正面看咨询师，不停地搓手，内心体验与表情一致。来访者出生在中等城市，从小性格内向，不爱交朋友，父母对他学习成绩的要求特别高。来访者小学、初中的学习成绩在班里排第一名；高中时，偶有一次排在第二名，那么下一次考试非争取第一名不可。平常父母总是教育他一定要考上名牌大学，因为只有名牌大学的毕业生才能找到好的工作。高考时由于太紧张，他只考上一所普通大学，本来想重新考，却因当年父亲生病去世，家里的经济状况突然很紧张，只好上了现在这所普通大学。大学期间他与同学很少交往，业余时间大部分都在学习。毕业找工作时，他被心仪的大公司拒绝了。

对来访者进行心理测试，从测试结果来看，来访者具有内向不稳定型人格特征，有焦虑情绪。

分析评估：该生的主要症状是焦虑、烦躁、注意力不集中、睡眠障碍、食欲下降，属于一般心理问题。

评估依据：

1.根据病与非病的三原则，该生知、情、意协调，个性稳定，有自知力，能主动就医，并且没有表现出幻觉、妄想等精神病的症状，因此可以排除精神病。

2.对照症状学的标准，该生表现出焦虑、烦躁、睡眠障碍等症状。从严重程度来看，其反应程度不太强烈，没有影响逻辑思维等，无回避和泛化，没有对社会功能造成严重影响。从病程标准来看，病程只有一个多月。该生的其他问题并不严重，问题持续时间也较短，因此，可以排除严重心理问题和神经症性心理问题。

原因分析：

1.社会原因：存在负性生活事件，如未被大公司录用。家庭教育中父母对他的要求高，对他的教育不准确、不客观，如父母经常给他灌输名牌大学的毕业生才能找到好工作的观念。同时该生缺乏社会支持系统的帮助。

2.心理原因：① 存在明显认知错误：不是名牌大学毕业，就找不到好工作；只有大公司的工作才算是好工作。② 缺乏有效解决问题的行为模式，自己没被录用不知道怎样去解决。③ 被焦虑情绪所困扰，不能自己解决。④ 人际关系上，与同学交往少，缺乏沟通与交流。⑤ 个性特征：性格内向，追求完美，争强好胜。

一般心理问题是由现实因素激发的，持续时间较短，情绪反应能在理智控制之下，不严重破坏社会功能，情绪反应尚未泛化的心理不健康状态。任何人在生活中都有可能遇到各种一般心理问题。它的判断依据是"有因、有时、有度"。

诊断为一般心理问题，必须满足以下4个条件：第一，个体由于现实生活、工作压力、处事失误等因素而产生内心冲突，并因此体验到不良情绪（如厌烦、后悔、懊丧、自责等）。第二，不良情绪不间断地持续满一个月，或不良情绪间断地持续两个月仍不能自行化解。第三，不良情绪反应仍在较高程度的理智控制下，始终能保持行为不失常态，基本维持正常生活、学习、社会交往，但效率有所下降。第四，自始至终不良情绪的激发因素仅仅局限于最初事件，即便是与最初事件有联系的其他事件，也不会引起此类不良情绪。

大学生的一般心理问题有以下5个诱因。

1.大学生活适应问题

这一问题在新生中较为常见。新生来自全国各地，以往的家庭环境、受教育环境、成长经历、学习基础等相差较大。进入大学后，大学生在自我认知、同学交往、自然环境等方面都面临着全面的调整适应。大学生的自理能力、适应能力和调整能力普遍较弱，所以，在大学生中，生活适应问题普遍存在。例如，一位大学生刚入学一个星期就申请退学，原因是不能适应集体生活，晚上睡不着觉，白天吃饭也没有胃口，时常感到精神紧张、心情烦躁，觉得自己不能再坚持下去。大学生活适应问题既是发展性问题，也有可能演变成危机性问题。有些大学生自我调节能力弱、人际关系不和谐、学习方式缺乏弹性，对大学生活失去信心，因而，普通的适应问题有可能演变成社会适应障碍，甚至会引发退学、休学。

2.学习问题

大学生的主要任务是学习，学习上的困难与挫折对大学生的影响是最为显著的。学习问题包括学习方法、学习态度、学习兴趣、考试焦虑等。在校大学生尤其是高职院校大学生的学习状态已经成为比较突出的问题：部分学生学习方法不正确，对知识的理解停留在浅层的背诵记忆上，没有建立深度的知识结构；缺乏学习动力，没有长期目标；学习意志力不足、注意力分散，躲在游戏的虚拟世界里不能自拔等。

3.人际关系问题

人际关系问题往往是各种情绪问题、行为问题产生后的第一表征。在心理咨询或治疗收集资料阶段，部分大学生会抱怨人际关系紧张，心理咨询师在学生人际关系紧张的背后，有可能发现更深层次的原因。人际关系问题包括人际冲突、交往恐惧、沟通不良和自我封闭，这些表现都有可能受个体不成熟的交往技巧影响，或者一些突发事件的冲击，甚至有可能受不健全的人格乃至某种心理障碍影响。进入大学后，大学生各自待人接物的态度不同、个性特征不同，再加上大学生这个年龄阶段固有的闭锁、羞怯、敏感和冲动心理，都使大学生在人际交往过程中不可避免地会遇到各种困难，从而产生困惑、焦虑等心理问题，这些问题甚至会严重影响他们的健康成长。

4.恋爱与性心理问题

大学生处于成年早期，性发育成熟是这个年龄阶段的重要特征，恋爱与性心理问题是不可回避的。大学生如果接受的青春期教育不够，对性发育成熟缺乏心理准备，对异性的神秘感、恐惧感和渴望交织在一起，形成各种心理冲突，就有可能产生心理问题，严重的还会导致心理障碍。

5.专业和就业问题

有些学生在高考选择专业时有一定的盲目性和偶然性，每年都有一些大学生对所学专业不满意产生转专业的念头。一旦无法成功转专业，有些学生就会对学习失去兴趣、消极悲观甚至随意缺课、旷课，如此日积月累加上功课越来越难，大学生就容易产生心理问题。同时，大学生如果没有清晰明确的职业规划，在校期间荒废学业，没有学会职业技能，毕业时，就业问题就可能会成为大学生的最大压力源。

如金华职业技术学院连续多年蝉联全国高校毕业生就业典型经验50强、服务贡献50强和浙江省国际化特色高校，按理说该校的学生面临的就业压力会小很多，然而事实并非如此。金华职业技术学院的学生专业差距大，优势专业固然不愁就业，但难以实现高薪且职业蓝图缺乏向上通道，普通专业和其他学校一样竞争激烈，几个小众专业限于招聘门槛，如何实现顺利就业更是成为大学三年悬挂在学生头顶上的达摩克利斯之剑。专业、就业问题上的困惑成为很多大学生寻求心理咨询的主要动机。

（二）严重心理问题

严重心理问题是由相对强烈的现实因素激发的，初始情绪反应强烈、持续时间长久、内容充分泛化的心理不健康状态。

严重心理问题的判断仍可从"有因、有时、有度"这3个方面来展开，同时个体开始产生泛化。

第一，引起严重心理问题的原因，是较为强烈的、对个体威胁较大的现实刺激。不同原因引起的心理问题，当事人分别体验着不同的痛苦情绪（如悔恨、冤屈、失落、恼怒、悲哀等）。

第二，从产生痛苦情绪开始，痛苦情绪间断或不间断地持续两个月以上、半年以下。

第三，遭受的刺激强度越大，反应越强烈。多数情况下，个体会短暂地失去理性控制；在之后的持续时间里，痛苦可以逐渐减弱，但是，单纯地依靠"自然发展"或"非专业性的干预"，难以解脱；对生活、工作和社会交往有一定程度的影响。

第四，痛苦情绪不但能被最初的刺激引起，而且与最初刺激相类似、相关联的刺激，也可以引起此类痛苦，即反应对象被泛化。

> **小知识**
>
> **泛化**
>
> 引起当事人目前不良的心理和行为反应的刺激事件不再是最初的事件，同最初刺激事件相类似、相关联的事件（已经泛化），甚至同最初刺激事件不类似、无关联的事件（完全泛化），也能引起这些心理和行为反应（症状表现）。

（三）神经症性心理问题

神经症性心理问题即可疑神经症，还无法确诊是不是神经症，但可以给予可疑诊断。这类心理不健康状态，已接近神经症的症状，也可以说是神经症的早期阶段，因为它跟神经症的区分要点，就是时间。持续时间不满3个月，才被判断为神经症性心理问题，如果超过3个月，那么就被诊断为神经症。

神经症性心理问题需从4个方面判断：心理冲突、持续时间、功能受损和内容泛化。

1.心理冲突

与前面的一般心理问题和严重心理问题是由现实因素引发的不同，神经症性心理问题往往是非现实非道德性因素引发的内心冲突，即引发原因只涉及生活中不太重要的事情且不带有明显的道德色彩。

2.持续时间

痛苦情绪体验持续时间满两个月，未超过3个月（超过3个月即为神经症）。

3.功能受损

精神痛苦（而非不良情绪）较难解决，社会功能受损，对工作和生活有一定程度影响，但严重程度未达到神经症的诊断标准。

4.内容泛化

痛苦情绪不但由最初的刺激引起，而且与最初的刺激相类似、相关联的刺激，也可以引起此类痛苦，即心理冲突内容泛化。

三、心理不正常

心理不正常主要是从个体的自知力和社会检验能力缺损这两个角度来衡量的，包括精神分裂症、心境障碍、神经症、应激相关障碍、人格障碍及性心理障碍、心理生理障碍和癔症等。《精神障碍诊断与统计手册（第5版）》（DSM-5）中，统一用"障碍"来表示各种心理不正常，而不再单列神经症，而《中国精神障碍分类与诊断标准（第3版）》（CCMD-3）中，仍然保留了神经症的说法。从心理咨询的角度出发，也是为了便于学生理解，本教材仍按照高校中常见的心理异常分类方式重点介绍神经症、人格障碍和性心理障碍、精神疾病等。

（一）神经症

神经症是一组由精神因素造成的非器质性的、大脑神经机能轻度失调的心理疾病，有一定人格基础，起病常受心理社会（环境）因素影响。症状没有可证实的器质性病变作基础，与患者的现实处境不相称，但患者对存在的症状感到痛苦和无能为力，自知力完整或基本完整，病程多迁延。许又新教授关于神经症的评分标准见表1-2。大学生中最为常见的神经症有焦虑症、强迫症、恐惧症和躯体形式障碍等。

表1-2 许又新教授关于神经症的评分标准

心理冲突	常形特点	1. 心理冲突与现实相联系，涉及重要的生活事件		
		2. 心理冲突常带有明显的道德性质，无论持什么道德观点，总可将冲突的一方视为道德的，而另一方视为不道德的		
	变形特点	1. 心理冲突与现实处境没有关系，或者说它涉及的是生活中的琐碎小事，一般人认为不值得为它操心，让人难以理解，很容易解决的问题为什么解决不了		
		2. 心理冲突不带有明显的道德色彩		
		3. 心理冲突的变形是神经症性的。要注意的是，一旦出现头痛、失眠、记忆力差，或内脏功能障碍，原来不明显的心理冲突会尖锐化，也很容易出现变形，如明显的疑病症状		
评分标准		1分	2分	3分
	病程	不到3个月为短程	3个月到一年为中程	一年以上为长程
	精神痛苦程度	轻度者可以主动摆脱	中度者摆脱不了，必须靠别人的帮助或处境的改变才能摆脱	重度者几乎无法摆脱
	社会功能	能照常工作学习或者工作学习，以及人际交往只有轻微妨碍	中度社会功能受损者，工作学习或人际交往效率显著下降，不得不减轻工作或改变工作或只能做部分工作，或某些社交场合不得不尽量避免	重度社会功能受损害者，完全不能工作学习，不得不休病假或推卸，或某些必要的社会交往完全回避
分数解释	如果总分为3分，可以认为不够诊断为神经症	症状学标准	强迫症状、焦虑症状、恐惧症状	
	如果总分为4～5分，为可疑病例，需进一步观察确诊	病程标准	3个月，一个例外是，惊恐障碍的诊断标准为一个月	
	如果总分不小于6分，神经症的诊断是可以成立的	严重程度标准	主观方面：痛苦情绪，内心痛苦；客观方面：社会功能受损，无法上班、上学，无法工作、学习、生活	
	精神痛苦和社会功能的评定，至少要考虑近3个月的情况，评定涉及的时间太短是不可靠的	排除标准	排除器质性精神障碍；排除严重精神障碍；排除精神活性物质所致的精神障碍	

1.焦虑症

测试：焦虑自评量表

焦虑症又称焦虑性神经症。心理学中对有明确对象的不安、担心和忧虑称为恐惧，而对没有明确对象的恐惧称为焦虑。在特定的情境中产生的焦虑称为状态焦虑，而表现在人格中的焦虑称为特质焦虑。人在焦虑中常会紧张、担心和烦躁。适度的焦虑使大脑皮层保持一定的紧张度，使得思维敏捷，有利于人的学习、工作和创造，不会对人构成大的影响和危害。而焦虑症则是经常性的无明显原因、无明确对象和固定内容的紧张不安、焦虑烦躁，机体常处于高度紧张、警觉状态，伴有头晕、胸闷、心悸、尿频、出汗、呼吸困难等症状。

案例

　　小陈，男，20岁，大二学生。在上学期期末考试期间，突然发生原因不明的恐惧、心慌，心率达每分钟120次以上，持续10余分钟后此症状消失。之后小陈又发作数次，时间和地点均无规律可循，亦无发作预兆。发作时，小陈的头脑清醒，客观环境并无相应可怕的事物或情景。不发作时，小陈的生活、学习、情绪均正常。

　　这学期到教室上课时，小陈又突然产生莫名其妙的恐惧、紧张，浑身颤抖，同时感到心悸、胸闷、呼吸困难、胸部有压迫感，感到自己"不行了""快要死了""快要疯了"，产生极大的恐惧感和濒死感。半小时后上述症状消失。小陈对发作经过能清楚回忆。此后小陈经常发作，间歇时间不一。发作频繁时，每周2～3次。每次发作皆无原因可查。发作时小陈伴有心慌、心跳加快，每分钟达140～180次，呼吸急促、憋闷。发作持续20～30分钟，最长一次达一个多小时，不发作时恐惧感消失。但此后小陈害怕独自留在室内，怕独自外出，怕独自坐汽车，每天需要同学陪同，以防发病时无人救治。小陈曾多次去医院诊治，被诊断是"神经衰弱"，给予安眠类药物服用，但疗效欠佳，仍不时发作。小陈因此忧虑、发愁，有自杀的想法，曾对同学说："活着真受罪，要不是想到了父母，我早就想死了。"

　　案例分析：小陈这种情况医学上称之为"惊恐发作"，是焦虑症的一种表现，它的典型症状表现为：

　　1.患者在日常活动中，并无明显诱因，突然出现强烈恐惧，感觉即将要死去（濒死感）或即将失去理智（失控感），使患者难以忍受。同时患者感到心悸，好像心脏要从口腔里跳出来，胸闷、胸痛、气急、喉头堵塞、有窒息感，因此惊叫、呼救，或跑出室外。有的伴有显著自主神经症状，如过度换气、头晕、多汗、面部潮红或苍白、震颤、手脚麻木、胃肠道不适等。

　　2.发作突然，10分钟内达到高峰，一般不超过一个小时。发作时意识清醒，事后能回忆发作的经过。此种发作虽历时较短，一般5～10分钟，很少超过一个小时，可自行缓解，但不久又会突然再发。患者发作频繁，一个月内至少有3次，或者首次典型发作后继之以害怕再发作的焦虑常持续一个月以上。

3.多数患者因担心发作时得不到帮助，因此主动回避一些活动，如不愿单独出门、不愿到人多的场所、不愿乘车旅行等，或出门时需要他人陪同（此时伴有广场恐惧症）。

惊恐发作患者也可伴有抑郁症状，有的有自杀倾向。患这种心理疾病，原因很多，其中最主要的原因与个性有关，如：追求绝对完美和绝对安全，使自己对一些事情的态度是"不怕一万，就怕万一"；对自己的健康过分敏感和关注。

2.强迫症

强迫症又称强迫性神经症。强迫症患者有一种自我强迫的倾向，不能控制地去思考某些问题或做某些行为，明知无此必要，但无法自我控制。因此，引起情绪抑郁、焦虑，影响正常生活、工作和学习，严重时会出现厌世的想法。强迫症的症状特点是有意识的自我强迫与有意识的自我反强迫同时存在，两者的冲突导致患者的紧张不安，明知异常，但却无法摆脱，十分痛苦。病程迁延者可以仪式动作减轻精神痛苦，但社会功能严重受损。

微视频：强迫症

除此以外，强迫症患者思维、智力等都正常，有自知力，别人往往看不出他们有什么不正常，因而也多不理解他们，由此加重他们的痛苦。

案例

患者1自述："自从那次肝炎流行以后，我每天回宿舍，第一件事就是洗手，我不知道洗手用了多长时间，但十几分钟肯定是有的，每次洗完还想洗，洗完以后一定要用酒精棉球消毒一遍，总觉得手上的细菌洗不掉。冬天手都洗得发白了，冻疮都出来了，就是控制不了，还是要洗，有时我心里也很痛苦，让别人知道以后会感觉很奇怪，但我就是无法控制，不停地洗手。"

患者2自述："有一次考试前我复习得很好，考试时有一道题目我复习时看见过，可当时我就是想不起来，结果考试成绩可想而知。从那以后，我看书就觉得特别怪，刚看过一页，就觉得前面的知识遗漏了，再翻过去看，一会儿又觉得有什么知识忘了，没看到再翻过去重看，就像小孩子一样用手指着字，一个个地指着看，总是摆脱不了这个毛病。"

患者3自述："刚入学时，周围几个宿舍连续被盗，从那时开始，我就觉得很不放心，每次去上课前要把寝室门锁上几遍，下楼梯后再来回跑两三次确认，甚至到了教学楼以后，还特意回寝室看了一次。"

案例分析：患有强迫症的人，有的脑海中反复不断地出现某一件往事、某一句话、某一段歌曲（强迫回忆）；有的对缺乏实际意义的问题或日常琐事无休无止地思索（强迫性穷思竭虑）；有的对已完成的事情总也放心不下，疑虑不安（强迫怀疑）；有的在想到、看到、听到一个词时，会不由自主地联想到另外一个词或观念，甚至产生与原来相对立的词或观念（强迫联想及强迫性对立观念）；有的表现出对某些事物不合情理的担心、厌恶等情绪反应，明知不必如此，却无法克服（强迫情绪）；有的反复体会到违背自己意愿的冲动，如走到高处时就会产生往下跳的冲动（强迫意向）。

上述病症会严重地影响患者的生活、工作和学习，使患者十分痛苦。为了减轻强迫观念和情绪引起的焦虑，患者会做出某些强迫行为，比如反复不断地洗手，不可克制地检查、计数。有的患者做任何事情都要求对称，要遵循固定不变的仪式顺序，比如，出门时一定要左脚先迈出家门，回家后脱下的鞋一定要头朝东（强迫性仪式动作）。这些仪式程序对他们来说往往象征着凶吉祸福，以及能逢凶化吉等意义。患者明知这样做很可笑，却又不做不行，否则会焦虑不安。可是，做了之后患者虽然消除了紧张、焦虑的情绪，却浪费了大量宝贵的时间。

3.恐惧症

恐惧症又称恐怖症，是一种以过分和不合理地惧怕外界客体或处境为主的神经症。患者对某些事物或特殊情境产生十分强烈的恐惧感，这种恐惧感与引起恐惧的情境通常极不相称，患者明知没有必要，但仍不能防止恐惧发作。恐惧发作时往往伴有显著的焦虑和自主神经症状。患者极力回避所害怕的客体或处境，或是带着畏惧去忍受。常见的恐惧症包括广场恐惧症、社交恐惧症和特殊恐惧症 3 种类型。

微课：今天你紧张了吗？

> **案例**
>
> 患者 4 自述："读大一时，我在课堂上回答一个专业问题时由于不小心出现口误，引起全班同学哄堂大笑，老师也批评了我。此后不久，我一见人就觉得别人在注视自己，感觉紧张、发抖，脸红得像要渗出血来，也不敢看别人的眼睛。慢慢地发展到一见到人就两眼发直，手指发麻，声音发抖，在任何人面前都说话不自然，越克制越紧张，经常语无伦次，话都没说完就落荒而逃了。为此，我已经很久没有到公共场合去了，连在寝室里也是能不说话尽量不说话。上课时我一定是最早去的，就为了抢角落的位置，从来不敢抬头，生怕被老师叫到。我觉得自己得了很严重的心理疾病，暗地里搜索过相关网站并看过相关心理书，但是事情还是越来越糟糕，我想找心理老师咨询。"

4.躯体形式障碍

躯体形式障碍是一种以持久地担心或相信各种躯体症状的优势观念为特征的神经症。患者因这些症状反复就医，各种医学检查阴性和医生的解释，均不能打消其疑虑。

即使有时存在某种躯体障碍，也不能解释所诉症状的性质、程度，或其痛苦与优势观念。患者经常伴有焦虑或抑郁情绪。尽管症状的发生和持续与不愉快的生活事件、困难或冲突密切有关，但患者常否认心理因素的存在。本障碍男女均有，为慢性波动性病程。常见的躯体形式障碍有躯体化障碍、躯体形式障碍、疑病症和躯体形式自主神经紊乱等。

> **案例**
>
> 一年前，小张的一个亲戚患胃癌去世，小张便怀疑自己的胃也出了问题，她觉得自己的胃部有饱胀感、隐痛感，自觉胃部蠕动缓慢、食物似乎很难通过胃肠道。小张对照自己的症状在网上查阅了一些信息，认为自己患了胃癌。小张吃不下饭、睡不着觉，也无心学习，到不同的医院进行了 6 次检查，诊断结果都显示她没有问题，但她还是惶惶不可终日，觉得家人都在瞒着自己的病情，并怀疑医生可能是出于怜悯她而隐瞒了事实。为此，小张整日奔波在求医路上，耽误了学习。

除了以上 4 种常见的神经症，还有一种以持久的心境低落状态为特征的神经症，常伴有焦虑、躯体不适感和睡眠障碍。因诊断标准的改变，这类以往被称为"抑郁性神经症"的疾病目前国际上通称为"恶劣心境"。同样遵循神经症防治原则，以心理治疗为主，辅以抗抑郁药治疗，患者有治疗要求，而无明显的运动性抑制或精神病性症状，生活能力不受严重影响。本病虽属慢性疾病，但临床观察表明，经过针对性综合治疗，近期疗效尚佳，绝大多数患者可缓解症状。如不积极治疗，病程可迁延数年甚至十余年。

神经症不是最严重的精神问题，但却令人很痛苦。神经症患者对自己有很高的期待，无法接受现实中的自己，因此内心充满了矛盾和冲突，总是在和自己战斗。神经症患者缺乏安全感和归属感，对爱的渴望无限"贪婪"，过分索取的结果是耗尽自己的能量，于是安全感和归属感更加缺失。神经症患者过分关注自己的情绪，活在自己的内心里，对外面的世界漠不关心，却又时时关注别人的反应，以为每个人都在关注甚至批判、嘲笑自己，因此深受负面情绪的影响，从而严重影响自己的社会功能，有时即使是很简单的事情也缺乏行动力。神经症患者在人际交往中敏感脆弱，渴望关注又害怕关注，显得别扭，容易受挫而变得回避交往，表面显得冷漠孤僻，事实上非常渴望别人对其热情和亲密。

（二）人格障碍和性心理障碍

人格障碍是指明显偏离正常人格并与他人和社会相悖的一种持久和牢固的适应不良的情绪和行为反应方式。

人格障碍没有明确的起病时间，不具备疾病发生发展的一般过程。通常开始于童年期或青少年期，并长期持续发展至成年甚至终生，因为其已适应不良的行为模式且难以矫正，仅有少数患者在一定程度上有所改善。严重躯体疾病、伤残、脑器质性疾病、精神障碍或灾难性经历之后发生的人格特征偏离，应列入相应疾病的人格改变。儿童少年期的行为异常或成年后的人格特征偏离尚不影响其社会功能时，暂不诊断为人格障碍。应特别注意，通常以18岁作为诊断人格障碍的下限。

大学生中常见的人格障碍有边缘型人格障碍、依赖型人格障碍、自恋型人格障碍，此外，还有强迫型人格障碍、反社会型人格障碍、分裂型人格障碍、冲动型人格障碍等。

案例

小明是一个大一男生，他的家境和外貌都很不错，但是小明自述自己的生活一团糟。

小明有着极度不稳定的人际关系，总是能在第一时间快速喜欢上某一个交往对象，包括室友、同学、老师等。他会很热烈地表达对对方的喜爱和崇拜之情，并且迅速拉近双方的距离，但当对方的某一句话或者一件小事没有令其满意时，小明又会马上表达出对对方的愤怒和轻慢，甚至因此绝交。周围人形容他的态度经常在"火山"和"冰山"之间切换，也常常被他的情感波动和冲动行为困扰。小明的人际关系很难保持稳定。

同样难以稳定的还有小明的情绪，他经常有强烈的情绪反应，常在无缘由的愤怒、焦虑、悲伤或绝望之间来回切换。这些情绪波动往往导致他的自我意识受到冲击。有时他会觉得自己是无用的、被所有人抛弃的，有时他又认为自己是与众不同的、值得别人好好对待。

小明的冲动行为也常常给自己带来麻烦。他喜欢刺激、冒险的活动。生活中，小明容易迅速投入一段感情，而当面临分手时，他有过几次自伤行为，这让他的家人非常担心。

案例分析：小明患有典型的边缘型人格障碍(borderline personality disorder，BPD)，这一类患者最大的特点是"稳定的不稳定"，具体可体现在情绪情感、行为、人际关系和自我形象上的极度不稳定，这些不稳定对患者的生活和人际关系造成了严重的影响。

性心理障碍也称性行为变态，是指与生殖活动没有直接关系，在寻求性满足的对象和方式上与常人不同，且违反社会习俗。

（三）精神疾病

精神疾病是指人脑机能活动失调，丧失自知力，不能应付正常生活，不能与现实保持恰当接触的严重心理障碍。精神疾病的种类有很多，大学生常见的精神疾病主要有精神分裂症、偏执性精神病、急性短暂性精神障碍、心境障碍（情感性精神病）、应激相关障碍等。虽然总数量极少，但精神疾病已超过传染病，成为大学生因病休学、退学的首要原因。这里介绍几种大学生常见的精神疾病。

1.心境障碍

心境障碍又称情感性精神障碍，是指由各种原因引起的、以显著而持久的心境或情感改变为主要特征的一组疾病，以情感高涨或低落为主要的、基本的或原发的症状，常伴有相应的认知和行为改变。症状轻重不一，轻者属于神经症性的心境障碍，无精神病性症状，对社会功能影响较轻，重者带精神病性的心境障碍就有明显的精神病性症状，对社会功能影响较重。该病多为间歇期病程，通常所使用的治疗方式是药物治疗、无抽搐电休克治疗和心理治疗，经过合理治疗后，预后普遍较好，但需注意其具有反复发作的倾向。该病患者间歇期精神活动基本正常，部分可有残留症状或转为慢性病程。

常见的心境障碍有躁狂发作、抑郁发作、双相障碍和持续性心境障碍。

2. 精神分裂症

精神分裂症是一组病因未明的精神病，多起病于青壮年，常缓慢起病，具有思维、情感、行为等多方面障碍，且精神活动不协调。通常意识清晰，智能尚好，有的患者可出现认知功能损害。自然病程多迁延，呈反复加重或恶化，但部分患者可保持痊愈或基本痊愈状态。精神分裂症的临床症状复杂多样，可涉及感知觉、思维、情感、意志行为及认知功能等方面，个体之间症状差异很大，即使同一患者在不同阶段或病期也可能表现出不同症状。

微课：精神病性症状

精神分裂症可出现多种感知觉障碍，最突出的感知觉障碍是幻觉，包括幻听、幻视、幻嗅、幻味及幻触等，而幻听最为常见。思维障碍是精神分裂症的核心症状，主要包括思维形式障碍和思维内容障碍。妄想是最常见、最重要的思维内容障碍。高达80%的精神分裂症患者存在被害妄想，被害妄想可以表现为不同程度的不安全感，如担心被监视、被排斥、被投药或被谋杀等，在妄想影响下患者会做出防御或攻击性行为。此外，被动体验在部分患者身上也较为突出，对患者的思维、情感及行为产生影响。情感淡漠及情感反应不协调是精神分裂症患者最常见的情感症状，不协调性兴奋、易激惹、抑郁及焦虑等情感症状也较常见。多数患者的意志减退甚至缺乏，表现为活动减少、离群独处，行为被动，缺乏应有的积极性和主动性，对工作和学习兴趣减退，不关心前途，对未来没有明确的打算，某些患者可能有一些计划和打算，但很少执行。

精神分裂症的临床分类主要有偏执型、青春型、紧张型、单纯型四大类，此外还有未分化型和残留型。

偏执型是精神分裂症中最常见的一种类型，以幻觉、妄想为主要临床表现。

青春型精神分裂症在青少年时期发病，以显著的思维、情感及行为障碍为主要表现，典型的表现是思维散漫、思维破裂，情感、行为反应幼稚，可能伴有片段的幻觉、妄想；部分患者表现为本能活动亢进，如食欲、性欲增强等。该型患者首发年龄小，起病急，社会功能受损明显，一般预后不佳。

> **案例**
>
> 男，22岁，患有青春型精神分裂症。
>
> 医生问，患者答。问："这儿是什么地方？"答："现在的地方不管它，就是一小部分。"问："你来这里干什么？"答："我来这里没法说生活困难。现在我来就算是叨语。现在就代表一句话。院长就这样。今天是下午。"问："我们是做什么工作的？"答："我早晨没有吃饭，我找原来前面那个小小的商店。"问："你吃了没有？"答："你想想，哪个人他不知道，点心还不如火烧，米饭大部分是思想问题。"……

紧张型精神分裂症以紧张综合征为主要表现，患者表现为紧张性木僵、蜡样屈曲，有刻板言行和不协调性精神运动性兴奋、冲动行为。一般该型患者起病较急，部分患者病情缓解迅速。

单纯型精神分裂症的主要表现为阴性症状，如孤僻退缩、情感平淡或淡漠等。该型较少见，约占所有精神分裂症的2%，患者多在青少年时期发病，起病隐袭，早期不易发现，病情进展缓慢、持续。该型治疗效果欠佳，患者社会功能衰退明显，预后差。

未分化型具有上述某种类型的部分特点，或是具有上述类型的一些特点，但是难以归入上述任何一种类型。

残留型是精神分裂症急性期之后的阶段，主要表现为性格的改变或社会功能的衰退。

3.网络成瘾/游戏障碍

网络成瘾是指个体反复过度使用网络导致的一种"精神行为障碍"，表现为对网络的再度使用产生强烈的欲望，停止或减少网络使用时会出现戒断反应，同时可伴有精神及躯体症状。世界卫生组织有相关规定，疾病的发生要同时具备以下两个条件：① 给自己或他人带来痛苦；② 社会功能（学习、工作及社交）受损。而"精神疾病"的特征表现是个体在情绪、认知、行为等方面的改变，并伴有痛苦体验和（或）功能损害。网络成瘾的患者在情绪、认知、行为方面都出现一定程度的偏差，尤其体现在行为方面，表现为一种不可遏止的、过度的持续性上网行为，并导致个体社会功能受损，故应将"网络成瘾"纳入精神疾病范畴。

世界卫生组织在2018年6月发布的《国际疾病分类（第11版）》（ICD-11）中，首次将游戏障碍纳入疾病分类体系。游戏障碍是一种对游戏（数码游戏或视频游戏）失去控制力，日益沉溺于游戏，以致其他兴趣和日常活动都须让位于游戏，即使出现负面后果，仍然继续游戏或更加沉迷。而其中的重点则在于，"就游戏障碍的诊断而言，行为模式必须足够严重，导致在个人、家庭、社交、教育、职场或其他重要领域造成重大的损害，并通常明显持续了至少12个月"。

根据世界卫生组织的定义，患有游戏障碍的患者主要呈现以下3个特征，并通常持续了至少 12 个月：① 在玩游戏的频率、强度、时长及游戏情景上缺乏自制的情况；② 将玩游戏的优先级排在其他生活兴趣与日常作息行为之上；③ 在过度玩游戏导致负面影响后，仍旧会持续甚至加大玩游戏的力度。

DSM-5 列出网络成瘾的诊断标准共有 9 条，假如发现自己或他人持续地、反复地通过网络来参与游戏，经常与其他人一起游戏，导致临床显著的损害或痛苦，在 12 个月内表现出下述 5 个（或更多）症状的话，需要意识到有网络成瘾（网络游戏障碍）的可能：① 渴求症状（对网络使用有强烈的渴求或冲动感）；② 戒断症状（烦躁、焦虑和悲伤等）；③ 耐受性（为获得满足感而不断增加使用网络的时间和投入的程度）；④ 难以停止上网；⑤ 因游戏而减少了其他兴趣；⑥ 虽然知道自己有心理社会问题，但仍过度玩游戏；⑦ 向他人撒谎玩游戏的时间和费用；⑧ 用游戏来回避现实或缓解负面情绪；⑨ 玩游戏危害到家庭或失去了友谊、工作等。

研究表明，在参与网络游戏活动的人当中，只有一小部分人受游戏障碍的影响。不过，大学生还是应该警惕自身花在游戏活动上的时间，特别是当自己因游戏而无暇顾及其他日常活动时。同时要警惕游戏行为模式引发的身心健康和社交功能的任何变化。游戏障碍除导致大学生可能出现攻击行为和心理抑郁等问题外，还会带来身体缺乏锻炼、忽略饮食健康、视力或听力下降、睡眠不足等一系列健康问题。大学生应注意控制游戏时间，避免影响到正常的学习、工作和生活，勿被游戏奴役。

一般的不良情绪，都是个体在认知上的偏差造成的。个体因此而产生的心理问题，其实并不是个体遇到的事件本身，而是个体所持有的信念问题，也就是个体对事物的认知问题。大学生群体接受了高等教育，认知水平高，自我管理能力相比于同龄人更强，在遇到一般心理问题时可以通过改变认知来改变情绪和行为后果，也可以通过运动、倾诉、转移注意力等方式来自我调节。

但是有些个体由于认知偏差，自身并未认识到，或者个体经受了长期的情绪困扰，影响了社会功能，就需要专业人士的协助，一起寻找适合个体的合理信念，也就是建构积极的认知框架，发掘出大学生内在的潜力来应对困扰。

个体如果出现了知情意不统一、主客观世界不一致或者人格改变等情况，就要及时就医、寻求专业的精神科医生的帮助。

需要注意的是，《中华人民共和国精神卫生法》规定："心理咨询人员不得从事心理治疗或者精神障碍的诊断、治疗。"因此，学校心理咨询师没有治疗权和处方权，也不能给同学做精神疾病的诊断。如果经过学校心理咨询师的评估，认为某位同学可能有患精神疾病的倾向，心理咨询师会及时转介，建议同学去精神科专科医院寻求治疗。精神疾病不是学校强制学生休退学的理由，经过治疗，恢复社会功能并能确保自身和他人人身安全的同学，可以办理返校手续，回校继续上学。

第三节　大学生健康心理的养成

微视频："20+1"

大学时期是人生美好的时期。大学应是将理想一点一点变成现实的地方，是人生梦想的起航点。然而，大学生所处的年龄段，也正是各种心理问题的高发阶段。随着社会的快速发展，大学生的成长环境不断变化，大学生心理健康问题更加凸显。

《"健康中国 2030"规划纲要》明确提出"加大学校健康教育力度。将健康教育纳入国民教育体系，把健康教育作为所有教育阶段素质教育的重要内容"。全面加强和改进新时代大学生心理健康工作，提升大学生心理健康素养，已成为时代的号召。2023 年，教育部等十七部门联合印发《全面加强和改进新时代学生心理健康工作专项行动计划（2023—2025 年）》，再一次提出坚持健康第一的教育理念，要求切实把心理健康工作摆在更加突出的位置，落实立德树人的根本任务，并通过五育并举等措施促进心理健康，坚持学习知识与提高全面素质相统一，培养德智体美劳全面发展的社会主义建设者和接班人。

育人先育心，浙江省面向全体学生开展心理健康教育，所有高校均开设了大学生心理健康教育课，更加注重健康人格培养，增强学生承受挫折、适应环境的能力。并在每年新生入学后举行一次心理普查，为每一位大学生的心理健康建档，这也是为了更好地跟踪、服务于大学生的心理健康。

一、增强心理健康意识

心理健康是一个人战胜疾病的康复剂，同时又是获取机体健康、延年益寿的要素之一。心理健康与否是不随人的主观意志而转移的，但个人心理问题确实可以通过早期介入、纠正非理性信念、聚焦积极点等方式防微杜渐。大学生增强心理健康的意识，对实现自身的心理健康是非常重要的。

大学生加强和提高心理健康的意识，不但体现在及时关注并干预危机性问题，也体现在关注个人的发展性、成长性问题，体现在对自身潜能的开发上；不但体现在对自己情绪状态的体察，也体现在能敏感地觉察到周围同学的心理波动和行为异常。

大学生要增强心理健康的意识，首先要重视心理健康理论和技巧的学习，掌握一定的心理卫生知识。在大学生心理健康教育课堂上积极参与活动和体验，真正的领悟是通过体验而来的，大学生如果习惯于在课堂上冷眼旁观做个局外人，他对同一个实践活动或者游戏的价值的理解就没有全身心投入的同学深刻。大学生心理健康教育不是心理学，不重概念和知识点，而重学生的体验和实践活动。

同时，大学生应大量地阅读心理学相关的书籍、报刊或者网络上的相关信息、选修有关心理健康教育方面的课程是很有必要的，如大学生恋爱与性教育，爱情、婚姻与家庭，社会心理学，幸福课，普通心理学等课程。这些课程可以帮助大学生系统地学习心理学的知识。多听讲座、微课、网络课程可以使大学生获得心理学和相关技术的前沿知识。爱课程、在浙学、超星、智慧职教等在线学习平台都拥有海量的心理课程可以满足大学生们的课程学习需求。壹心理、简单心理等权威的心理机构公众号上的知识也可以满足同学们的碎片化学习需求。

大学生要增强心理健康的意识，更要积极参与校内外各种心理健康方面的活动。例如，金华职业技术学院大学生心理健康教育咨询中心和每个二级学院都设有心理协会，开展各种常规活动，每年上半年有"5·25"大学生心理健康教育宣传月，下半年有新生心理健康教育宣传月活动等大型活动。大学生应抓住各种机会参与拓展训练、人际关系团体辅导、自我成长体验小组、职业生涯辅导等，通过这些活动，认识自己、接纳自己、发展自己，学会处理和他人之间的关系。

二、培养积极心理品质

积极心理品质是个体在成长过程中与周围环境相互作用所产生的一种持久的、积极乐观的情感体验和态度。大学生积极心理品质应包括积极的认知、情感和意志等积极的心理过程，以及良好的动机、能力和性格等个性心理。

1.积极的心理品质有助于大学生的心理健康

人是一个身心统一体。机体健康有助于心理健康，心理健康也有助于保持机体的健康。反之，长期的心理失衡将导致机体产生疾病。因此，培养大学生积极的心理品质对大学生心理出现的异常具有良好的防御功能，同时对扭转大学生心理问题所造成的消极影响，帮助大学生身心健康发展也具有重要意义。

2.积极的心理品质有助于开发大学生的潜能

积极心理学强调个人的积极力量，认为个人有潜在的建设性的力量和能力。积极心理学可以帮助大学生挖掘这些潜在的力量，使大学生的创造潜能得到最大限度的发挥。许多社会学家和心理学家也证实，大多数成功人士都具有积极乐观、自信的心理品质。这些积极的心理品质使他们对未来充满希望，使他们更容易摆脱挫折和困难，使他们在思考问题和解决问题上能打破常规，发挥他们的创造性潜能。对于大学生来说，积极的心理品质可以使个体的认知水平、情绪达到最佳状态，从而激发其潜能。大学阶段是学生学习和成长的关键时期，培养大学生积极的心理品质，帮助大学生对学习和生活保持良好的精神状态，有助于激发大学生的创新思维和创造潜能。

3.积极的心理品质有助于提升大学生的幸福感

幸福感是个人对自我的生活状态、周围环境的认知和评价，以及在此过程中产生的情绪体验。一般来说，拥有积极的心理品质的人更能体会到幸福。

大学阶段，要着重培养大学生的创造力、思维力、领导能力、希望信念、团队精神、真诚、自制力、幽默、谦虚、审慎等10项积极品质。但大学生心理健康教育课堂上，着重培养的是大学生感恩的积极品质。

卢梭说:"没有感恩就没有真正的美德。"懂得感恩的人,在生活中很少抱怨,常常感恩他人或周围的环境。他在生活中可以找到许多值得感恩的事,经常觉得要感谢别人。当有好事发生时,他会想起帮助过自己的人,经常在心里感激父母和家人,经常为生命中所拥有的而感到幸运。

一颗感恩的心是到达心理健康的捷径,也是发现自己价值的不二法门。大学生可以通过以下方法去努力拥有一颗感恩的心。

花时间表达自己的谢意,如:感谢父母的培养抚育之恩,感谢老师的辅导教育之恩,感谢别人的支持帮助之恩。由于常常表达谢意,朋友和家人就会知道你是个懂得感恩的人。

意识到美好的事物并心怀感激,这种感激可能是对非个人或非人类的,如:感谢自然界赐予的阳光、空气、水,以及花草树木、鸟兽鱼虫之恩;感谢团体、组织、祖国的接纳护佑之恩。心怀感激的人会欣赏他人的优点和品德,留意到发生在自己身上的好事,但不会视其为理所当然。

感恩训练并不只是为了让自己拥有一颗谦卑的心,而是感受到自己是一个有价值的人,值得遇到一切美好的人。

三、实施有效心理调节

有效的心理调节,是维护心理健康的必经之路。大学生的自我心理调适包括调整认知结构、完善自我意识、学会情绪调节、锻炼意志品质、丰富人际交往、提高适应能力、塑造健全人格等。

(一)积极进行自我调节

🔗 **链接**

牡蛎孕珠的启示

牡蛎是无脊椎动物,它的身体非常柔软,为了保护自己,它让自己的身体处在一个光滑的表面,它会用分泌物来形成珠母层,填塞在贝壳里。当牡蛎在海床进食时,贝壳会张开,这时就会有外来的沙粒、寄生虫等异物偶尔掉进去。当牡蛎的外套膜受到刺激时,为了缓解由异物带来的疼痛感,牡蛎就会分泌出珍珠质,把掉进去的异物层层裹住,使其圆润,最后形成一颗令人爱不释手的珍珠。

牡蛎并没有大脑,它是地球万物演化中很低等的一个物种。这种无脑的动物都知道在面对异类的侵害时,想办法让自己适应无法改变的现状,用忍耐来接受痛苦。在逆境中包容、同化异物,面对现实,接受时间的历练。在心平气和中与沙子和睦相处,在同化中改造沙子,最后将沙子孕育成自己生命中的一个珍品。

怨天尤人,让事情与自己过不去的人,或遇见瓶颈,深陷其中时,不去思考如何让自己改变现状的人,应该从牡蛎孕珠的过程中得到启示。

(资料来源:王薇华.心理健康法则[M].北京:中国物资出版社,2010)

1.发展成熟的应对方式

在社会生活中，每个人都不可避免地会面对各种压力情境，压力对个体的心理将产生一定的影响。但相同的压力水平对不同的人的影响是有很大差别的，这种影响差别主要取决于个体用什么样的方式来应对。不同类型的应对方式还可以反映人的心理发展成熟的程度。

在心理学测评量表中，有一种量表叫"应对方式评定量表"，它可以帮助我们检查自己常用的应对方式有哪些。在我国，常用的应对方式评定量表是由肖计划等人参照国内外应对研究的问卷内容，以及有关应对理论，根据我国文化背景编制而成的应对方式问卷。这个问卷将应对方式分成6种类型——退避、幻想、自责、合理化、求助和解决问题。

退避是指逃避问题，逃避压力。例如，学习成绩很不理想的学生，逃学躲在网吧里好几天，不去学校，也不敢回家，这就是一种逃避的应对方式。

幻想是指用想象中的美好来安慰自己。例如，一个穷人，常幻想自己哪天中大奖，一下子变得非常富有。

自责是指因个人缺点或错误感到内疚而谴责自己。例如，一个事业上没有什么发展的人，常常抱怨自己无能，责怪自己没有出息。

合理化是指为自己的行为找一个理由，以便减轻自己的痛苦。如一些人遭遇了一些挫折，就安慰自己说，"是我的命不好"。这些编造出来的"理由"可以用来自我安慰，消除紧张，减轻压力，使自己从不满、不安等消极心理状态中解脱出来，对维持心理平衡有一定作用，但却不能真正解决问题。

求助是指请别人来帮助自己。例如，身患重疾的人，向亲朋好友、社会各界人士请求援助，这就是一种求助方式。但也有一些人很要面子，什么难题都自己扛，很难开口向别人求助，结果压力之下，自己先有了心理问题。其实，"求助"并不是件可耻的事情，今日别人帮助了我，明日我再帮助别人，形成"互助"的风气，大家都会从中受益。

解决问题是指积极着手解决遇到的问题。解决问题是需要相应的能力和智慧的，学习和实践可以扩充智慧、提升能力。

在这6种应对方式中，"退避"和"自责"是不成熟型应对方式；"求助"和"解决问题"是成熟型的应对方式；"幻想"和"合理化"是介于成熟与不成熟之间的混合型应对方式。成熟型应对方式使个体对自己处理问题的能力更加自信，情绪更积极，心理更健康；而不成熟型应对方式，只能使个体越来越没有自信心，情绪越来越消极，更易导致心理问题或精神疾病。

2.培养健康的生活方式

健康的生活方式对人的心理健康非常重要，生活方式的变化对个体的心理健康必将产生深刻的影响。一项针对中山大学、华南理工大学、华南师范大学、华南农业大学、惠州学院五所普通高校随机整群抽取1224名大学生的研究发现，大学生的生活方式与心理健康水平相关系数呈中度正相关，生活方式与心理健康之间有比较紧密的联系；生活方式中饮食习惯、锻炼体能、酒精药物、应激控制、安全、吸烟等对心理健康均有显著性影响，且影响因子由大到小；饮食习惯、锻炼体能、酒精药物是影响大学生心理健康水平的较佳预测指标。

《中国国民心理健康发展报告（2019—2020）》指出，人际关系、生活习惯和个人心理素养水平是心理健康的保护因素，表现为人际关系越好，饮食习惯越健康，运动频率越高，心理弹性越大，青少年的抑郁水平越低，睡眠质量越高。

可见，大学生要保持健康的心理，良好的生活习惯也是非常重要的。要经常性地参加体育锻炼，养成良好的饮食和睡眠习惯等。虽说身体不健康不意味着心理就一定不健康，但健康的体魄是养成健康心理的良好路径。一个人总是精力充沛、元气满满，那么，他应对生活中的困难时就有自信，相反，一个饮食失衡、缺乏运动、睡眠不足的人，很难树立起积极健康的人生态度。

3. 学会管理和控制情绪

良好的情绪有助于潜能的发挥、学习效率的提高。识别自己的情绪，管理好自己的情绪，让情绪有适当的表达，能够帮助大学生更好地达到人际和谐，更加积极地面对生活。大学生要学会适度宣泄自己的消极情绪，培养幽默、自嘲、升华、理智化等纾解消极情绪的方式。我们将在专题五着重介绍情绪管理的方法。

（二）发展社会支持系统

心理学研究表明社会支持与个人遇到较大压力（或应激事件）从而影响身体健康有紧密联系。良好的社会支持系统可以帮助个体缓解不良情绪，摆脱困境的束缚，从而提高身心健康指数。良好的个人社会支持系统是指个人在社会网络中所获得的来自他人的物质和精神上的双重支持，而来自精神方面的支持最重要。

建立一个良好的社会支持系统首先要建立社会支持理念。每个人在社会上都离不开与他人的相互配合，共同发展。人与人之间的亲密互动、相互支持是社会支持的本质，社会支持在帮助他人的过程中产生，可以是物质、体力、信息及情感支持等方面。

在社会支持系统中，家庭占据很重要的位置，父母和兄弟姐妹之间的血脉亲情是任何人都取代不了的，无论身在何处，只要听到来自他们的声音，心中就会有安全感。他们可以在第一时间与我们分享喜悦，可以排解我们的烦恼。必要时在经济上我们也可以向他们寻求帮助。家族中德高望重的长辈也可以在人生的重要关头为我们指点方向。

微视频：你是我的太阳

另外，朋友的支持也是非常重要的支撑力量。朋友会在你失落或者遇到挫折时充当后备军的角色，他们会心甘情愿地听你诉说，同情、理解你。

对于大学生来说，一个非常重要的社会支持系统是校内的老师、同学。室友、同班同学、在社团里认识的老乡、班里的心理委员，都是倾诉心情的对象；辅导

员、班主任和任课老师尤其是心理任课老师，会用他们的社会阅历和见识来帮学生分析利弊、陈述关系。

良好的社会支持系统让大学生更有安全感。良好的人际关系是社会支持系统的重要组成部分，而良好的人际关系离不开关系双方的相互信任和支持。从心理学角度而言，我们的内心深处更希望获得温暖、爱、归属感和安全感，而这些需要建立在良好的人际关系基础上。

所以，有意识地打造一个属于自己的社会支持系统会让我们的人生更加顺利、更加成功。当然，如果不具备这样的支持力量或个体出现了精神或躯体症状，寻求心理咨询师的帮助是非常有必要的。

（三）寻求专业心理咨询

心理咨询（psychological counseling）是指由受过心理咨询训练的专业人员，运用心理学的方法，对心理适应和发展方面出现问题并企求解决问题的求询者提供心理援助的过程。高校通常设有专门的心理咨询机构，由专职、专业的心理咨询师为师生提供心理咨询服务。

> **🔗 链接**
>
> 金华职业技术学院心理健康课程组每年对大一学生代表进行座谈和问卷调查，征集大一学生对大学生心理健康教育课程的意见和建议。结果发现，相对于其他公共课程，大学生心理健康教育所受到的重视程度相当高。所有受调查的同学都强烈建议学校开设这门课程，并且拒绝网络授课的建议。大学生对大学生心理健康教育课程的人际交往、情绪管理、自我意识、爱情与性等专题充满了好奇与探索的欲望。各种测验、体验活动、观点分享极大地满足了大学生对心理健康知识的渴求和自我调节能力的培养。这门课程契合了大学生强烈的自我意识的觉醒，迎合了学生社会化过程的需要，符合当代大学生自我探索、自我发展的价值追求。
>
> 金华职业技术学院的心理健康教育咨询中心位于大学生活动中心四楼，占地面积超过13000平方米，拥有心理咨询室、团体辅导室、发泄室、放松室、沙盘室等各种专业的场所和设备。心理健康教育咨询中心现有8位专职心理咨询师及10个二级学院心理辅导员，并有严格的咨询师值班制度，基本可以满足学生各种适应性问题和发展性问题的求助。心理中心实施预约制度，学生可以通过网络或者电话预约咨询。
>
> 为了更好地帮助学生评估或解决心理问题，校心理健康教育咨询中心特邀金华市第二医院医生于每周三晚上6点到8点前来会诊，一次会诊时间为半小时。学生可以在微信公众号上填表报名咨询，也可以通过二级学院心理辅导员预约评估。
>
> 同时，金华职业技术学院已建立起完善的心理中心—二级学院—心理委员—寝室长四级心理危机预警体系。各班的心理委员需进行资质培训，且通过考核后持证书上

岗。这样可以确保心理委员有能力对同学的心理问题提供更为专业的判断和帮助。

1. 微视频：
心理咨询宣传片
2. 微视频：
心理中心宣传片
3. 微视频：
心理健康课程宣传片
4. 心理咨询预约方式

每学期，金华职业技术学院的心理健康教育咨询中心还对包括公寓辅导员、班主任、保安及宿管人员在内的心理辅导队伍和包括班助、寝室长在内的心理朋辈工作队伍进行培训，力求给学生提供全员、全方位、全过程的心理支持系统。

金华职业技术学院的心理咨询一般遵循以下原则。

1. 保密、免费原则

心理咨询师有责任对来访学生的咨询内容给予保密，来访者的名誉和隐私权应受到道义上的维护和法律上的保障。除非来访者有自伤/自杀及伤人/杀人的倾向，否则不应把来访者的秘密泄露给第三方，心理咨询师进行个案督导时应将来访学生的信息模糊处理并征得其同意。同时，金华职业技术学院针对在校大学生的心理咨询是免费的。

2. 积极聆听原则

在咨询中，心理咨询师会集中精力认真倾听来访学生的讲述，给学生充分、足够的时间和机会讲完要讲的话，并表现出足够的理解与支持。

3. 助人自助原则

心理咨询师一般不为来访学生出主意、想办法，而是帮助学生自己想清楚问题的所在，从而找出解决问题的方法，因此，助人自助原则是指通过心理咨询帮助来访的学生增强自己帮助自己的能力，授人以"渔"而不是"鱼"。

4. 非批评性原则

非批评性原则主要是指对学生暴露的思想、行为表现不给予任何批评和是非评价，而是鼓励学生去自我认识、自我评价，自己判断自己的思想、行为表现。无论来访学生说什么，心理咨询师都不会以道德的观念去评判事情的对错，不冷漠，不攻击，充分地尊重来访学生。

5. 共情性原则

共情性原则是指心理咨询师设身处地地体会来访学生的某种情绪、情感体验，能够将自身投射到来访学生的心理活动中去，分享其对外界事物的心理反应，以达到认知、情感与意志上的统一。共情是心理咨询成功的核心，也是其成功的前提条件。

6. 转介原则

如果心理咨询师在咨询中发现来访学生出现精神疾病的症状，应及时转介到相应医院的精神科治疗。心理咨询师是无处方权也不能进行心理治疗的。

心理自助资源

一、抑郁自评量表

抑郁自评量表（self-rating depression scale，SDS），是含有 20 个项目，分为 4 级评分的自评量表，原型是贝克（W. K. Zung）编制的抑郁量表。其特点是使用简便，并能相当直观地反映抑郁患者的主观感受。主要适用于具有抑郁症状的成年人，包括门诊及住院患者。只是对严重迟缓症状的抑郁评定有困难。同时，对文化程度较低或智力水平稍差的人使用效果不佳。

测试：抑郁
自评量表

二、症状自评量表

症状自评量表（SCL-90）是世界上著名的心理健康测试量表之一，是当前使用最为广泛的精神障碍和心理疾病门诊检查量表，利用SCL-90可从10个方面来了解自己的心理健康程度，本测试适用对象为 16 岁以上的用户。

三、房树人测试

1.工具:每人一张 A4 纸，一支 2B 铅笔。

2.指导语:请你画一幅画，画中包含 3 个元素:房子、树和人，请勿画火柴人和漫画人，请勿用尺子等其他工具，也不要和他人讨论要画的内容。时间不限，内容不限，数量不限。

微课：心理
防御机制

超简单心理实践

"蝴蝶拍"是一种心理稳定化技术，可以帮助个体迅速增加安全感和积极感受，以减少心理应激。蝴蝶拍操作简单，可以用于自我实践。当你感觉到不安时，双臂交叉环抱自己，像蝴蝶一样拍扇着翅膀，一边拥抱自己，一边自我安慰，这种简单的实践可以促进个体心理和躯体的恢复，进入一种稳定的状态。

微课：蝴蝶拍

从生理学的角度讲，"蝴蝶拍"是对身体进行双侧刺激，促进信息加工，激活副交感神经，从而使个体情绪稳定，获得安全感，以达到内心愉悦平静。

1.资料：心理支持资源
2.课后巩固

参考文献

[1] 彼得森. 积极心理学[M]. 徐红，译. 北京：群言出版社，2010.

[2] 傅小兰，张侃. 中国国民心理健康发展报告（2019—2020）[M]. 北京：社会科学文献出版社，2021.

[3] 格里格，津巴多. 心理学与生活[M]. 王垒，等译. 北京：人民邮电出版社，2014.

[4] 美国精神医学学会. 精神障碍诊断与统计手册[M]. 5版. 张道龙，等译. 北京：北京大学出版社，2016年.

[5] 彭聃龄. 普通心理学[M]. 北京:北京师范大学出版社，2012.

[6] 邱远，刘柏青. 大学生活方式与心理健康内在关系的初步研究[G]//第8届全国运动心理学学术会议论文汇编. 2006.

[7] 中华医学会精神科分会. 中国精神障碍分类与诊断标准（CCMD-3）[M]. 3版. 济南：山东科学技术出版社，2001.

自我意识

▶▶ **教学目标**

知识目标：理解自我意识的概念和构成，掌握自我结构理论，懂得自控力的重要性。

能力目标：认识自我，提高自控能力；学会客观看待自我意识中的偏差，培养纠正自我意识偏差的能力。

情感与价值目标：树立正确的自我意识，悦纳自我，发展自我；接受理想我和现实我之间的差异，形成主客观自我的和谐统一。

▶▶ **课前热身**

1. 你觉得自己是个什么样的人？

2. 你是否已经养成几种使你获益终身的好习惯？

▶▶ **导言**

我是一个矛盾体，是真正意义上的矛盾体。我经常感到有两个"我"在斗争：一个"我"健康活泼、积极向上、懂事孝顺、控制能力强、做事有计划、效率高；另一个"我"强迫性暴饮暴食、消极悲观、怨天尤人、毫无自制力，在自我折磨中浪费时间、挥霍金钱。一个"我"喊："停！你不能再堕落了！"另一个"我"说："唉，反正都已经这样了，何必和自己过不去呢？"于是我就处在痛苦的挣扎中。大多数情况下，我还是被那个放任的"我"所俘虏，堕落得一塌糊涂。有的时候，这个魔鬼般的"我"会暂时离开，于是理智的"我"回想曾做过的一切，会有一种毛骨悚然和陌生的感觉，我经常问自己："这还是我吗？我怎么会变成这样？"我经常给自己保证："这是最后一次了。从明天开始，我一定远离这个毛病。"可是，我一次又一次地让自己失望了，我在自己心中的形象也随着一次次的失望跌到了谷底。①

亲爱的同学，你是否也曾像这位同学一样被两个自我苦苦撕裂，陷入自我矛盾中不能自拔？是否也曾像很多人一样，午夜梦醒时被内疚折磨，发誓要改变自己，第二天起床后那些誓言却又化成晨曦中的一缕薄雾？关于"我是一个什么样的人"的追问是人类一个永恒的谜题，认识自己绝不比认识宇宙的任何奥秘来得容易，因为每个人的潜力都和他内心的"黑洞"一样有无限的可能性。古希腊德尔菲神庙石柱上的"认识你自己"和老子说的"知人者智，自知者明"，都是人类古老的智慧箴言，它们共同的寓意是对自我的挖掘。

---

① 樊富珉，费俊峰. 大学生心理健康十六讲[M]. 北京：高等教育出版社，2020.

第一节　自我意识概述

"我是谁？我是怎样的一个人？""在大社会里、小环境中我究竟处在什么样的位置？""别人怎样看待我呢？""我这样做对吗？""我的生活目标是什么？""我会被别人喜欢和接受吗？"以上这些问题同学们是不是经常思考或感到困扰呢？不用怀疑，古往今来，没有人能不经过痛苦的探索就对以上问题有完美的回答。所有对以上这些问题的思考和回答过程都涉及了一个关键字——"我"，一个人对自己的认知，将决定他遨游世界时能走多远。

一、自我意识的内涵

"自我"（self）一词最早出现在 1890 年威廉·詹姆斯（William James）的《心理学原理》一书中。詹姆斯将自我划分为主体我（I）和客体我（me），主体我是指个体的纯粹经验，而客体我是指经验的内容。我们对所有的心理过程（包括感觉、知觉、思维、想象等）的主观意识（而不是这些心理过程本身）构成了主体我，所以又叫自我意识。客体我是指人们对他们是谁及他们是怎么样的人的想法。

> **小知识**
>
> "自我"还有另一个英文单词"ego"，是由西格蒙德·弗洛伊德（Sigmund Freud）提出的。弗洛伊德的人格发展理论认为，人格是由本我（id）、自我（ego）和超我（super-ego）组成的。
>
> 本我遵循的是"快乐原则"，代表人最为原始的欲望，本我寻求自身的生存，寻求本能欲望的满足，是生命中必要的原动力；自我遵循的是"现实原则"，以合理的方式满足本我的需求，其作用主要是调节本我和超我之间的矛盾；超我遵循的是"道德原则"，包括道德良心和自我理想，其作用是控制和引导本能的冲动，并监督自我对本我的限制。
>
> 本专题中的"自我"着重讨论的是詹姆斯的自我概念。

自我意识（self consciousness）是意识的核心部分，是对"自我的认知"，或者说自我意识是人对自己身心状态及对自己同客观世界的关系的意识。它包含自我认知、自我评价和自我控制。自我意识是人所特有的意识的重要形式之一。

自我意识包括 3 个层次：对自己及其状态的认识；对自己肢体活动状态的认识；对自己思维、情感、意志等心理活动的认识。自我意识不仅是人脑对主体自身的意识与反映，而且人的发展离不开周围环境，特别是人与人之间关系的制约和影响，所以自我意识也反映了人与周围现实之间的关系。这种认识是个体通过观察、分析外部活动及情境、社会比较等途径获得的，是一个多维度、多层次的心理系统。

自我意识具有意识性、社会性、能动性、同一性等特点。

一是意识性。意识性是指个体对自己及自己与周围世界的关系有着清晰、明确的理解和自觉的态度，而不是无意识或潜意识。从马克思主义哲学的角度来看，这种自我意识是主体我对客体我的一切主观能动的反映。

二是社会性。自我意识是个体长期社会化的产物。这不仅因为它是在社会实践中产生的，而且因为它的主要内容是个体社会属性的反映。对自我本质的意识，不是意识到个体的生理特性，而是意识到个体的社会特性，意识到个体的社会角色，意识到个体在一定的社会关系和人际关系中的地位和作用，这是自我意识发展到成熟的重要标志。

三是能动性。自我意识的能动性不仅表现在个体能根据社会或他人的评价、态度和自己实践所反馈的信息来形成自我意识，而且还能根据自我意识调控自己的心理和行为。

四是同一性。心理学研究表明，自我意识一般需要经过20多年的发展，直到成年早期或中期才能形成比较稳定、成熟的自我意识。虽然这种自我意识有可能因个体实践的成败和他人的评价的改变而发生变化，但到青年期以后，个体会对自己的基本认识和态度保持同一性。正因为自我意识的同一性，个体才会表现出前后一致的心理面貌，从而使自己与其他人的个性区别开来。

二、自我意识的结构

活动

20 问法

现在来做一个帮助大家了解自己的心理测试。请在5分钟之内写出20句以"我"开头的句子进行自我描述。请尽量写一些能反映个人风格的语句。

从形式上看，自我意识的结构是从自我意识的三层次，即从知、情、意三方面分析的，自我意识表现为认知的、情感的和意志的三种形式，分别称为自我认识、自我体验和自我调控。三者之间的和谐程度及与客观现实的吻合程度，决定了个体自我意识的健康状况，自我意识也叫自我调节系统。

（一）自我认识

自我认识是自我意识的认知成分，是指个体对生理自我（如身高、体重）、心理自我（如思维活动、个性特征）和社会自我（如人际关系）的认识。

自我认识包括自我感觉、自我观察、自我观念、自我分析和自我评价等层次。自我观念和自我评价是自我认识中最主要的方面，集中反映了个体自我认识乃至自我意识的发展水平，也是自我体验和自我调控的前提。自我认知回答的是："我是谁？""我是个什么样的人？"等问题。

（二）自我体验

自我体验是主观自我对客观自我产生的情绪体验，是在自我认识的基础上产生的，反映个体对自己所持的态度，是自我意识的情感成分。

自我认知决定自我体验，而自我体验又强化着自我认知，自我体验要回答的问题是"我是否喜欢自己""我是否满意自己"等，主要是一种自我感受。自我体验的内容十分丰富，它包括自尊、自爱、自信、自卑、内疚、自豪感、成就感、自我效能感等。其中，自尊是自我体验中最主要的方面。

（三）自我调控

自我调控是自我意识的意志成分，是对自己行为和思想、言语的控制，以达到自我期望的目标。自我调控表现在两个方面：发动和制止。

自我调控对个体的学习和工作具有推动作用，使个体为了获得优秀成绩、社会赞誉，达到自己的目标而做出不懈的努力。自我调控是自我意识的关键环节，包括自立、自主、自律、自我监督、自我控制和自我教育等层次。其中，自我控制和自我教育是自我调控中最主要的方面。核心内容是"我将如何规划自己的人生？""我应该做什么？""我应该成为什么样的人？""我可以选择如何做？"等。我们常常"心动而不行动"，实际上心动是一件很容易的事，而真正历练意志则需要更多的自我控制。当意志调控行为成为一种习惯时，自我调控便转变为"自动化"。

不同的人、不同的环境、不同的年龄段的自我结构不一定一致，自我结构是个相对稳定但并非固定不变的结构。

🔗 **链接**

詹姆斯的"自我结构理论"

类型	自我认知	自我评价	自我调节
生理自我	对自己的身体、外貌、衣着、风度、家属、所有物等的认识	英俊、漂亮、有吸引力、迷人、自我悦纳	追求身体的外表、物质欲望的满足，维持家庭的利益等
社会自我	对自己的名望、地位、角色、性别、义务、责任、力量的认识	自尊、自信、自爱、自豪、自卑、自怜、自恋	追求名誉地位，与他人竞争，争取获得他人的好感等
心理自我	对自己的智力、性格、气质、兴趣、能力、记忆、思维等特点的认识	有能力、聪明、优雅、敏感、迟钝、感情丰富、细腻	追求信仰，注意行为符合社会规范，要求智慧与能力的发展

三、自我意识的形成

大学生的自我意识是在儿童青少年时期自我意识的基础上的进一步发展，它既有继承性，又有自身新的特点。心理学研究表明，个体自我意识从发生、发展到相对稳定和成熟，需要经历20多年的时间。

> 📖 **小知识**
>
> 客体自我开始出现的标志体现在"点红鼻子实验"中。这是研究儿童自我发展的一项经典实验。实验者在88名3～24个月的婴儿鼻子上点一红点，然后观察他们照镜子时的反应，并对其中2名12个月的婴儿做追踪研究。结果发现，15～24个月的婴儿会对着镜子观看自己的身体，并对着镜子触摸自己的鼻子。研究者认为，这是婴儿出现自我意识中自我认识的表现。

（一）自我中心期

在降生之初，婴儿是没有自我意识的，他们一般不能意识到自己和外界事物的区别，还生活在主体与客体尚未分化的状态之中。比如他们经常吸吮自己的手指头，就像吸吮母亲的乳头一样津津有味。婴儿8个月左右，生理自我开始萌生，这就是自我意识的最初形态。到1岁左右，儿童开始能把自己的动作和动作对象区别开来，初步意识到自己是动作的主体。例如，当儿童手里抓着玩具的时候，他们不再把玩具当作自己身体的一部分了。1岁以后，儿童逐步认识自己的身体，也开始能意识到自己身体的感觉。不过，他们只是把自己作为客体来认识，他们从成人那里学会使用自己的名字，并且像称呼其他东西一样来称呼自己。到2岁左右，儿童逐渐学会用代词"我"来代表自己。

3岁左右的儿童，自我意识有了新的发展。主要表现在：① 出现了羞愧感与疑虑感。当做错事时儿童会感到羞愧，当遇到矛盾时儿童会感到疑虑。② 出现了占有欲和嫉妒感。儿童看到自己喜欢的东西就想独自占有而不愿与人共享，如果母亲对其他儿童表现出关心和喜爱，他会产生强烈的嫉妒感。③ 第一人称"我"的使用频率提高，许多事情都要求"我自己来"，开始有了自立的要求。应该说，3岁儿童的自我意识已经有了一定的发展，但其行为是以自我为中心的，即以自己的想法解释外部世界，并把自己的想法和情感投射到外界事物上去。

（二）客观化时期

从3岁到青春期，是个体接受社会文化影响最深的时期，也是学习角色的时期。个体在家庭、幼儿园、学校中学习、游戏、劳动，通过模仿、认同、练习等方式，逐渐形成各种角色观念，如性别角色、家庭角色、伙伴角色、学生角色等。这一时期，也是个体获得社会自我的时期，他们开始能意识到自己在人际关系、社会关系中的作用和地位，能意识到自己所享有的社会权利和承担的社会义务等。

青春期以前，个体的眼光是向外的，引起个体兴趣和注意的是外部世界，对自己的内心世界关注不多。他们虽然已经意识到自己是一个主体，可以充分认识到自己的行为，但却不了解自己的心理状态；他们常常把自己的情绪视为某种客观上伴随行为而产生的东西，不懂得情绪是自己的主观感受；他们还不善于运用自己的眼光去认识世界，而只是照搬成人的观点作为自己对外部世界的认识。

（三）主观化时期

从青春期到成年的近 10 年时间，个体的自我意识趋于成熟，并逐步获得了心理自我。此时，个体的自我意识表现出 4 个方面的特点：① 用自己的观点来认识与评价事物，使自我意识成为个体认识外部世界的中介因素，从而使个体的思想和行为带有浓厚的个人色彩；② 个体会从自己所见到的人格和身体特征出发，强调相应事物的重要性，形成特有的价值体系，以指导自己的言行，提高自己的社会地位；③ 追求生活目标，出现与价值观相一致的理想自我；④ 抽象思维能力大大提高，自我意识能超越具体的情境，进入精神领域。

自我意识的形成和发展过程，正是一个人人格成长的过程，忽视任何一个阶段的健康成长，往往会给一个人终生带来困惑。美国精神分析学家爱利克·埃里克森（Erik Erikson）将人的心理发展分为 8 个阶段，认为每个阶段都有一个特殊的核心问题，解决了特殊问题，自我意识就会进入一个新的阶段。

四、自我同一性

埃里克森将青少年期定义为一个人形成同一性的关键期，并且认为青少年经历了同一性对角色混乱这一心理冲突。自我同一性是指个体在特定环境中的自我整合与适应之感，是个体寻求内在一致性和连续性的能力，是对"我是谁""我将来的发展方向"及"我如何适应社会"等问题的主观感受和认识。为了获得自我同一性，青少年必须在某种程度上整合自我知觉的许多不同方面，使其成为一致的自我感。

詹姆斯·玛西亚（James Marcia）根据青少年探索和投入的程度对个体同一性的发展状态进行了评定，分别把个体归入了同一性的 4 种状态，即个体解决同一性危机的方式：同一性扩散（diffusion）、同一性早期封闭（foreclosure）、同一性延缓（moratorium）和同一性完成（achievement）。同一性扩散是指个体既没有探索（即个体还没有探求有意义的选择），也没有自我投入。同一性早期封闭是指青少年做出了自我投入，但是没有进行探索，他们的人生选择常常由具有权威性的父母做出，没有经历自我探索。同一性延缓是指青少年正处于同一性危机之中，但是成人或社会没有给予他们责任或义务，或者对他们的责任只是进行了模糊的定义。同一性完成是指青少年已进行了探索，并且也进行了积极投入。同一性的发展主要表现为扩散状态向提前封闭或延缓状态转变，提前封闭状态向延缓状态转变。在青少年早期和中期，个体刚刚开始体验急剧的生理、心理和社会知觉的变化，他们开始重新思考童年期的价值观和身份。同时，个体不断调节和巩固这些变化，并把这些变化整合到不断完善的同一性中。这个时候同一性的发展往往处于扩散和早期封闭的状态。在个体的初高中阶段，扩散和早期封闭状态的人数大幅度减少，同时伴随延缓与同一性完成人数的增多。青少年同一性冲突的解决是在18～22岁，尽管整个青少年期都存在对自我的探索，但自我同一性最重要的变化发生在20岁左右。

男性和女性的同一性形成过程在大多数方面没有区别。但女性在人际关系领域的发展较为突出。女性定义和描述自己的时候更倾向于考虑自己与他人的关系，而男性则更多地依靠竞争和能力给自己定位。

青少年的同一性形成过程至少受4个因素影响：① 认知发展水平对青少年同一性的形成具有一定的影响，那些对形式运算思维掌握牢固并且以复杂和抽象的方式思考的青少年比那些认知不那么成熟的青少年更有可能提出和解决同一性问题；② 与父母关系的远近及父母的教养方式会影响青少年自我同一性的建立；③ 和同伴群体的相处及友谊的建立对青少年同一性的形成有重要作用；④ 学校、社会及更广泛的文化背景同样会对同一性的建立及发展产生影响。

五、自我意识与心理健康的关系

正如马斯洛所说："一个有稳固基础的自我形象是迈向自我实现的先决条件。"清华大学的樊富珉和付吉元曾采用田纳西自我概念量表（TSCS）和临床症状自评量表（SCL-90），对1006名大学生的自我概念和心理健康进行了测量，结果发现大学生的自我概念与心理健康呈较高的正相关。自我总分与忧郁、人际关系敏感、精神病性、强迫有直接关系。其中消极的自我认同、自我满意、自我行动和心理自我与忧郁、人际关系敏感有较高的正相关。

一个人的心理发展一般都要经历从幼稚到成熟的过程。形成正确的自我意识是个体心理成熟的标志，对心理健康起着重要作用。

（一）促进社会适应，和谐人际关系

大量的心理学实践证明，许多人社会适应不良及人际关系不协调是自我意识不健全或不正确造成的。如果一个人对生理的自我、心理的自我和社会的自我认识、体验不正确，尤其是在自我评价及自我概念上与客观的现实差距太大，则可能造成社会适应不良和人际关系不协调，从而影响人的心理健康。正确的自我意识通过正确的自我评价产生合理的理想自我，并且通过正确认识自己与他人、个体与群体双方不同的地位和需要，采取不同的策略，主动调节人际关系。一个人只有知己知彼，才能保持良好的社会适应和人际关系，维护心理健康。

（二）促进自我实现，创造最佳心理质量

健全的自我意识通过合理的自我认识、良好的自我体验、自觉的自我调节和控制，促进自我实现，最大限度地挖掘自身心理潜力。心理学家马斯洛认为，自我实现是心理

最健康和心理质量最佳的标志。

（三）有助于自我教育和自我完善

当现实的自我和理想的自我不能统一，或在理想的自我实现过程中受到挫折时，有健全自我意识的人能够自省，自觉地寻找原因。个体一方面通过自我调节、控制，纠正心理偏差，努力缩小理想的自我与现实的自我的差距；另一方面重新调整认知，形成新的"理想自我"的内容，使自己的心理行为个体化与社会化协调、平衡、完善地发展。

第二节　大学生自我意识的发展

一、大学生自我意识的特点

许多心理学家认为，青春期是自我意识发展的第二个飞跃期。个体在 1～3 岁，曾出现过一次自我意识发展的飞跃期，以儿童可以用代词"我"来标志自己为重要特点。在接下来的几年时间中，儿童的自我意识虽然还在继续发展，但发展的速度则是相对平稳的。进入青春期以后，由于身体的迅速发育，青少年很快出现了成人的体貌特征。这种生理上的变化发生得过于突然，使他们在产生一种惶惑感觉的同时，自觉或不自觉地将自己的思想从客观世界中抽回了很大一部分，重新指向主观世界，使思想意识再一次进入自我，从而导致自我意识的第二次飞跃。自我意识高涨的突出表现是，青少年内心世界越发丰富，他们在日常生活和学习中，常常将很多心智用于内省。"我到底是个怎么样的人？""我的特征是什么？""别人是喜欢我还是讨厌我？"等一系列关于"我"的问题开始反复萦绕于他们的心中，这种倾向在其作文和日记中可以看到。例如，同是以"我看到了什么"为主题的作文，小学生是纯粹地描述客观世界的景象，而青少年虽然仍对客观世界进行描述，但他们的描述中却带有浓重的个人情绪情感基调，在作文中更突出了个人的喜好和憧憬等。

青春期自我意识高涨的另一个主要表现是其个性上的主观偏执性。一方面，他们总是认为自己是正确的，听不进别人的意见；另一方面，他们又感到别人似乎总是用尖刻挑剔的态度对待他们。因此，当听到别人在低声讲话时，他们便断定是在议论自己；当看到别人面露微笑时，又认为是在嘲笑自己；如果某位老师多看了自己一眼，就会认为是自己做错了什么等。总之，他们觉得周围的人时时刻刻都在议论他，这种想法使青少年感到压抑、孤独而且神经过敏。

成年早期，正是一个人必须明确自己个性的主要特征，开始考虑自己的人生道路的时期，所以一切问题既是以"自我"为核心而展开的，又是以解决好"自我"这个问题为目的的。这种主客观上的需求使得青少年的自我意识获得了进一步的发展。

由于特殊的教育环境和知识背景，大学生的自我意识呈现以下特点。

（一）强烈关心自己的发展

大学生在校学习的时间是知识技能的准备时间，是进入社会的缓冲阶段，可能会经常反思、反省一些有关个人发展、个人与社会的关系问题。如，我聪明吗？我的风度如何？别人会怎么看我？我的性格如何？我将成为什么样的人？我怎样实现自我价值？等等。大学生在此阶段应能自觉地把自我的命运与国家、社会、集体的命运结合起来，考虑如何为社会服务。

（二）自我评价趋于客观

由于知识储备增多，生活经验更丰富，情感逐渐成熟，大多数大学生对自己的认识、评价基本与外界一致，变得客观、全面。我国大学生对自我概念的认识比较集中于交际、友善、信义、容貌、学业、志向、家庭、成熟、自纳等9个方面，总体来说是积极的。男生在自纳、成熟、学业、志向等方面的自我评价高于女生，也更为积极，女生在友善和家庭两个方面的认识高于男生，但差异不大。一般院校的大学生比较关心学业和交际两个方面，他们更乐于交往。

（三）自我体验丰富复杂

大学生的自我体验可以说是在各种社会群体中，或者在他们的一生中"最善感"的阶段。一般的情绪情感基调是积极的、健康的。多数大学生喜欢自己，满意自己，自尊、自信、好胜。但同时他们也是敏感的，凡是涉及"我"和与"我"相联系的事物，常常能引起他们的情绪情感反应，并且他们愿意把自己的情感体验闭锁于内心。大学生的情绪体验具有一定的

微视频：昇

起伏、波动——有了成绩，肯定自己，甚至骄傲自满、忘乎所以；遇到挫折就否定自己，悲观失望，甚至自暴自弃，有明显的两极情绪。

（四）自我控制能力提高

大学生的自我控制能力有了很大的提高，自觉性、坚持性、独立性和稳定性显著发展，有强烈的自我设计和自我规划的意向。绝大多数大学生奋发向上，力争成才，自觉调节行为，同时强烈要求独立、自主，希望摆脱依赖和管束。

（五）自我意识水平存在差异

大学生的自我意识水平总体比较高，但也存在显著的年级差异和性别差异。大学生自我意识水平的高低，主要表现在学业、交际和家庭等方面，大学二年级学生的自我意识水平最低，三四年级走高，呈"U"形变化趋势。大学二年级学生的自我意识最低，反映出当初因为考上大学自我评价提升现象的回落，大学二年级是学生大学期间最不稳定的时期。这一年，大学生的内心冲突最尖锐，思想斗争最激烈，回顾与展望最多。但是这也是一次新的上升时期、转折时期。

二、大学生自我意识发展的规律

在青春期后，大学生的自我意识会出现分化—冲突—统一的过程。这一过程是大学

生自我意识不断发展，趋于成熟的过程。

（一）自我意识的分化

青年期自我意识的发展是从明显的自我分化开始的。原来完整笼统的我被打破，出现了两个我：主我（I）和客我（me），即大学生既是观察者又是被观察者。伴随着主我和客我的分化，理想我和现实我开始分化。自我意识分化是自我意识开始走向成熟的标志。自我明显的分化，使大学生主动、迅速地关注自己的内心世界和行为，产生了新的认识、体验，同时，由此而来的种种激动不安、焦虑、喜悦增加，自我沉思增多起来，要求有属于自己的一片空间和世界，渴望被理解、被关怀。

（二）自我意识的矛盾

自我意识的分化，一方面使大学生开始意识到自己不曾注意的许多"我"的方面和细节，另一方面也带来了主我与客我的矛盾斗争，呈现理想我和现实我矛盾加剧的局面。大学生的自我冲突加剧、自我不能统一、自我形象不能确立、自我概念不能形成，表现出明显的内心冲突，甚至有很大的内心痛苦和强烈的不安感。这时，大学生对自我的评价常常是矛盾的，对自我的态度常常是波动的，对自我的控制常常是不果断的。归纳起来，大学生自我意识的矛盾主要表现在 6 个方面。

1.主我和客我的矛盾

由于生活范围窄，社会阅历少，大学生的社会交往多限于老师、同学、父母，比较简单、直接，因此，对自我的认识参照点少，局限性较大。再加上社会对大学生一向期望高，使大学生对自我的认识也沾染了光环色彩，而现实生活中的平凡自己和想象中的自己仍有较大差距，这种差距给大学生带来了苦恼和不满。

2.理想我和现实我的矛盾

理想我和现实我的矛盾是大学生自我意识最突出、最集中的表现，这主要源于理想我与现实我的差距。大学生富于理想、抱负水平高、成就欲望强，对自己充满了信心。然而，他们较少接触社会，还不能很好地把理想和现实有机结合起来，而且自己的现实条件与自己的理想相差甚远，这给大学生带来很大的苦恼和冲突，也正是因为种种冲突和差距，激发了大学生奋发进取的积极性。但是，如果理想我和现实我迟迟不能趋近、统一，则会引起自我的分裂，导致一系列心理健康问题。

3.独立意向与依附心理的冲突

进入大学后，大学生独立意向迅速发展，他们希望能在经济、生活、学习、思想各方面独立，摆脱成人的管束。但在心理上大学生又依赖成人，无法做到真正的人格独立。这种独立和依赖的矛盾一直是大学生苦恼的问题。大学生不可能真正独立的原因有3 个：其一，大学生缺乏社会经验，独立处理问题的能力有限，特别是面临复杂事态时，常感到心中没底。面临有关人生和前途的重大问题时，往往对自己的抉择缺乏信心，而听从父母的安排。其二，大学生就学期间经济上一般仍需家庭供给。其三，从个体的自我意识发展的连续性来看，大学生过去形成的依附感也不易完全消失。

4.交往需要和自我闭锁的冲突

大学生迫切需要友谊、渴望理解、寻求归属和爱。他们有强烈的交往需要，希望和朋友探讨人生，分享苦与乐。然而，大学生同时又存在自我闭锁的趋向，把自己的心灵深藏起来，与人交往常存戒备心理，总是有意无意地与人保持一定的距离。正是这种矛盾冲突，使不少大学生常处于孤独感的煎熬中。

5.自负与自卑的冲突

自信是一种健康的心理，是一种健全自我意识与成熟人格的标志。但是，大学生的自我意识尚在发展过程中，心理尚未完全成熟，不可能对自己有正确的认知，因而对自己的认知往往会出现自信的偏差：自负或自卑。自负是一种过度的自信，拥有这种心理的人，缺乏自知之明，往往以为自己对而别人错，把自己的意志强加在别人身上，不能和他人和睦相处。自卑是一种自我否定，表现为对自己缺乏信心，对自己不满和否定，拥有这种心理的人总以为自己存在着缺失、不足与失误，因而遇事总是会胆怯、心虚、逃避、退缩，缺乏独立主见。自负与自卑总是紧密相连的，强烈自负的人往往也是极度自卑的人。与其他群体相比，大学生体现出较高的自尊与自信，他们渴望成功，不甘落后，对成功的渴望与预期高，特别是获得小小的成就时，很容易表现出骄傲自大、唯我独尊、以自我为中心。当遭遇失败与挫折时，有时甚至是小小的失利如考试失败、失恋等，他们便开始怀疑自己的能力，进而产生自我否定、自我怀疑甚至自暴自弃，陷入强烈的自卑中。这些都与大学生自我认知不良、自我定位不准确有关。

6.理智与情感的冲突

大学生情绪的另一个显著特点是容易两极分化，或高或低，波动性大，易冲动，不易控制。但随着身心的发展，认知水平的提高，大学生逐渐成熟，在遇到客观问题时，大学生既想满足自己情绪与情感的要求，又想服从于社会及他人需求，就会产生理智与情感的冲突。

（三）自我意识的统一

自我意识分化、矛盾所带来的痛苦不断促使大学生寻求方法以求得自我意识的统一，即自我同一性。自我统一，主要是指主体我和客观我的统一、自我与客观环境的统一、理想我与现实我的统一，也表现为自我认识、自我体验、自我监督的和谐统一。消除矛盾，获得自我统一的途径有3种：一是努力改善现实自我，使之逐渐接近理想自我；二是修正理想自我中某些不切实际的过高标准，使之与现实自我趋近；三是放弃理想自我而迁就现实自我。按照心理健康的标准，不管通过哪种途径达到自我意识的统一，只要统一后的自我是完整的、协调的、充实的、有力的，就是积极和健康的统一，这种统一有利于个体的心理健康和发展，有助于社会的进步和文明。由于个人的社会背景、生活经验、智力水平、追求目标等方面的差异，大学生自我意识分化、矛盾、统一的途径不同，其结果也不同，统一的类型也不同。一般说来，自我意识的统一有以下几种。

1.积极的统一：自我肯定型

微视频：归本合元

自我意识积极的统一即自我肯定型，是指正确的理想我占优势，理想我的确立比较现实，既符合社会需求，经过自我努力又可实现。此外，对现实我的认识比较清晰、客观、全面、深刻。理想我和现实我能通过积极的斗争达到积极的统一。统一后的自我完整而强有力，既适应社会发展的需要又有助于自身成长。自我肯定型在大学生中占绝大多数。

🔗 **链接**

项腾飞：脚下的路越走越宽

又是一年升学季，来看看下面这个真实的故事吧。故事的主人公叫项腾飞，曾是一名职校生，如今头顶有诸多光环：全国技术能手、浙江省领军人才、浙江工匠、浙江金蓝领……他创办了自己的公司，成为金华职业技术学院机电工程学院的兼职实训教师，同时在读国外一所大学的电气工程专业硕士。技能有多高，人生的舞台就有多大。项腾飞的经历，对这句话做出了最为生动的诠释。

现在，请进入项腾飞的故事时间。也是这样一个季节，项腾飞在得知中考成绩后，来到了人生的一个十字路口——

那是我人生中，第一次得到这么大的肯定

2012年我参加中考，成绩上了普高线，但是要到一个比较偏远的学校就读。我的姐姐建议，如果我的主课成绩不太好，自己又对主课没兴趣，那么即便上了高中，3年后可能也就考所职业院校，与其如此，不如早点开始学技能。

说实话，对于读职业学校学习技能，一开始我心里是有些抵触的。那时候，国家还没开始大力倡导职业技术教育，在大众的认知中，职校生往往不如高中生。另外，我也不知道在职业学校能学到什么。纠结来纠结去，那家想去读书的高中名额报满了，于是我到浙江交通技师学院读汽车维修专业。

刚进学校时，我的成绩也就中上水平。一次，校竞赛队招新人，我报了名。那是竞赛队第一次招一年级新生。进去后，我们和学过专业课的学长一起竞争。一开始我的排名很靠后，不过，第一次参加浙江省技工院校技能大赛，我得了第三名。至今记得获奖后一位老师对我的激励：你是种子选手，将来拿好的成绩要靠你。

你能想象当时我听了这句话有多么激动吗？那是我人生中第一次得到这么大的肯定！一直以来我的学习成绩一般，各方面表现平平，老师的这句话让我意识到，每个人都有自己的长处，只要足够努力，每个人的人生都会有亮点。

从此以后，我全身心投入竞赛训练，同时也有了使命感，觉得自己不仅代表学校，更代表浙江参赛，成绩不能丢人。

在校五年，我训练非常刻苦。毫不夸张地说，没有双休也没有寒暑假。每年假期，我都是回家休息几天就赶紧回学校继续训练。

日复一日的训练是枯燥的，一个动作重复又重复更是单调无比。比如一个发动机，从测量到拆装，从最开始需要 4 个小时，到最后只需要 1 个小时。这缩短的 3 个小时，就是靠无数次的反复训练做到的。然而，训练也像是"修炼"，把一件事情做到极致的感觉妙不可言。到最后，你能做到行云流水、干净利落，没有一个多余动作。

刻苦的技能训练给我带来了满满的收获，在校期间我获了许多奖，包括两次国赛一等奖。

找到自己的长处，朝着认定的方向努力学习

刻苦的技能训练，带给我的不仅仅是荣誉，也让我的性格发生了一些变化。在做事方面，我更果敢，也更严谨。做一件事情之前，我会把每个步骤考虑清楚，把过程中的每个点都想到位。技能训练还带给我一些好习惯，比如做完一件事情后习惯总结，每天会把第二天要做的事情提前梳理一遍。

没有一个人的人生会一帆风顺。毕业后，我也经历过一段时间的失落。我去了一家车企，虽然在学校里表现很突出，但到了社会，人家未必认可你，一切都要从头再来。我想，那就让技能说话吧。很快，我成为那个汽车企业最年轻的首席技修师。那年，我21 岁。后来，我受邀担任综合修理厂技术经理，自主研发并申报了多项专利。

在企业里，我虽然吃了几年苦，但也是我最有成长和收获的几年，对人生大有裨益。一个人需要有各种体验，才能找到适合自己的道路。2019 年，我成立了自己的公司；2020 年，我兼任金华职业技术学院机电工程学院车辆工程专业的实训教师。

2020 年以来，我取得了更大的进步：获国家一类技能大赛第三名，获"全国技术能手"称号，被认定为浙江省领军人才、浙江工匠……

多年的技能"修炼"，让我对工匠精神有了更深的认识。在我看来，真正的工匠精神，不仅在于你把一件事情干得多快多好，而在于不断重复后，总结出一套规律性的东西，用以传授给后来的人，并且在传承的基础上进行改良和创新。

如今年轻人中流行一句话：我命由我不由天。在此想把这句话转送给那些升学考试没有取得理想成绩的学子们。我想说的是，不管是什么类型的学校，都是能出人才的。即便升学考试没考好，没有去到理想的学校也不要放弃希望，只要足够努力，你一样可以成为学校里最好的那一个。

另外还有一句老话：三百六十行，行行出状元。人生并非只有一条道路，只要找到自己的长处，并且朝着认定的方向刻苦努力，脚下的路一定会越走越宽。

（资料来源：章果果.项腾飞：脚下的路越走越宽 [EB/OL].（2021-07-21）[2022-09-30].https://www.jhc.cn/2021/0721/c5676a134972/page.htm）

2.消极的统一：自我否定型和自我扩张型

自我意识消极的统一有两种类型，即自我否定型和自我扩张型。其共同特点是对自我评价不正确、理想自我不健全，缺乏实现理想自我的手段，形成后的自我虚弱而不完整，是一种不健康的统一，这两种类型在大学生中占少数。自我否定型的人对现实自我评价过低，理想我和现实我差距大，或差距虽不大，但缺乏自我驾驭能力，缺乏自信，不但不接纳自己，反而拒绝自己，甚至摧残自己，即个人不肯定自己的价值，处处与自己为敌。个体不是通过积极的改变现实我去实现理想我，而是在一定程度上放弃理想我，趋同现实我，以求得自我意识的统一。自我扩张型属于"我错认我"的情况。这种类型的人对现实我的认识和评价过度乐观，认为理想我的实现轻而易举，于是理想我和现实我达到虚伪统一，是以幻想我、理想我代替现实真实的我，带有白日梦的特点。在自不量力的情况下，个人所追求的学业、事业、友谊和爱情都因自己的主观条件远逊于客观条件，故而失败的概率较大。而他们盲目自尊、爱慕虚荣、心理防卫意识强，容易产生情绪和行为障碍。个别大学生还可能用违反社会道德规范或违法犯罪的手段来谋求自我意识的统一。

3.难以统一：自我萎缩型或自我矛盾型

自我意识难以统一，主要是自我难以协调，其发展的结果有两种类型：一种是自我萎缩，即极度丧失或缺乏理想我，对现实我深感不满，可又觉得无法改变。消极放任、得过且过；或几近麻木、自卑感强，从对自己不满到自轻、自怨自恨、自暴自弃，甚至产生心理变态，最终把自己龟缩在极小的圈子里，自生自灭。这种类型的人在大学生这个群体中很少。另一种是自我矛盾，自我矛盾型是理想我和现实我难以统一，对自己的所作所为缺乏"我是我"的统合感觉，产生"我非我""我不知我"的分离倾向，自我意识矛盾强度大，延续时间长，自我认识、自我体验、自我控制缺乏稳定性和确定性，内心不平衡充满矛盾和冲突，新的自我无从统一。大学生都要经历自我矛盾的阶段，但自我统一的最终结果是自我矛盾类型的人占极少数。

埃里克森提出：人的自我发展（或人格发展）经历了 8 个阶段，每个阶段的发展都有其核心任务和冲突。这些核心任务和冲突的妥善解决对一个人的自我发展至关重要。他认为青少年阶段主要需解决的问题是：①我究竟发生了什么？（心理早期的心理骤变）②我到底是什么人？（青春中期要探索的）③这就是我自己（达到了自我认同）。其中青少年的主要任务是建立自我同一性（ego-identity），即个体对自己的能力、兴趣、理想、价值观、性格特征、交友方式、职业发展及其他身心特点的基本认识和认可。该时期的成长冲突是自我同一性的混乱（identity diffusion），即个体对自我的认识和发展产生种种困惑或迷茫，主我和客我矛盾，两者不能统一，以致不能很好地确定自我形象和人生目标，出现焦虑和不安，甚至产生一定的内心痛苦，人格障碍等均与此有关。因此，埃里克森认为培养与发展自我同一性对青少年人格的健康发展发挥着重要的作用。

三、大学生自我意识的偏差

（一）自我认识的偏差

自我认识，即自己对自己的认识，包括自我认知和自我评价。在自我认识过程中，我们发现有很多个"我"的存在。首先是因"自省"而来的"主观的我"，这里要解决的是"我如何看我"，其次是因"人言"而来的"客观的我"，这里要解决的是"我在他人眼里是个怎样的人"。主观的我和客观的我经过比较、匹配，最后形成一个"我"，这就是"现实的我"。

微课：巴纳姆效应

主观的我和客观的我之间的矛盾是任何人都难以避免的，古今中外，有许多著名的历史人物因得不到同时代公正的评价而抱憾终身，这个矛盾对于大学生来说同样也是存在的。因为大学生对自己的认知和评价总是要受个人出身、经历、教育程度和由个人社会地位所制约的视角局限，很难做到全方位地对自己进行客观的审视和评价，而他人却可以在不同的情况下，以不同的视角对大学生进行审视和评价，所以，主观的我与客观的我之间的矛盾对大学生来说是必然存在的。

不少大学生未能处理好主观的我与客观的我这对矛盾，常出现两种自我意识的缺陷：一种是只看重"自省"而发展为"自我中心"；另一种是一味受"人言"左右而变得丧失自我，也就是"从众"。以自我为中心的人，往往想问题和做事都从"我"出发，不能进行客观的思考和分析，盛气凌人。他们常不能赢得别人的好感与信任，人际关系大多不和谐。从众则是一种普遍的心理现象，因为个体在群体中生活，会不知不觉地遵从群体压力，在知觉、判断、信仰及行为上，放弃自己的主张，趋向于与群体中多数人一致。通常所说的"随大流"，即是一种较为普遍性的从众行为。

> **📖 小知识**
>
> **阿希从众实验**
>
> 心理学家所罗门·阿希（Solomon Asch）关于线条判断的从众实验最为著名。实验材料为 18 套卡片，每套两张，一张画有标准线段，另一张画有比较线条。
>
> 1. 微课：从众心理
> 2. 微课：乌合之众
>
> 被试 7 人一组，其中 6 人是实验助手（即假被试），第 7 人是真正的被试。被试的任务是，在每呈现一套卡片时，判断 a，b，c 这 3 条线段中哪一条与标准线段 x 等长。
>
> 实验开始后，在前几次的判断中，大家都一致做出了正确的选择，从第 7 次开始，假被试（实验助手）故意做出错误的选择，实验者开始观察真正的被试的选择是独立还是从众。面对这一实验情境，真正的被试在做出反应前需要考虑以下 3 个问题：是自己的眼睛有问题，还是别人的眼睛有问题？是相信多数人的判断，还是相信自己的判断？在确信多数人的判断是错误时，能否坚持自己的独立性？阿希从 1951 年开始，

1956、1958年又多次重复这项实验，结果发现：大约有四分之一到三分之一的被试始终保持独立性，无从众行为；约有15%的被试平均做了总数四分之三次的从众行为；所有被试平均做了总数三分之一的从众行为。

从众是一种普遍存在的心理现象，它是在群体舆论的压力下，放弃个人意见而采取与大多数人一致的自我保护行为。在大学校园里常见的从众现象有：学习从众、消费从众、恋爱从众、作弊从众、入党从众、择业从众等。从众心理人皆有之，但从众心理过强，凡事从众，就会导致独立性差，缺乏个体倾向性的世界观、人生观、价值观，自我意识薄弱，有碍于心理发展。在现实社会中，大学生从众心理过强，则会缺乏主见，丧失自我，无创造性，在大是大非面前往往无法把握自己，甚至迷失方向。

网络时代对这部分大学生尤其不利。因为在以信息过剩、良莠不分、思想道德文化的多样化交融及隐形传播的网络社会中，这部分大学生很容易"随大流""跟着感觉走"，被一些敌对势力所利用，成为精神上的"俘虏"。

（二）自我体验的偏差

自我体验，即自己对自己是否满意，"满意"则自我肯定，信心十足，"不满意"则自我否定，带来消极体验。

人的自我认识是通过自省与他人反馈一并实现的，那么这里就存在两对交织的矛盾。其一是主我和客我的矛盾，源于"自省"与"人言"的差异；其二是现实我与理想我的矛盾，现实我是综合了自我、他人评价后的现在的我，理想我是综合了自我、他人要求的虚拟的最令自己向往的"我"。这层矛盾如果从人本主义的观点来看，来自人自我成长的要求；如果从社会学习理论来看，则是因人与人之间的比较而产生的。这种比较可以是现实生活中的我、你、他之间的比较，也可以是现实的我与文学中、过去历史中的他之间的比较。通过比较，会有一个学习的榜样产生，这个榜样可以是跨时空、跨文化的。

我们以孤独感、自卑、自负这3种消极自我体验为例进行分析。

孤独感是由于主我与客我不一致，得不到他人思想上的理解与情感上的共鸣而产生的一种自我体验。大学生随着年龄的增长和"代沟"的形成，同长辈之间的交流日益减少。而且随着思想的深化、个性的分化，大学生已不满足同一般朋友交往，要求在更深层次上同知心的朋友互诉心声、情感共鸣，这时就会产生缺乏知音的孤独感。也许是因为孤独太可怕了，为了躲避孤独，有些大学生违心地和室友一起玩游戏打牌；为了躲避孤独，有些大学生和一个自己并不喜爱的姑娘谈恋爱；为了躲避孤独，有些大学生拼命拿着手机刷屏。其实不必躲避孤独，生命需要沉淀，外界的喧嚣会迷惑心智，只有孤独的时候你才能够听到内心的声音。

微课：今天你孤独了吗

　　自卑是个体由于自我认知偏差等所形成的自我轻视和自我否定的情绪体验。如个体在平时的行为中，担心被别人歧视；或认为自己天资愚钝，将来会无所作为；或自己其貌不扬被人歧视等。个体给周围人的印象是悲观失望，缺乏信心，惧怕与人交往，但实际上，他们的内心深处往往有着强烈的发展愿望。这部分大学生一旦进入"网络社会"便容易找到满足感，因为网络的虚拟性可以让人感受到自身价值的极大化和他人对自己的终极关怀。当他们在网络上获得的快乐比现实多时，就会把更多的时间投入网络中，只愿意在网络上寻求虚拟但完美的人生，而更加消极地对待甚至逃避充满矛盾的现实世界。这部分大学生在实际的学习生活中容易脱离群体，班级观念、集体观念淡化。

案例

转身拥抱阳光

　　【剧情介绍】小雨是一名贫困大学生，她自卑，却又有着强烈的自尊心，这使她显得很清高，她的内心开始远离真实的自己，变得冷漠孤僻，细心的室友在相处中逐渐注意到她的这种心理变化，安排了一次生日会，以化解她们之间的种种误会。

　　【人物】小雨（贫困大学生）、小然、小欣、小可。

　　【道具】椅子、书本、馒头、饭盒、电话等。

　　【场景】

　　场景一：随着大学生活的来临，同学们也进入了新的环境，远离了熟悉的一切。新生报到第一天，大家办完手续都回到寝室，互相进行自我介绍，小欣很幽默，逗得大家哈哈大笑，气氛融洽，只有小雨低头不语，走到自己的床铺前整理东西。

　　场景二：在食堂里，大家坐在一起吃饭，无意中看到小雨独自坐在不远处，于是小然走过去叫了小雨。小雨吓了一跳，不好意思地应付了一声。小然看到小雨就拿了一个馒头在啃，好心问一句，没想到小雨极不耐烦，这让小然很郁闷。

　　场景三：回到寝室，小雨感到从未有过的寂寞、孤独，于是拿起电话给家人打电话，但打了良久都无法接通，小雨失落地放下电话，拿起书随意翻看。这时，其他3个室友回来了，问她怎么这么早就回来了，小雨也懒得说话。小雨起身离开，一转身撞到手里拿着饭盒的小可，饭盒里面的菜汤溅了小可一身，小可哇哇大叫，其他人也都责怪小雨，小雨手足无措，连声说对不起。接下来的几天，小雨仍旧保持着她特有的沉默，其他三人也识趣地不再主动去找她搭话了。

　　场景四：这天，小雨一个人在寝室看书，小然、小欣、小可提着一大堆东西回来了，每个人都在说着自己逛了一天的收获，有的买了护肤品，有的买了棉衣。这时，小然看到小雨在看书，就问她怎么不去超市买东西，小雨因为自尊心使然，把大家的好意当成了讽刺，认为她们在向自己炫耀，于是吵了起来。大家认为小雨自命清高，一副高高在上的感觉，让人无法忍受。小雨只留下一句：你们这些有钱人怎么会喜欢和我这个穷人在一块，说完就转身走了。这时大家才知道小雨是因为家里贫困，内心敏感了些。于是大家想出了一个计划帮助小雨。

场景五：晚上，小雨回到寝室，发现寝室里没有开灯，她觉得自己彻底被这个世界遗弃了，因为今天正是她的生日，但她却没有收到生日祝福。小雨打开灯，惊讶地发现自己的桌上摆着一个蛋糕，还有一张字条：祝小雨18岁生日快乐！这时，小然三人从门后走出来。小雨非常惊讶。小然三人向小雨道歉，说明大家并没有歧视她，希望以后大家能够和睦相处，小雨也意识到了自己的错误，终于皆大欢喜。大家高高兴兴地帮小雨庆祝18岁生日，小雨感动得热泪盈眶，觉得自己的心被什么触动了，不再那么僵硬。她突然觉得，原来她还有一个家，原来她并不孤独，原来生活并没有遗弃她。

请说说应该如何帮助小雨摆脱心理的自卑感？

奥地利心理学家阿弗雷德·阿德勒（Alfred Adler）在《自卑与超越》一书中谈道，每个人都有不同程度的自卑，自卑可以超越。许多因身体缺陷感到自卑的人，能以超出常人10倍的努力奋发图强。实际上，自卑感是在追求成功的过程中经常出现的，只要不过分纠缠于自己的那些不足的地方，正视现实，超越自我，就会获得稳定的自豪感。

自负是个体自以为是、自命不凡的一种情感体验和情绪表现。随着改革开放的发展，人们的思想观念发生了巨变，自信也成为当今大学生较为普遍的优秀品质，他们具有独立思考的精神，对自己的未来踌躇满志。但有些大学生自信过度，自我感觉太好，就变成了自负。他们往往听不进师长的教诲，听不进同龄人的意见，一意孤行。这部分学生一旦进入社会就很容易形成一种非此即彼的思维定式：对自己的观点要么执意坚持，要么全盘放弃。这部分大学生面对新的环境往往感到无所适从，在人际关系中很难与人达成妥协和谅解，最终产生郁闷和孤独。

微课：自恋型人格

（三）自我控制的偏差

自我控制，即自己对自己的控制。我们常说的"自制力""力不从心"就是自我控制的能力。它的强弱高低可以直接由情绪、行为表现出来。自制力强的人，常会克制自己的情绪，做事有计划性，自我发展方向明确。自制力弱的人，常会不顾场合宣泄一番，表情就是"晴雨表"，行为充满"情境性"。自制、自律、自觉等是积极的自我控制，而自我放弃、懒惰、逆反等则是消极的自我控制。

一方面，大学生在自我控制上开始有了明显的自觉性、主动性，但在追求上进的同时，由于困难、挫折在所难免，因而一些大学生常常会出现情绪波动，在困难面前望而生畏、产生自我放弃的想法。还有一些大学生认为自己寒窗苦读十余载，如今考上大学，总算解放了，不愿意再埋头苦读，只要求"60分万岁"，甚至面临数门功课不及格仍然无动于衷，消极懒惰。另一方面，大学生随着自我控制独立性的增强，常表现出力图摆脱社会传统的约束，按照自己的意志行事。绝大多数大学生已超过18岁，他们其中的部分自认为已达到法定的公民年龄，希望像成年人那样独立自主地行事，"走自己的路"，不愿再受父母的约束和教师的训诫。

独立意向是大学生自我意识发展中最显著的标志之一，然而大学生在摆脱依赖、走向独立的过程中，有时会矫枉过正，表现出过分的独立意向，导致逆反心理的产生，表现为不管正确与否，一概排斥，情绪因素占很大成分，有时只是为了反抗而反抗。大学生逆反的对象主要是家长、老师及社会宣传的观念和典型人物等，其结果是阻碍了他们自己学习新的或正确的经验。

逆反是指个体在生理基本成熟，心理迅速走向成熟而又未真正达到成熟的时候，渴望在思想上、行动上乃至经济上尽快独立，从而具有很强的独立意识和批判精神。大学生正处在这样的时期。但在这个时期，大学生的智力发展虽已达到成熟，但阅历有限，感性经验不足，情绪表现为富于两极性，易于感情用事，以至于形成偏见。当这种偏见与现实生活碰撞时，就很容易出现偏激的行为。持这种心理的大学生往往对师长的教育或周围的正常事物持消极、冷漠、反感甚至抗拒的态度。他们常常以"对着干"来显示自己的"文明""非凡"。他们对正面教育和宣传表现出一种怀疑、不认同的抵制态度，对社会、人生和个人前途显示出玩世不恭的态度。在其行为中往往表现出这样的倾向：越是禁止的东西越是感兴趣，越是不让做的事越要做。这部分大学生在网络社会中喜欢搜寻具有刺激性的信息，容易偏离正轨，甚至误入歧途。

第三节　大学生自我意识的完善与提升

一个人的心理健康受遗传、教育、社会、成长史等各种因素的影响，但归根到底，人应该为自己的成长和成熟负责。成熟的自我意识和健康的自我形象是良好的心理素质的重要体现。人的自我认识、自我评价、自我调控的能力如何，直接影响到其社会适应、身心健康及发展成才。大学生作为具备自我反思、自我控制能力的个体，理应对自己要成为一个什么样的人有更多积极主动的塑造。

大学生可以通过以下3个步骤来获得良好的自我意识，即全面认识自我、积极悦纳自我和努力调控自我。

一、全面认识自我

拿破仑·希尔说："一切的成就，一切的财富，都始于一个意念，即自我认识。"人贵有自知之明，"贵"字不仅表明一个人有自知之明是多么的难能可贵，而且意味着一个人要有自知之明也不是一件轻而易举的事。大学生可以通过以下3个途径来认识自我。

（一）内省法——通过自我反省和检查来认识自我
古人曰："吾日三省吾身。"大学生可以从以下几个"我"中去认识自己。

1.自己眼中的我

个人实际观察到的客观的我，包括身体、容貌、性别、年龄、职业、性格、气质、能力等。

2.别人眼中的我

与别人交往时，由别人对你的态度、情感反应而觉知的我。不同关系的人对自己的反应和评价不同，它是个人从多数人对自己的反应中归纳出的认识。

3.自己心中的我

自己心中的我也指自己对自己的期许，即理想我。我们还可以从实际的我、自觉别人眼中的我、自觉别人心中的我等多个"我"来全面认识自己。对于大学生而言，虽然有多个"我"可供认识，但形成统合的自我观念比较困难，部分大学生难以客观、全面地认识自我。

（二）比较法——通过别人的态度和评价来了解自己

别人会对我们的品质、能力、性格等给予清晰的反馈，从而增强我们对自己的了解。美国心理学家乔瑟夫·勒夫（Joseph Luft）和哈里·英格拉姆（Harry Ingram）提出了关于人类自我认知的窗口理论，称为乔哈里资讯窗，也被称为"自我意识的发现—反馈模型"或"信息交流过程管理工具"，能够用来展现、提高个人与组织的自我意识，是一种很好用的发掘自我意识的工具，帮助我们深入探索自己未知的一面。乔哈里资讯窗有 4 个象限（见图 2-1）：

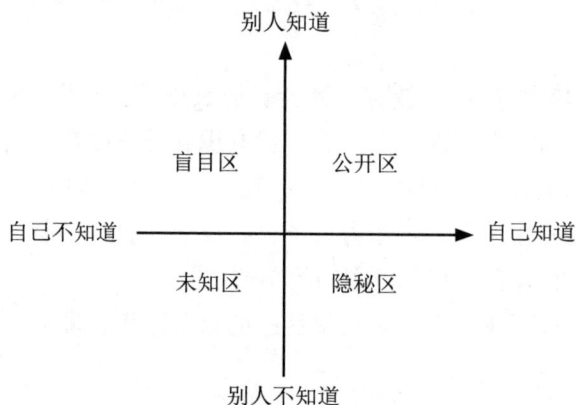

图2-1　乔哈里资讯窗

第一象限：公开区（open area）。自己知道，别人也知道的资讯。例如：你的名字、发色，以及你有一只宠物狗的事实。人与人之间交往的目的就是扩大公开区，实现这一目的的主要做法有提高个人信息的曝光率、主动征求反馈意见等。

第二象限：盲目区（blind spot）。自己不知道，别人却知道的盲点。例如：你的处事方式，别人对你的感受。

第三象限：隐秘区（hidden area）。自己知道，别人不知道的秘密。例如：你的秘密、希望、心愿，以及你的好恶。

第四象限：未知区（unknown area）。自己和别人都不知道的资讯。未知区是尚待挖掘的黑洞，它对其他区域有潜在影响。

人与人刚开始接触之际，公开区较小，因为缺少时间和机会进行信息交流，你应该尽可能扩大公开区，使其成为信息交流的主要窗口，不断增强信息的透明度、公开度和诚信度。当你开诚布公的时候，对方可能也正在为你打开心扉，因此有人说："建立友谊的不二法则就是交换秘密。"

当我们被老师告诫要更加大胆、更加主动、更加勤奋一些时，我们便会从反馈中得知：自己有些害羞，做事不够主动，学习不够勤奋。特别是当许多人的看法一致时，我们就会相信这种看法是正确的，从而确定自己是这样的人。

激励对成长中的大学生是非常重要的，我们经常说："优秀的学生是夸出来的。"当否定性评价过多时，学生会产生"习得性无助"。这是由马丁·塞利格曼（Martin Seligman）研究提出的，它是指对环境失去控制的一种信念，当一个人拥有这种信念时，他感到不能从环境中逃脱出来，便会放弃脱离环境的努力。如有的大学生会说："无论我如何努力，我也不会成为受大家欢迎的人。"事实上，习得性无助是一种严重的自我意识障碍，它抑制了人改造与影响环境的能力，强化了顺从，甚至盲从，并转化为一种内在信念。习得性无助是后天形成的，特别容易受到环境的影响。尤其是当大学生来到一个陌生环境开始新的学习生活时，环境适应中的自我意识显示出巨大的张力，部分在中学时代有着骄人成绩的学生由于种种原因而认同了自己的平凡并不尝试改变时，就极易产生习得性无助。

微课：习得性无助

生活中，那些与我们生活无关紧要的人有时并不会给予我们清晰、明确的反馈，但我们可以从他们的态度与反应中来了解自己。符号互动学者查尔斯·库利（Charles Cooley）提出"镜中我"（looking-glass self）的概念，认为我们感知自己就像别人感知我们一样，镜子中的我或别人眼中的我就是我们感知的对象，我们常常依据别人如何对待我们来了解自己，这一过程称之为反射性评价。

（三）经验法——从做事中认识自我

除了从人与自己、人与他人的互动中认识自己，大学生还可以从人与事的关系中，也就是通过某些特殊事件来认识自己。这些特殊事件有成长中记忆深刻的事件、有个人发展中的挫折和成就、有我们体验深刻的心理测量和活动，还可以通过"替代性学习"从别人的经验中借鉴学习。大学生要在团队中多参与社会实践、多参加社团活动，和朋友们在做事中获得经验、吸取教训，取长补短，共同发展进步。

🔗 链接

发现伟大的我

当你觉得全世界都对不起你，别人看见的就是刺猬般的你。

当你觉得天使都停在你的肩膀上，别人看见的就是光芒万丈的你！

当你觉得沮丧失落能量低迷，别人看见的就是不值得托付的你。

当你觉得自在昂扬充满信心，别人看见的就是值得相信的你！

当你觉得没有人会来爱你，别人看见的就是可怜兮兮毫无魅力的你。

当你觉得满怀希望，别人看见的就是明亮灿烂风华绝代的你！

二、积极悦纳自我

悦纳自我是个体对现实自我的接纳态度。能否悦纳自我是一个人心理健康的重要标志，是发展健全自我的核心和关键。

悦纳自我意味着全然接受自己，肯定自己的独一无二，喜欢自己，认可自己的价值；悦纳自我还包括对自己的未来充满信心，乐观对待生活，相信自己的明天会更好；悦纳自我同时也意味着能正视自己的缺点和不足，能与自己共情，接受不完美的自己，既不以虚幻的自我补偿内心的空虚，也不以消极回避漠视自己的现实，更不以怨恨、自责以至厌恶来否定自己。要养成自我接纳的好习惯，我们需要尝试去做以下几点：

（1）不要给自己贴上消极的标签，如：我笨、我无能。

（2）不要将自己的短处与他人的长处比较。记住：你是独特的，欣赏自己的这种独特之处，学会欣赏这种差别。

（3）人人都有他人所不知道的问题和弱点，即使是最自信的人，也会有感到不安的时候。

（4）与处世积极、喜欢与你同行并享受人生的人交往。

（5）笑口常开，培养幽默的性格。

良好的自我悦纳可以有效缓解发展中的矛盾冲突，使个体得到健康发展。马斯洛的需求层次理论认为：人有得到他人尊重和自尊的需要，这是仅次于自我实现需要的第二高层次的需要。自我悦纳才能产生高自尊。

当我们处于嫌自己腰不够细、个子不够高、篮球动作不够帅等自我拒绝的时候，我们在一次次地践踏自己的自尊。悦纳自我不是放纵自我，而是改变你能改变的，接受你不能改变的。能够全然地接受自己是心理健康的表现，当你能放下脸上的青春痘、放下长不高的个子、放下公众场合的一些失误以后，你会发现生命中更多有趣的东西、自己身上很棒的一面开始出现了。当你快乐地接受了自己，你的整个心胸便会舒展和开阔，同时你会发现，你也更加容易接受他人了。

✍ 练一练

天生我才

我最欣赏自己的外表是_____

我最欣赏自己对朋友的态度是_____

我最欣赏自己对学习的态度是_____

我最欣赏自己的一次成功是_____

我最欣赏自己的性格是_____

我最欣赏自己对家人的态度是_____

我最欣赏自己做事的态度是_____

🔗 链接

马斯洛的需求层次理论是人本主义科学的理论之一，是由美国心理学家马斯洛于1943年在《人类动机理论》一书中提出的。书中将人类需求像阶梯一样从低到高按层次分为5种，分别是：生理需求、安全需求、社交需求、尊重需求和自我实现需求。

微课：需求层次理论

三、努力调控自我

自我调控是自我意识的意志成分，是个体在对自我做出正确认识、合理规划的基础上，对自己注意力、情感、道德、行为、思想和言语的控制，以达到自我期望的目标，包括自我激励、自我暗示、自强自律等。自我调控可以回答"我将如何规划自己的人生？我应该做什么？我应该成为什么样的人？我可以选择如何做？"等方面的问题。

对有些人来讲，自我意识的难点在于认识自我；对另外一些人来讲，可能难点在于悦纳自我；但对大多数大学生来讲，自我意识中最大的挑战来自如何调节、控制自己的意志和行为。因为自我调控需要个体主动地去改变自己的心理品质和行为习惯，它是大学生健全自我意识、达到自我发展的根本途径，所有的认识和接纳最终都要落实到行为上来。

🔗 链接

来自金华职业技术学院学长的寄语

作为一个已经毕业的金华职业技术学院的学子，在这临近开学之际，偶然到金华职业技术学院贴吧逛了一逛，看到朝气蓬勃的新生们，看着你们怀着无比期待的心情准备迎接新学校、新同学和新生活，我不由想起了自己在金华职业技术学院的三年求学生涯。说起来惭愧，三年下来我都不知道自己做了什么。后悔自己荒废了最美好的三年时光。我写这篇帖子，不只是回忆自己三年在金华职业技术学院的生活，同时也希望新生们能听一听学长对你们的忠告，以我为鉴，能对自己的生活和学习有所计划、有所行动。尽管我将说的话，无数前辈已经在我前面说过，你们也听过很多遍了，但是，我以一个过来人的身份，还是想告诉你们一些事，希望你们的青春不那么迷茫，不那么无趣。

三年过后，我回忆起在金华职业技术学院的生活，实在乏善可陈。大一时，还没有电脑，没有网络，连手机都没有那么智能。那时候我最喜欢做的事就是整天待在寝室，看书的话看的也不是专业书，都是一些闲书。不过现在想来，那时候看书还是挺多的，培养了许多的课外爱好，拓展了自己专业以外的知识。那也是一段充实快乐的时光，那些爱好现在我也还在继续着。所以你们在大一课业压力没那么大的情况下，可以多参加一些活动，多发展一些爱好，多看一些书。毕竟这是你们大学生活中精力最旺盛、空闲时间也最多的一段时期，所以要好好把握。

大学期间，我觉得遗憾的事有很多，比如说没参加过学科竞赛，没考过相关证书等。

学科竞赛可以让你所学的知识得到验证，加深对知识的理解，锻炼综合能力（如动手能力、探索创新的能力、解决问题的能力等）。如果在竞赛中光荣获奖了，恭喜你，这意味着之后实习的时候，老师可能会推荐你去更加优秀的企业，求职时，增加了就业竞争力。也许你会说，竞赛应该很难吧，哪有那么容易获奖？这倒不用担心，只要你自己用心了，认真去做，一般都会获奖，而且老师在你们准备比赛的过程中，会给你们提供很多帮助。

关于考证，四六级证书是必备的，还有一些非本专业也可以考的证，如会计从业资格证、教师资格证等。最重要的是要有目标，知道自己想做什么，带着目的去考证，这样就不会盲目地把时间花在不需要的证书上了。

最后，我想说每个人都应该知道自己想要什么，并且为自己所追求的目标制订计划，然后为之奋斗努力。即使到头来没有成功，过程也会是充满意义的。不然，当你回首这三年的时光，你会觉得自己的青春被荒废了，留下的回忆也只是无尽的琐事。

大学生的自我调控能力是一个宏观的整体系统，关键在于锻炼自我的意志力、坚持性和对目标的坚定性。大学生应把自我调控能力分解为几个小的、可以进行针对性训练的目标。我们先来了解执行功能（executive function，EF）的概念及其下属的两个重要内容：抑制冲动和延迟满足。

执行功能是指对个体的意识和行为进行监督和控制的各种操作过程，包括自我调节（self-regulation）、认知灵活性（cognitive flexibility）、反应抑制（response inhibition）、计划（planning）等。生活中，我们处理许多事情都要用到执行功能。比如改掉一个不好的习惯时需要良好的抑制控制能力；骑自行车在一条不熟悉的路况复杂的道路上前进，需要随时拐弯、变速、闪躲等以适应新的情境，这些需要灵活的认知转换。可以说，执行功能是一种综合处理信息、进行有目的的行为的能力，它的表现对人生发展具有重要意义。执行功能在儿童早期发展迅速，重要的发展变化出现在 2～5 岁，12 岁左右达到许多标准执行功能测试的成人水平，某些指标持续发展到成年期。良好的执行功能帮助个体培养顽强的意志和坚强的性格，发展坚持性和自制力，增强挫折耐受力，使个体能自觉主动地认清目标，为实现目标而努力排除干扰、克服困难，正确面对成功与失败。尽管执行功能的内涵非常丰富，且主要的发展期为学龄前，但它包含的部分内容对大学生的终身发展是有所裨益的。

（一）抑制冲动

💡 **思考**

你是一个冷静的、能抑制冲动的人吗？请分享一下自己的一次抑制冲动的经历（无论成功或失败）。

"玩游戏的时候，突然想起衣服没收，作业没做，被子没叠，跑步打卡还没打……玩个游戏也不专心……"这个在网上流传的段子反向道出了大学生活中的情景：部分大学生不能抵制玩游戏的诱惑，最后荒废了学业的无奈心理。部分大学生常常因为不能抑制玩游戏的冲动，内心又牵挂作业等事情，最后导致玩也没玩好，学也没学好。

抑制控制能力是执行功能的核心成分，它在决定多种心理过程如何协同工作，以使得一项任务成功实施的过程中起着重要的作用。抑制控制是指当个体追求一个认知表征目标时，用于抑制对无关刺激的反应的一种能力。无法抑制冲动使得大学生尤其是学习习惯相对不好的高职大学生在学习中容易注意力分散、效率低下。此外，大学生的冲动消费、攻击性行为、恋爱冲动、冲动性行为、破坏性情绪爆发等一系列关于攻击、冲动的表现都和抑制冲动能力不足有关。

冲动是一种本能，大学生正处在血气方刚、率性而为的年龄，会冲动也是正常的应激反应。要想管理好自己的情绪，避免头脑发热而出现错误的行为，就需要大学生加强心理素质修养，经常对自己进行心理暗示，不要冲动，要稳重，要有解决问题的思路，而不是生气；也可以请周围的同学、朋友在你遇到事情冲动的时候提醒自己，经过一段时间的监督，从他律转向自律；当自己被他人刺激唤起冲动的时候，想想对方为什么会对自己这样，是不是有其他的意图或原因；或者用心里默数几个数字、进行深呼吸等方式暂时转移自己的注意力，片刻的缓冲或许可以唤起你的良性自我心理暗示。

（二）延迟满足

💡 **思考**

延迟满足的目的是什么？

当人面对诱惑时会产生满足渴求的本能，能否为了长远的利益而放弃眼前的满足，这极大地考验了人们的自制力和对应策略。延迟满足指的是一种甘愿为更有价值的长远结果而放弃即时满足的抉择取向，以及在等待期间显示出的自我控制能力。延迟满足能力对个人的发展非常重要，它预示了一个人能否抵制眼前的诱惑从而获得更多长期的利益，它更多地表现的不是人的忍耐能力，而是在利益冲突面前人们选择更多利益时采用的方法和策略。

延迟满足和抑制冲动一样，是学龄前期迅速发展的能力，但这并不代表大学生就不需要训练延迟满足的能力。在今天这样一个充满各种诱惑的时代，大学生同样被身边的各种诱惑包围着，从单纯的一心求学的高中到繁花乱眼、精彩纷呈的大学，如果没有强有力的长远目标的驱动，大学生很难不在各种诱惑前败下阵来。

大学生学业问题往往不是智力和学习方法的问题，而是抵制诱惑的能力不足。高职院校的学生和本科院校的学生，学习上的区别不是在智力因素上而是在非智力因素上，最主要的体现就是能否保持好的学习习惯。相对来讲，本科院校的学生更愿意为了长远目标忍受枯燥的学习过程，并有意识地培养学习兴趣，而高职院校的学生在忍受枯燥学习、抵制欲望的即时满足上表现略逊一筹。

培养延迟满足的能力，也可以说就是在培养大学生的自我控制能力，能够克制欲望，能够学会等待。具体来讲，大学生可以做一些会分散注意力的事情，不着急做决定，而是放慢节奏，在一种相对清醒的状态下去重新思考这件事的成本收益核算，再做决定。

遵循思考—决定—行动的行为模式。大学生如果在思考的阶段缺乏理性，往往会匆忙做出决定。但是这个时候大学生如果知道控制自己，先把行为后果预先设想一下，除了你希望的好结果之外，再思考这个行动可能导致的至少3个负面结果（不仅仅是眼前的后果，还包括长远的后果），并想清楚自己是否能承担这些后果，如此，你可以拖延一段时间，而随着时间的推移，你的思考有可能越来越趋近于理性，你就有可能推翻之前做出的冲动决定，以一个成熟而理性的决策取而代之。

✍ 练一练

延迟满足在生活中的运用

1. 在淘宝购物时，将商品"加入购物车"，而不是"立即购买"。一周后再去看看，有时你会发现自己没那么想买那件商品了。

2. 写作业时，突然又很想玩游戏，在这个念头升起的时候，不急于满足它，给自己定个20分钟的闹钟，延迟满足玩游戏的欲望。

3. 好想吃个冰激凌但又怕发胖？请不要盯着它看。去和别人聊聊天，去运动一下，或者吃个苹果，用其他的想法赶走充斥大脑的"吃冰激凌"的愿望。

请你分享一次延迟满足的经历。

（三）提高自我效能感

阿尔伯特·班杜拉（Albert Bandura）在 1977 年提出"自我效能"的概念，用以指个体对自己在特定的情境中是否有能力得到满意结果的预期。他认为个体对效能预期越高，就越倾向做出更大努力。自我效能感高的人：期望值高，遇事理智处理、乐于迎接紧急情况的挑战、能够控制自暴自弃的想法——当需要时，能发挥智慧和技能。自我效能感低的人：畏缩不前，情绪化地处理问题、在压力面前束手无策、易受惧怕、恐慌和羞涩的干扰——当需要时，其知识和技能无以发挥，因此，自我效能感和自尊密切关联（但不是必然的正向联系）。

小知识

班杜拉（1925—2021），新行为主义的主要代表人物之一，社会学习理论的创始人。班杜拉的社会学习理论包含观察学习、自我效能、行为适应与治疗等内容。

1.自我效能感的功能

自我效能感的主要功能是调节和控制行为，并通过行为调控影响行为结果。

（1）影响人们对行为的选择与行为的坚持性

自我效能感高的人，常常倾向于选择适合自己能力水平又富有挑战性的任务；而自我效能感低的人却恰恰相反。一个人在某一方面的自我效能感越强，预测到的成功可能性越大，他就越会努力尝试去从事这些方面的活动，新行为持续的时间也越长；反之，就会逃避那些自己认为不能胜任的活动，行为的坚持性也就越差。

（2）影响人们的努力程度和对困难的态度

态度是人们对事物所持的一种肯定或否定的心理倾向。作为实施行为的心理准备状态，它支配着人们在实施行为过程中的记忆、判断、思考与选择。

具有高度自我效能感的人，多富有自信心，勇于面对困难和挑战，相信自己可以通过努力克服困难，因此，会竭力去追寻和实现自己的目标；相反，自我效能感水平低的人，则会因为怀疑自己的能力而在困难面前犹豫不决、不知所措，甚至对能够行使的行为和完成的任务也不敢问津。

（3）影响人们的思维方式和行为效率

研究发现，自我效能感水平低的人，总是担心自己会失败，把思想纠缠在个人缺陷和潜在困难上，导致紧张、自卑、注意力涣散、记忆力下降，甚至产生无助和无所适从感，从而影响他们采取行动，以及新行为的形成和习得行为的表现，导致行为能力和行为效率低下。相反，有强烈自我效能感的人却把注意力集中在积极分析问题和解决困难上，他们知难而上、执着追求，在困难面前常常使得自己的思维与解决问题的能力得以超常发挥，表现出优质的行为能力和行为效率。

（4）影响人们的归因方式

归因是个体解释和预测他人和自己行为结果的原因。据美国心理学家韦纳（B. Weiner）的研究，人们通常把成败结果归因于努力、能力、运气和任务难度等六大因素。自我效能感高的人，常常将失败归因于自己努力不够；而自我效能感低的人，却往往将失败归因于自己能力不足、天资不够。

同时，班杜拉认为提高自我效能感很有现实意义，自我效能感高的人具备一种坚定不移的信念，相信自己能够取得成功。

2.提高自我效能感的方法

班杜拉对影响自我效能感的因素进行了大量的研究，指出可以通过以下4个途径来培养自我效能感，这对大学生有很大的借鉴意义。

微视频：流浪寝室

（1）增加个体对成功的体验

自我效能感作为个体对自己与环境发生相互作用的效能的主观判断，不是凭空做出的，而是以个体多次亲身经历某一同类工作而获得的直接经验为依据，它是获得自我效能感最重要的途径，也是对个体已形成的自我效能感进行验证的基本途径。多次失败的体验会降低个体的自我效能感，多次成功的体验则会提高个体的自我效能感。

对大学生来说，个体成功的经验是非常宝贵的，每一次成功，都是给自己一个积极的心理暗示。大学生在追求目标的过程中，重复练习和分解练习很重要。大学生可以把一个大的目标逐步分解为几件小的、更易带来成功体验的小事情。如计划看完一本英语词汇书这样的目标，过于笼统，大学生可能因为目标太难达成而放弃。大学生可以尝试分解为每天背诵几页单词，制作一个列表，在一个月内完成一轮学习，在每次完成当天的任务后，在列表上打个钩，并实施一个小奖励（阳性强化）。这样在积累英语单词量的同时，更重要的是积累了成功的愉悦体验，令大学生相信自己是可以做到的，从而减少学习上的畏难情绪。如果遭遇连续的无法完成当天单词积累量的情况，大学生需要及时调整自己的计划，减少每天的背诵单词量，否则持续的失败有可能会降低自我效能感，令背诵单词成为一件厌恶的事情。总之，强调成功的经验，实质是要培养个体对完成某个有一定难度的工作的自信，胸有自信，调整自己的行为便不再是一件难事。

（2）增加替代性经验

替代性经验是指个体通过观察能力水平相当者的活动，获得的对自己能力的一种间接评估。它是一种间接经验。它使观察者相信，当自己处于类似的活动情境时，也能获得同样的成就水平。如当大学生遭遇人际关系不良的困惑时，可以多观察身边人缘好的同学，观察这些同学有什么共同的特点，是真诚体贴他人，还是慷慨大方？是说话的时候为别人留有余地，还是平时默默为他人付出？……在观察他人的过程中，观察者便会无形中将他人的行为与自己的行为相比较，逐渐矫正自己的不良行为，做出一些改变。

（3）语言说服

语言说服是指通过他人的指导、建议、解释及鼓励等来改变人们的自我效能感。当个体总能获得外界的关心和支持时，他的自我效能感就会增强。人们对自身能力的知觉在很大程度上受周围人评价的影响，尤其当评价来自有威信或对个体来说比较重要的人。班杜拉认为对个体的"无条件的积极关注"会增强个体的自我效能感。但是如果说服者的言语劝导与个体的实际能力不一致时，一开始可能会增强个体的自我效能感，但经过验证后，反而会加剧降低个体的自我效能感。因此，我们在劝解、指导他人时，要从对方的实际情况出发，重在挖掘对方的潜力，不可夸大其词。

（4）培养和调节情绪与生理状态

对生理反应的知觉会影响人的情绪，从而影响人的认知。高度的生理唤起水平比平静的反应使人更不镇定、更不自信，如紧张、焦虑的情绪使人对自己的能力产生怀疑，降低自我效能感，而适度的紧张则有可能带来更好的发挥。

每个人都有无限的潜力，积极的暗示和开放的心态可以帮助我们不断深入探索自我，调控自我并超越自身的局限性，使自我实现无限的可能性。美国人本主义心理学家卡尔·罗杰斯（Carl Rogers）说："我们生命的过程，就是做自己，成为自己的过程。"成为自己，就是做一个"自如的我、独特的我、最好的我"。

大学生成为自己的过程，是其自我同一的过程，是其自我不断走向完善的过程，是其逐渐能接纳自己所有的好和不好的过程，也是从个人"小我"走向社会"大我"的过程。成为自己的过程既注重自我又不固守自我，而是根据社会要求不断改造自我；既注重自我价值的实现又不仅仅局限于追求个人自我价值的实现，而是把自我价值的实现与国家的需要统一起来，在为他人和社会的服务中实现真正的自我价值的过程。

完善是一种境界，更是一种过程。只有坚持正确的方向，本着科学的态度，投身于社会实践中，辩证地看待自我、分析自我、把握自我，才有可能最终超越自我。

⊡ 超简单心理实践

日常行为操练

1.挑前面的位子坐

你是否注意到，不管是教室还是会议室，后面的座位总是先被坐满，大部分占据后排座位的人，都希望自己不会"太显眼"。但是，坐在前面能建立自信。你要记住，有关成功的一切都是显眼的。

2.练习正视别人

一个人的眼神可以透露出许多有关他的信息。某人不敢正视你时，你会不由自主地问自己："他想要隐藏什么？他怕什么？他是不是干了对不起我的事？"正视别人等于告诉他：我很诚实，而且光明正大，毫不心虚。

正视别人，这不但能带给你信心，而且也能为你赢得别人的信任。

3.挺起胸膛，让步态轻松稳健

心理学家告诉我们，步态的调整，可以改变心理状态。你仔细观察就会发现，那些遭受打击、受排斥的人，走路时都是懒懒散散、拖拖拉拉的，完全没有自信。

自信的人则是胸背挺拔，走起路来稳健轻松。他的体态告诉别人："我真的认为自己不错！"挺起胸膛，我敢担保，你的自信心会慢慢增长。

4.练习当众说话

当众说话是建立自信最快的手段，在课堂上或社交场合要多发言，记住，只要敢讲，就比那些不敢讲的人收获大。不用担心别人会反对你的意见，有人反对是正常的，正像总会有人同意你的意见一样。尽管大胆去说！

1. 课堂活动
2. 课后巩固

参考文献

[1] 阿德勒.自卑与超越[M].曹晚红，魏雪萍，译.汕头：汕头大学出版社，2009.

[2] 樊富珉，付吉元.大学生自我概念与心理健康的相关研究[J].中国心理卫生杂志，2001，12（2）：76-77.

[3] 林崇德.发展心理学[M].北京：人民教育出版社，2008.

[4] 马斯洛.动机与人格[M].3版.许金声，等译.北京：中国人民大学出版社，2007.

[5] 塞利格曼.认识自己，接纳自己[M].庄俊，译.沈阳：万卷出版公司，2010.

[6] 岳晓东.少年我心：一位心理学者对自我成长的回顾与分析[M].合肥：安徽人民出版社，2011.

▶▶▶ **教学目标**

知识目标：了解人格、气质的概念和特点及有关人格、气质的几种学说。

能力目标：学会判断自己和他人的气质特点，并能针对自己的气质特点扬长避短，面对不同气质的人运用不同的交往技巧；能运用人格发展八阶段理论解释每个年龄段的人格特点。

情感与价值目标：悦纳自身的气质特点并建立持续完善的信念；理解他人与自己人格特点的不同，求同存异；明确当前阶段的发展任务，树立人格终身发展的理念，将自身发展建立在社会需求基础上。

▶▶▶ **课前热身**

1. 列出你的 5 个优良品质和因此带来的收获。
2. 列出你的 5 个不良习惯和因此带来的损失。
3. 了解周围同学对你的看法。
4. 思考可以如何使自己变得更好。

▶▶▶ **导言**

"心好像一扇厚重的城堡之门，没有外面的锁，只有里面的闩，别人在外面怎么使劲踹，也不如里面的人自己轻轻一拨。"一个人看待世界的整体方式，来自他的整体的精神面貌。人格是个体具有一定倾向性的心理特征的总和。心中有明媚阳光，看待世界自然积极；心灵世界大雨滂沱，世界就会晦暗无光。人格影响着一个人处理自己和世界的关系的方式，它会影响一个人的心理健康、潜能开发、活动效率和社会适应性，因此，良好的人格是大学生成才的基础。

第一节 人格概述

千人千面，各不相同，自己习以为常的判断标准和价值体系，在他人眼里，却有可能不被认同。因此，大学生逐渐成熟的标志就是能够在求同存异、理解他人立场的同时又捍卫自己的选择。如果要理解自己和他人为何会对同一件事情做出不同的选择，那么我们首先需要理解每个人不同的成长背景和处世经验等，尤其是，我们本来就是一个个不一样的"人"，具有不同的人格特点。

一、人格的内涵和特性

微课：人格

人格（personality）也叫个性，这个词来源于拉丁语persona，当时是指演员在舞台上戴的面具，与我们今天戏剧舞台上不同角色的脸谱相类似。后来心理学借用这个术语，用来说明在人生的大舞台上，人也会根据社会角色的不同戴不同的面具，这些面具就是人格的外在表现，而面具后面还有一个实实在在的真我，即真实的自我，它可能和外在的面具截然不同。

（一）人格的内涵

在《简明不列颠百科全书》中，"人格"一词的解释是："每个人所特有的心理、生理性状（或特征）的有机结合，包括遗传的和后天获得的成分，人格使一个人区别于他人，并可通过它将个体与环境和社会群体的关系表现出来。"

从心理学的角度看，人格是指在遗传的基础上，在人的社会化过程中形成的具有一定倾向性的行为模式和心理特征，即指一个人整体的精神面貌，是具有一定倾向性和比较稳定的心理特征的总和。

（二）人格的特性

人格的特性主要有4个，分别是独特性、整体性、功能性和稳定性。

1.独特性

一个人的人格是在遗传、环境、教育等因素的交互作用下形成的。不同的遗传、生存及教育环境使个体形成了各自独特的心理特点。人与人没有完全一样的人格特点。所谓"人心不同，各有其面"，这就是人格的独特性。但是，人格的独特性并不意味着人与人之间的个性毫无相同之处。人格的形成与发展中，既有生物因素的制约作用，也有社会因素的影响作用。人格作为一个人的整体特质，既包括每个人与其他人不同的心理特点，也包括人与人之间在心理面貌上相同的方面，如每个民族、阶级和集团的人都有其共同的心理特点。人格是共同性与差别性的统一，是生物性与社会性的统一。

2.整体性

人格是由多种成分构成的一个有机整体，具有内在统一的一致性，受自我意识的调控。人格的统合性是心理健康的重要指标。当一个人的人格结构在各方面彼此和谐统一时，他的人格就是健康的。否则，他可能会出现适应困难，甚至出现人格分裂。

3.功能性

赫拉克利斯说："性格即命运。"人格决定一个人的生活方式，甚至决定一个人的命运，因此它是人生成败的根源之一。当面对挫折与失败时，坚强者能发奋拼搏，懦弱者会一蹶不振，这就是人格功能的表现。

4.稳定性

人格具有稳定性。个体在行为中偶然表现出来的心理倾向和心理特征并不能代表他的人格。俗话说，"江山易改，本性难移"，这里的"本性"就是指人格。当然，强调人格的稳定性并不意味着它在人的一生中是一成不变的，随着生理的成熟和环境的变化，人格也有可能产生或多或少的变化，这说明人格具有可塑性，因而人格是稳定性与可塑性的统一。

二、人格的特质

有关人格结构研究的早期工作主要是试图确定和标明一些持久而稳定的人格特点，以用来描述个体行为。常见的特点包括害羞、进取、顺从、懒惰、雄心、忠诚和畏缩等。当一个人在各种情境下都表现出这些特点时，我们称其为人格特质。人格特质指的是在不同的时间与不同的情境中保持相对一致的行为方式的一种倾向。这些特质越是稳定，在不同情况下出现的频率越高，那么在描述个体行为时就显得越重要。

（一）特质理论

众多的人格评量中，因为使用的因素分析方法不同，研究者得到的人格特质向度的数目不尽相同。如心理学家高尔顿·威拉德·奥尔波特（Gordon Willard Allport）将人的特质分为共性和个性两类。共性特质是在某一社会文化形态下大多数或群体所具有的共同特质。个性特质是指个体身上所独具的特质。个性特质又分为以下三大类：

首要特质是一个人最典型、最具概括性的特质。小说或戏剧的中心人物，往往被作者以夸张的笔法，特别突显其首要特质。如林黛玉的首要特质是多愁善感。

中心特质是构成个体独特性的几个重要特质，每个人身上有 5 ～ 10 个中心特质。如林黛玉的清高、聪明、孤僻、抑郁、敏感等，都属于中心特质。

次要特质是个体不太重要的特质，往往只有在特殊情境下才会表现出来。如有些人虽然喜欢高谈阔论，但在陌生人面前则沉默寡言。

（二）16PF理论

1949 年，雷蒙德·卡特尔（Raymond Cattell）用因素分析法提出了 16 种相互独立的根源特质，并编制了卡特尔 16 种人格因素测验（16PF）。这 16 种人格特质是：乐群性、聪慧性、稳定性、恃强性、兴奋性、有恒性、敢为性、敏感性、怀疑性、幻想性、世故性、忧虑性、激进性、独立性、自律性、紧张性。

卡特尔认为在每个人身上都具备这 16 种特质，只是在不同人身上的表现程度有差异。卡特尔对人格特质理论的主要贡献在于提出了根源特质。

（三）特质三因素理论

汉斯·艾森克（Hans Eysenck）依据因素分析方法提出了人格的三因素模型（three factor model）。这 3 个因素是：外倾性（extraversion），它表现为内、外倾的差异；神经质（neuroticism），它表现为情绪稳定性的差异；精神质（psychoticism），它表现为孤独、冷酷、敌视、怪异等偏于负面的人格特征。艾森克依据这一模型编制了艾森克人格问卷（Eysenck personality questionnaire，EPQ）。

（四）大五人格理论

20 世纪 80 年代以来，人格研究者们在人格描述模式上达成了比较一致的共识，提出了人格五因素模型（five factor model，FFM），也被称为大五人格理论。这 5 种人格特质分别为外倾性、神经质、开放性、随和性和尽责性。

外倾性（extraversion）：好交际对不好交际，爱娱乐对严肃，感情丰富对含蓄。外倾性得分高的人表现出热情、社交、果断、活跃、冒险、乐观等特点。

神经质（neuroticism）：烦恼对平静，不安全感对安全感，自怜对自我满意。神经质得分高的人表现出焦虑、敌对、压抑、自我意识、冲动、脆弱等特点。

开放性（openness）：富于想象对务实，寻求变化对遵守惯例，自主对顺从。开放性得分高的人具有想象、审美、情感丰富、求异、创造、智慧等特点。

随和性（agreeableness）：热心对无情，信赖对怀疑，乐于助人对不合作。随和性得分高的人表现出信任、利他、直率、谦虚、移情等特点。

尽责性（conscientiousness）：有序对无序，谨慎细心对粗心大意，自律对意志薄弱。尽责性得分高的人表现出胜任、公正、条理、尽职、成就、自律、谨慎、克制等特点。

三、人格的心理特征

💡 **思考**

"主要看气质"是我们在生活中常常用来调侃的一句话。当你听到这句话的时候你有什么感受？请说说生活中的"气质"一词和心理学上的"气质"一词有什么不同？

人格的结构是多层次的，包括人格倾向和人格特征。人格倾向是个体进行活动的基本动力，决定了人对现实的态度，是个体对社会环境的态度和行为的特征，是个体进行活动的基本动力，也是人格结构中最活跃的因素，它决定着个体对认识活动对象的趋向和选择。人格倾向包括需要、动机、兴趣、理想、信念和三观。人格特征是指个体经常地、稳定地表现出来的心理特点，它是人格结构中比较稳定的成分，通常我们说人格的时候，更多的是探讨个体的能力、气质、性格和认知风格，它们属于人格的心理特征。人格结构中的不同因素相互制约、相互渗透，形成了一个有机的整体，共同对人的行为进行调节和控制。

（一）气质

气质一词在我国古代是指词文清俊慷慨的风格。而在现代生活中，"有气质"经常被用来赞美那些内有涵养、外有风姿的人，这里的"气质"指的是内在涵养的外在体现，并不是每个人都有的。

但现在我国心理学中所用的气质一词是从日文翻译过来的，日文又是从英文"temperament"翻译而来的，英文则是从拉丁文翻译而来的，意思是指人体内体液的混合"比例"。最早引进英文的气质一词是指与体质有关的心理素质，后来心理学家对气质的含义产生了不同的看法，一些心理学家将气质看作是人格的同义词，但多数心理学家将气质看作是人格的一个组成部分。

1.气质的内涵

气质是指个体表现在心理活动的强度、速度、灵活性与指向性等方面的一种稳定的心理动力特征。这些相对稳定的心理动力特征相互联系和相互作用，使人的日常活动带有一定的色彩，形成一定的风貌。人的气质差异是先天形成的，受神经系统活动过程中特性的制约。孩子刚一落地时，最先表现出来的差异就是气质差异，有的孩子爱哭好动，有的孩子温和安静。所以，气质是天生的，是人的天性，无好坏之分。

2.气质类型学说

希波克拉底是古希腊著名的医生，他最早提出气质的概念。他在长期的医学实践中观察到人有不同的气质，认为气质的不同是由人体内不同的液体决定的。他设想人体内有血液、黏液、黄胆汁和黑胆汁4种液体，并根据这些液体混合比例哪一种占优势，把人分为多血质、黏液质、胆汁质和抑郁质4种气质类型。

人体内血液占优势的属于多血质，黄胆汁占优势的属于胆汁质，黏液占优势的属于黏液质，黑胆汁占优势的属于抑郁质。希波克拉底还认为，每种体液都是由冷、热、湿、干这4种性质相匹配产生的。血液是由热和湿配合的，所以多血质的人热情、湿润，好似春天；黏液是冷和湿的配合，因此黏液质的人冷漠、无情，好似冬天；黄胆汁是热和干的配合，因此胆汁质的人热而躁，好似夏天；黑胆汁是冷和干的配合，因此抑郁质的人冷而躁，好似秋天。

后人把他对气质的观点概括为体液说。用体液来解释气质，虽然缺乏科学根据，但希波克拉底对气质类型的划分，与日常观察中概括出来的4种气质类型比较符合，所以关于气质的这种分类一直沿用至今。

案例

猜猜他们的气质类型

地点：某剧场门口。

时间：演出开始 10 分钟后。

人物：检票员、4 位迟到的观众。

情节：剧场规定演出开始 10 分钟后不许入场。4 位迟到者面对检票员的同一说明表现各不相同。

第 1 位：大吵大闹，怒发冲冠。

第 2 位：软硬兼施，找机会溜进去。

第 3 位：不吵不闹，虽然遗憾但还是理解剧院的做法，并自我安慰。

第 4 位：垂头丧气，十分委屈，认为自己总是很倒霉。

请问这 4 位迟到者可能属于哪种气质类型？

20 世纪以来，学者们对于气质的研究进一步展开，比较有名的有德国精神病医生 E. 克雷奇米尔（E. Kretschmer）提出的气质体型说、美国医生 W. H. 谢尔顿（W. H. Sheldon）和心理学家 S. S. 斯蒂文斯（S. S. Stevens）提出的气质胚叶说、日本古川竹二的血型说和美国心理学家 L. 伯曼（L. Berman）的激素说，他们从不同角度解释了气质形成的成因和类型，但这些学说缺乏实证的检验，在科学性上受到质疑。

俄国心理学家巴甫洛夫（Ivan Petrovich Pavlov）的高级神经活动类型学说较好地解释了气质的生理基础，因此得到了广泛的认同。巴甫洛夫认为，高级神经活动有两个基本过程，即兴奋和抑制，它们有 3 种不同特性——强度、平衡性和灵活性。

两个基本神经过程的 3 种特性之间的不同组合，构成了高级神经活动的不同类型。巴甫洛夫根据大量的实验，确定只存在 4 种最基本的高级神经活动类型，即兴奋型、活泼型、安静型和抑制型，分别对应胆汁质、多血质、黏液质和抑郁质 4 种气质类型（见表 3-1）。

表 3-1　高级神经活动类型与气质类型对照

神经活动过程的基本特征			高级神经活动类型	气质类型	表现特征
强度	平衡性	灵活性			
强	不平衡		兴奋型	胆汁质	兴奋占优势，易激动，以奔放不羁为特征
	平衡	灵活	活泼型	多血质	兴奋和抑制都较强，两种过程易转化。以反应灵活、外表活泼，易适应环境为特征
		不灵活	安静型	黏液质	兴奋和抑制都较强，两种过程不易转化。以坚毅、迟缓为特征
弱			抑制型	抑郁质	兴奋和抑制都很弱，抑制占优势。以胆小、脆弱、消极防御为特征

续表

胆汁质的神经活动过程的特征是强但不平衡。和这种神经活动过程的特征相适应，胆汁质的人一般感受性低而耐受性高，他能忍受强的刺激，能坚持长时间的工作而不知疲劳；显得精力旺盛、行为外向、直爽热情、情绪兴奋性高；但心境变化剧烈、脾气暴躁，难以自我克制。

多血质的神经活动过程的特征是强、平衡且灵活。和这种神经活动过程的特征相适应，多血质的人感受性低而耐受性高；活泼好动，言语行动敏捷，反应速度、注意力转移的速度都比较快，行为外向；容易适应外界环境的变化，善交际、不怯生，容易接受新事物；注意力容易分散，兴趣多变，情绪稳定。

黏液质的神经活动过程的特征是强、平衡但不灵活。和这种神经活动过程的特征相适应，黏液质的人感受性低而耐受性高，反应速度慢，情绪兴奋性低但很平稳；举止平和，行为内向；头脑清醒，做事有条不紊，踏踏实实，但容易循规蹈矩；注意力容易集中，稳定性强；不善言谈，交际适度。

抑郁质的神经活动过程的特征是弱，而且兴奋过程更弱。和这种神经活动过程的特征相适应，抑郁质的人感受性高而耐受性低；多疑多虑，内心体验极为深刻，行为极端内向；敏感机智，拥有细腻的洞察力和绝佳的直觉；胆小、孤僻、情绪兴奋性弱、寡欢、爱独处、不爱交往；做事认真仔细，动作迟缓，防御反应明显。

💡 **思考**

想象一下，小长假时期的高速公路上发生了堵车，前后几公里的车流，几辆私家车夹在车流中间动弹不得。假如这几辆私家车的车主刚好是4种不同的典型气质，请问他们分别会有什么表现？

3.气质测量

不同气质的人，有不同的学习特点、人际交往趋避和职业倾向。了解自己和他人的气质类型，对大学生的心理健康、职业选择、人际交往和学业表现都有重要意义。那么，怎样知道自己和他人的气质特点，并以此来指导自己和他人的学习和生活呢？在生活中留心观察人们的行为特点和交往方式，可以大概推断出自己或他人的气质特点。通过气质量表也可以测量出每个人不同的气质类型。如果人们掌握了自己和他人的气质特点，那么彼此间的交往就会多一点理解，少一些摩擦；多一点宽容，少一些计较。

测试：陈会昌气质量表

4.气质类型说的理解和应用

首先，气质类型有其稳定性与可塑性。气质是由神经过程的特点决定的，而神经过程的特点主要是先天形成的，所以，遗传素质相同或相近的人气质类型也比较接近。一个人的气质类型在一生中是比较稳定的，但又不是不能变化的。如果在童年时期生活条件极为恶劣，或者在成年时期遇到了重大的生活事件，那么一个人的气质可能会发生变化。但是，这种变化过程是很缓慢的，甚至当条件适宜时，还会恢复原来的气质。所以，有人说气质的变化可能只是一种被掩盖的现象，"江山易改，本性难移"说的就是这个道理。

其次，气质类型没有好坏之分。气质仅使人的行为带有某种动力的特征，就动力特征而言无所谓好坏；同时，每一种气质类型都有其积极的方面，也有其消极的方面，无法比较哪一种气质类型更好。例如，胆汁质的人精力旺盛，热情豪爽，但脾气暴躁；多血质的人活泼敏捷，善于交往，但却难以全神贯注，缺乏耐心；黏液质的人做事有条不紊，认真仔细，但却缺乏激情；抑郁质的人非常敏锐，却容易多疑多虑。气质对一个人来说没有选择的余地，重要的是了解自己，自觉地发扬自己气质中的积极方面，努力克服气质中的消极方面。

再次，气质类型不能决定一个人成就的高低，但能影响工作的效率。例如，中国现代作家、历史学家、考古学家、政治家郭沫若是多血质类型的，数学家陈景润却是抑郁质类型的。俄国著名文学家中，普希金是胆汁质的，赫尔岑是多血质的，克雷洛夫是黏液质的，果戈理是抑郁质的。可见，气质类型不决定一个人智力发展的水平，也不会决定一个人成就的大小。虽然气质类型不能决定一个人的智力发展水平和社会成就大小，但可以作为个体选择职业的依据之一。个体通过了解自己的气质特征，可以扬长避短，充分发挥自己的潜能和气质优势，克服自己气质特征中消极的一面，进行气质特征与职业之间的合理匹配。

最后，和不同气质类型的人交往，要注意方式方法。例如对胆汁质类型的人，说话要坦荡、真诚，开门见山、中肯直接，切忌"绕弯弯"，暗示的方法对其作用不大，但"激将法"却往往可以奏效。对多血质的朋友忌轻信或者马上委以重任，应采取多种方法，时时提醒他的许诺与表态，对所托付的事必须反复叮嘱，避免他们遗忘，所谓"悟性好，忘性大"往往是指这一类人。与黏液质的人交往要施之以"情"，态度要诚恳、少说漂亮话、多做实际事，一旦获得他们的友谊，他们就会对你真诚专一，感情稳定，友谊也比较持久。而抑郁质的人敏感、觉察力好，要以心换心地获取友情，不要因为忙碌而忽视了他们的感情需要，时时处处小心谨慎，避免引起他们的误会，否则可能永远失去其友谊。因此，大学生对彼此之间建立起来的友谊要精心浇灌、精心维护。

（二）性格

性格是指人在现实生活中表现出的稳定的态度和习惯化了的行为方式。它包括对自己、他人和事物的评价、好恶和趋避等方面，是在后天社会环境中逐渐形成的，是人格差异的核心。性格是一种与社会相关最密切的人格特征。大学生正处于性格趋于成熟、定型的重要时期，良好的性格是大学生获得社会认可的重要基石。

性格的分类方法有很多，迄今为止没有一个公认的划分标准。不同的心理学家从不同的角度对性格进行了分类。

1.按个性倾向性划分性格类型

瑞士心理学家卡尔·荣格（Carl Jung）于1913年在《心理类型学》一书中提出内、外向的概念。他认为在与周围世界发生联系时，根据普遍生命力的"力比多"活动的倾向，人的心理一般有两种指向，他称为定势。一种定势指向个体内部世界，叫内向；另一种定势指向外部环境，叫外向。荣格对性格的分类并不是通过科学的研究方法获得的，但他是最早关注性格类型的，他的思想对后人研究性格做出了重要贡献。之后，一些心理学家接受了这一观点，主张按照个体心理活动倾向于外部或内部来确定性格的类型。

微课：发挥内向性格的优势

📖 小知识

力比多（Libido）是精神分析学派的一个专门术语，也可翻译为里比多，意指性驱力。1905年，弗洛伊德在《性学三论》一书中提出，力比多是一种与性本能有联系的潜在能量。他把性欲与自我保存本能做了对比，并用力比多一词开始指性欲或性冲动，后扩展为一种机体生存、寻求快乐和逃避痛苦的本能欲望，是一种与死的本能相反的生的本能的动机力量，弗洛伊德把它看作是人的一切心理活动和行为的动力源泉。后来荣格也使用了这一概念，荣格所说的力比多是一种普遍的生命力，表现于生长和生殖，也表现于其他活动。

外向型性格的人具有以下14个特征：①能根据不同的场合调整自己的态度与行为方式；②能经常保持对周围事物变化的关注；③遇到谈得来的人就开诚布公地交往；④容易接纳别人；⑤独处时容易产生不安；⑥行动快速但有时欠深思熟虑；⑦很容易在仓促之间做出决定；⑧常未经考虑就采取行动；⑨能迅速地适应新环境；⑩喜欢积极地表达对别人的关怀；⑪与人交往时比较宽容，容易被别人接受；⑫社交范围广，但知己不多；⑬在社交场合不会感到不安或产生陌生感；⑭喜欢参加社交活动。

内向型性格的人具有以下13个特征：①重视主体性与自我；②在乎自己的习惯与想法；③不喜欢人云亦云；④勤于自我反省；⑤犹豫不决，缺乏果断性；⑥适应能力比较差；⑦固执，喜欢较真；⑧对环境变化感觉敏锐；⑨交往过程中倾向于将自己置于被动的位置；⑩不容易结交新朋友；⑪社交范围很小，但朋友多为挚友；⑫不喜欢参加各类活动；⑬只有在很亲近的朋友面前才能够展示开朗的一面。

生活中，人们多称赞那些性格外向的人，觉得他们个性活泼、能言善道，也常常鼓励他人尝试外向开放，性格内向俨然成了一个缺点。然而，真的是这样吗？你可能并不知道，其实内向的人具有很多的性格优势。

在中国的传统文化中，常有一种缄默的智慧，即充满智慧的人，往往是说话最少的人，他们更喜欢倾听和观察，不开口则已，一开口就直击问题要害。性格内向者就是这样的人，他们不喜欢在公众场合表达自己，也不想在别人面前侃侃而谈，喜欢倾听他人说话，愿意理解他人，这些特质让他们成为绝佳的倾听者。

美国心理学家伯尔赫斯·斯金纳（Burrhus Skinner）认为，人际交往过程也是一种精神能量的传输过程，内向性格的人更擅长从自身挖掘能量，并且这个过程不会停止，因此他们能更多地考虑自己的感受，更深层次地挖掘内心深处的各种负面情绪，及时处理。同时，独处还能让人心神宁静，获得内心的满足，时间一久，便有了幸福感。

你身边是否会有这样的人，他们总是非常渴望表达自己的观点，但是在这个过程中，他们会忽略其他人的意见和感受。很多时候，他们的观点和想法并不是最好的，但是他们却误以为身边的人都没有意见，自己的意见是被认可的。其实，只是大家正在倾听和思考。总的来说，外向者的这种思维模式，并不利于团队的建设和发展。

性格外向的人更擅长从别人身上挖掘能量，自然会忽视对自我内心的探查，导致自己常常处在焦虑紧张的情绪中而不自知，长此以往，外向者会觉得莫名地抑郁，总感觉心里面有说不出来的不痛快。

可能有人会说，性格内向的人在工作中不占优势，但是并非每个人都是从事销售类的工作，对于大部分从事普通工作的人而言，踏踏实实干活远比能言善道重要得多。你身边应该有这样的人，表面上不善于言辞，却最早升职，升职的理由是，领导喜欢他沉稳的性格。

因此，内向的人同样具有自己的性格优势，作为个体，我们要学会顺应性格，不轻易被他人的言论所影响，勇敢地做一个内向者。

从内向到外向是一个连续体，而内向和外向处在这个连续体的两端。极端的外向型性格和极端的内向型性格的人很少见，大部分人属于中间类型即性格兼有部分外向型和部分内向型的特点，或者属于偏外向型或偏内向型性格。

2. 按何种心理机能占优势划分性格类型

英国心理学家A. 培因（A. Bain）和法国心理学家T. 李播（T. Ribot）等主张，按理智、意志和情绪三者在性格结构中占优势的情况，把人的性格分为理智型、意志型、情绪型和中间型。理智型的人，总是用理智衡量一切，并以理智支配自己的行动；意志型的人，行动目标明确，积极主动、果断；情绪型的人，情绪体验深刻，举止行为易受情绪左右；中间型的人是指没有某种心理机能占优势，如意志—理智型、理智—情绪型等。

3.按行为方式划分性格类型

A-B型人格理论是 1974 年心理学家 M. 弗里德曼（M. Friedman）和 R. H. 罗斯曼（R. H. Rosenman）共同提出的，主要应用于人格与工作压力研究。按人的行为方式，即人的言行和情感的表现方式可分为 A 型性格、B 型性格和 C 型性格。

一般 A 型性格的人喜欢竞争，精力旺盛，有紧迫感，时间观念强，愿意为取得成就努力奋斗，工作上要求比较高，但 A 型性格的人同时也有遇到妨碍进程的事情容易动怒，易焦虑、经常坐立不安，遇挫折很难入睡等特点。A 型性格的人个性要强，常常会产生固执、冲动、好胜、悲观、焦虑、急躁等消极情绪。

美国西北大学医学院针对 3300 名 18 ～ 30 岁的年轻人进行了一项长达 15 年的追踪调查，结果发现，A 型性格的人步入中年后患高血压的概率更大。统计显示，85% 的心脑血管疾病与 A 型性格有关；在心脏病患者中，A 型性格占 98%；A 型性格患冠心病的风险比 B 型性格高 5 倍。究其原因，A 型性格的人容易情绪激动，而愤怒、焦躁等情绪会让交感神经系统变得兴奋，促使升压物质"儿茶酚胺"分泌旺盛，再加上应激状态下血管紧绷，长期如此就容易引发高血压。

B 型性格是相对健康的一种性格类型，B 型性格的人情绪较稳定、社会适应能力好。B 型性格的人喜欢从容不迫、悠闲自得的生活节奏，为人处世比较温和，少有侵犯性。B 型性格的人想得开、放得下，能以平常心对待挫折和困难，随遇而安，易知足，容易感到幸福，是一种"长寿性格"。

C 型性格是指情绪受压抑的抑郁性格，表现为害怕竞争，逆来顺受，有气往肚子里咽，爱生闷气。C 型性格者习惯压抑自我、克制自我、偏内向、隐忍以求和别人或环境统一，内心的痛苦不善于表达，久而久之，导致疾病发生，C 型性格的人容易患癌症。

我们可以根据上面的介绍判断自己属于哪种性格，其中 A 型和 C 型性格的人都是需要自我进行调试的，可以通过认知调整和行为训练等方式进行改善，发扬性格中好的一面，调适其中不好的一面从而扬长避短，维护自己身心的健康。

此外，美国心理学家 H. A. 威特金（H. A. Witkin）按照个体场依存性的不同，把人分为独立型（场独立性占优势）和顺从型（场依存性占优势）；奥地利心理学家阿德勒根据个人竞争性的不同把性格划分为优越型与自卑型；德国哲学家思普兰格根据人们对社会生活 6 个基本领域中的某一领域产生特殊的兴趣和价值观的倾向，把人分为理论型、经济型、权力型、社会型、审美型和宗教型。

第二节　人格发展

人格总是在关键的时刻展现力量，而人格的形成却又是在平凡的日常生活中通过一件件具体的事情发展和表现的，因此人格是有形的，每一个人的人格都铭刻着他过去的一切故事密码。

一、影响人格发展的因素

人格的形成是先天的遗传因素和后天的环境、教育因素相互作用的结果，是一个漫长的过程。

（一）生物遗传因素

人格具有较强的稳定性特征，因此人格研究者更注重遗传因素的作用。综合现有的研究结果，遗传对人格的作用简要归纳如下。

（1）遗传是人格不可缺少的影响因素。个体的遗传生物基础与人格的形成密不可分。个体的神经系统特性与体内的生化物质是人格形成的基础。大脑是人格的主要物质基础，无论多么复杂的人格和行为，都是脑工作的产物。人格特征与大脑皮质细胞群的配置特点、细胞层结构的特点都有关。这些特点不仅影响个体的高级神经活动，还影响个体的气质、性格和能力。人体内各种生物化学物质的变化也会影响一个人的行为模式或人格特征。

（2）遗传因素对人格的作用程度随人格特质的不同而存在差异。通常在智力、气质这些与生物因素较相关的特质上，遗传因素的作用较重要；而在价值观、信念、性格等与社会因素关系密切的特质上，后天环境的作用可能更重要。

（3）人格的发展是遗传与环境两种因素交互作用的结果。人既具有生物属性，又具有社会属性。人在胚胎状态时，环境因素的影响就开始了，这种影响会在人的一生中持续下去。后天环境的影响因素是多种多样的，小到家庭因素，大到社会文化因素。这些因素对人格的形成与发展都有重要的影响。

（二）社会文化因素

人一出生便处于社会文化之中，并受其熏陶与影响，文化对人格的影响伴随着人的终生。社会文化具有塑造人格的功能，这反映在不同文化的民族有其固有的民族性格，不同的地域有着不同的文化传统，不同的文化发展时期有着不同的文化认同，这些都在一定程度上刻画着社会群体的人格特点。社会文化塑造了社会成员的人格特征，引导社会成员的人格结构朝着相似性的方向发展，使得个人可以"嵌入"整个文化形态中，而这种相似性又具有维系社会稳定的功能。

社会文化对人格的影响力因文化而异，这要看社会对文化的要求是否严格。越严格，其影响力就越大。影响力的强弱也视其行为的社会意义的大小，对于不太具有社会意义的行为，社会允许较大的变异；但对在社会功能上十分重要的行为，就不允许太大的变异，社会文化的制约作用就越大。

（三）家庭教养方式因素

1978年，美国心理学家戴安娜·鲍姆林德（Diana Baumrind）提出了家庭教养方式的两个维度，即要求性和反应性。要求性指的是家长是否对孩子的行为建立适当的标准，并坚持要求孩子去达到这些标准。反应性指的是对孩子和蔼接受的程度及对孩子需求的敏感程度。根据这两个维度，可以把教养方式分为权威型、专制型、溺爱型和忽视型4种。4种不同教养方式下的儿童在成年后拥有不同的人格特点。

1. 微课：原生家庭（1）
2. 微课：原生家庭（2）

一般而言，权威型是对孩子最有利的一种教养方式。权威型家长会给孩子提出合理的要求，并对孩子的行为进行适当的限制。与此同时，他们会表现出对孩子的爱，并认真听取孩子的想法。在这种教养方式下长大的孩子，有很强的自信和较好的自我控制能力，并且会比较乐观、积极。

专制型的家长要求孩子无条件地服从自己。在这种教养方式下长大的孩子，会较多地表现出焦虑、退缩等负面情绪和行为，但他们在学校中可能会有较好的表现，比较听话、守纪律。

溺爱型的家长对孩子则表现出很多的爱与期待，但是很少对孩子提出要求和对其行为进行控制。在这种教养方式下长大的孩子，容易表现得很不成熟且自我控制能力差。

微课：母爱剥夺

忽视型的家长对孩子很不关心，他们一般只是给孩子提供食宿等物质上的支持，但不会在精神上提供支持。在这种教养方式下长大的孩子，很容易出现适应障碍，他们的适应能力和自我控制能力往往较差。

> 🔗 **链接**
>
> 敌意中长大的孩子，学会了争斗；虐待中长大的孩子，学会了伤害；
> 支配中长大的孩子，学会了依赖；干涉中长大的孩子，被动和胆怯；
> 娇宠中长大的孩子，学会了任性；否决中长大的孩子，他反对社会；
> 忽视中长大的孩子，他情绪孤僻；专制中长大的孩子，他喜欢反抗。

（四）学校教育因素

学校教育在学龄儿童人格的形成与发展中具有重要作用。学生通过课堂教育接收系统的科学知识，同时形成科学的世界观。通过学习还可以形成与发展学生的坚持性、主动性等优良的人格特征。校风和班风也是影响学生人格形成与发展的重要因素。良好的校风和班风能够促使学生养成积极性、独立性和遵守纪律等品质。在学校，教师要通过各种教育教学活动，塑造学生的人格特征，同时教师又是学生学习的榜样，教师的言行对学生的人格同样产生潜移默化的影响。

（五）个人主观因素

社会上的各种影响因素，首先要被个人接受和理解，才能转化为个体的需要、动机和兴趣，才能推动个人去思考与行动。另外，个体已有的心理发展水平在促进人格特征形成方面的作用会随着年龄的增加而日益增强。

家庭因素奠定了性格形成的基础，学校教育教学活动对性格的形成起主导作用，而社会实践在性格的形成与发展中起决定作用。

二、人格发展阶段理论

人格发展阶段理论是一种人类学理论，比较著名的有弗洛伊德的性心理发展阶段理论和埃里克森的人格发展八阶段理论。此外，J. 皮亚杰（J. Piaget）的儿童认知发展理论和 L. 柯尔伯格（L. Kohlberg）的道德发展阶段理论从认知和道德两个角度诠释了人格发展的阶段性，在此不展开叙述。

（一）弗洛伊德的性心理发展理论

微课：弗洛伊德

奥地利心理学家西格蒙德·弗洛伊德是精神分析流派的创始者，他开创了潜意识研究的新领域，促进了动力心理学、人格心理学和变态心理学的发展，奠定了现代医学模式的新基础，为 20 世纪西方人文学科提供了重要的理论支柱。

弗洛伊德的人格发展理论被称为性心理发展阶段理论，这里的性，不是狭义上的性，而是一种被称为力比多的驱动力，弗洛伊德认为人类一切追求快感的活动都是受到力比多的驱动。据此，他把人格发展划分为 5 个阶段，认为这 5 个阶段的顺序是不变的。

第一阶段：口唇期（1 岁之前）。婴儿的活动大多以口唇为主，摄入、撕咬、含住、吐出和紧闭是 5 种主要的口腔活动模式，婴儿的快感主要来自口唇区域，以口、唇、舌为主要性敏感区。

第二阶段：肛门期（1 ～ 2 岁）。肛门区域成为性感区。在这一阶段，儿童会接受排便训练，这是儿童第一次接触到外部纪律或权威，因此代表了他与社会规范之间的冲突。

第三阶段：性器期（3 ～ 6 岁）。这一时期的婴儿，生殖器成为获取快感的中心，这是人格发展的关键阶段。

第四阶段：潜伏期（6 岁以后至青春期）。这一阶段儿童已经进入学校接受正规教育，因此将兴趣从家庭成员转向同伴，特别是同性同伴，倾向于避开异性同伴。

第五阶段：生殖期（青春期至成年）。这一阶段是个体的性发育成熟期。个体开始试图与父母分离，建立自己的生活，逐渐发展出成年人的恋爱。

弗洛伊德认为，前 3 个阶段是人格发展的最重要阶段，为个体成年后的人格模式奠定了基础。他主张，人格的最初形成应是在 5 岁左右。

（二）埃里克森的人格发展八阶段理论

微课：人格发展八阶段理论

弗洛伊德的学说过于重视性在人格发展中的作用，且将性心理发展的成熟等同于人格发展的成熟，这引起了很多心理学家的不满。20 世纪

40 至 50 年代，新精神分析学派兴起，代替并系统修正了弗洛伊德的学说，其突出的代表人物是美国著名的精神分析理论学家埃里克森。

埃里克森的人格发展学说既承认性本能和生物因素的作用，又强调文化和社会因素的作用。埃里克森认为人的自我意识发展持续一生，现代人的一切心理上的变态都是人的本性需要和社会要求不相适应乃至失调所致；从本质上讲，社会环境决定了与任何特定阶段相联系的危机能否获得积极的解决。由此，埃里克森将人格发展的 8 个阶段称为心理社会发展阶段，以区别弗洛伊德提出的性心理发展阶段。这 8 个阶段的顺序是由遗传决定的，但是每个阶段能否顺利度过却是由环境决定的，所以这个理论可称为心理社会发展阶段理论。每个阶段都有其特定的发展任务，每个阶段也都有其特有的心理危机。个体人格的发展过程是不断整合自我调节与环境适应的过程。人格发展任务完成的成功或不成功，会产生两个极端的结果，属于成功的一端，就形成积极的品质，属于不成功的一端，就形成消极的品质。每个人的人格品质都处于两极之间的某一点上。如果不能形成积极的品质，就会出现发展的"危机"。

第一阶段为婴儿期（0～2岁）。婴儿在本阶段的主要任务是满足生理上的需要，发展信任感，克服不信任感，体验希望的实现。婴儿从生理需要的满足中，体验着身体的康宁，感到了安全，于是对其周围环境产生一种基本信任感；反之，婴儿便对周围环境产生不信任感，即怀疑感。

第二阶段为儿童早期（3～4岁）。这个阶段儿童的主要发展任务是获得自主感与克服羞怯和疑虑，体验意志的实现。埃里克森认为这个时期的幼儿已不满足于停留在狭窄的空间之内，而是渴望探索新的世界。这一阶段发展任务的解决，对个人今后对社会组织和社会理想的态度将产生重要的影响，为未来的秩序和法制生活做准备。

第三阶段为学前期或游戏期（5～7岁）。本阶段儿童的主要发展任务是获得主动感和克服内疚感，体验目的的实现。本阶段也称为游戏期，游戏执行着自我的功能，在解决各种矛盾中体现出自我治疗和自我教育的作用。埃里克森认为，个人未来在社会中所能取得的工作上、经济上的成就，都与儿童在本阶段主动性发展的程度有关。

第四阶段为学龄期（8～12岁）。本阶段的发展任务是获得勤奋感和克服自卑感，体验能力的实现。学龄期儿童的社会活动范围扩大了，儿童的依赖重心已由家庭转移到学校、教室、少年组织等社会机构方面。埃里克森认为，许多人将来对学习和工作的态度和习惯都可溯源于本阶段的勤奋感。

第五阶段为青年期（13～18岁）。这一阶段的发展任务是建立同一感和防止同一感混乱，体验忠诚的实现。埃里克森提出了"合法延缓期"的概念，他认为这时的青年承继儿童期之后，自觉没有能力持久地承担义务，感到要做出的决断未免太多太快，因此，在做出最后决断以前要进入一种"暂停"的时期，用以千方百计地延缓承担的义务，以避免同一性提前完结。虽然对同一性寻求的拖延可能是痛苦的，但它最后是能导致个人整合的一种更高级形式的真正的社会创新。

如果说以上 5 个时期是针对弗洛伊德的 5 个阶段提出的，那么以下的 3 个阶段就是埃里克森独创的。这 3 个阶段的提出使他的发展理论更加完善。

第六阶段是成年早期（19～25 岁），发展任务是获得亲密感以避免孤独感，体验爱情的实现。埃里克森认为这时青年男女已具备能力并自愿准备去分担相互信任、工作调节、生儿育女和文化娱乐等生活，以期最充分且满意地进入社会。这时，需要在自我同一性的巩固基础上获得共享的同一性，才能婚姻美满而获得亲密感，但由于寻找配偶包含偶然因素，所以也孕育着害怕独身生活的孤独之感。埃里克森认为，发展亲密感对是否能满意地进入社会有重要作用。

第七阶段是成年中期（26～65 岁），发展任务是形成创造感而避免停滞感，体验关怀的实现。这个阶段，个人一方面承担着个人任务，有工作、有事业，需要为社会创造价值，发挥创造性；另一方面又有家庭、有孩子，需要料理家务和照顾孩子。如果个人能利用自己的能力，为社会、为事业而发挥创造力，就可获得创造感。如果个人只关心自己的需要与舒适，无所事事，陷入自我专注的状态，就会产生停滞感。

第八阶段为老年期或成年晚期（65 岁以上），发展任务是获得完善感和避免失望、厌倦感，体验智慧的实现。这时个人的人生进入了最后阶段，如果对自己的一生比较满意，则产生一种完善感。这种完善感包括一种长期形成的智慧感和人生哲学，埃里克森把它定义为："以超然的态度对待生活和死亡。"如果一个人没有这种感觉，就不免恐惧死亡，觉得人生短促，对人生感到厌倦和失望。老年人对死亡的态度直接影响下一代儿童时期信任感的形成。因此，第八阶段和第一阶段首尾相连，构成一个循环或生命的周期。

埃里克森的人格发展理论有着自己的特色，可以说他的理论发展过程不是一维的纵向发展观——一个阶段不发展，另一个阶段就不能到来，而是多维的，每个阶段实际上不存在发展不发展的问题，而是发展的方向问题，即发展方向有好有坏，这种发展的好坏在横向维度上两极之间。人格发展八阶段理论见表 3-2。

表 3-2　人格发展八阶段

阶段	年龄	发展的危机	发展顺利者的人格特征	发展障碍者的人格特征
婴儿期	0～2 岁	信任感与怀疑感	与看护者之间的依恋与信任关系建立，有安全感	面对新环境会焦虑不安
幼儿前期（儿童早期）	3～4 岁	自主感与羞怯感	能按社会要求表现自主控制行为	缺乏信心，行动畏首畏尾
幼儿后期（学前期）	5～7 岁	主动感与内疚感	尝试完成新事情，行动有方向，开始有责任感	行为畏惧退缩，缺少自我价值感

阶段	年龄	发展的危机	发展顺利者的人格特征	发展障碍者的人格特征
学龄期	8～12岁	勤奋感与自卑感	具有求学、做事、待人的基本能力	缺乏生活基本能力，充满自卑感
青春期（青年期）	13～18岁	自我同一与自我混乱	有了明确的自我意识与自我追寻的方向	生活无目的、无方向，时常感到彷徨迷失
青春后期（成年早期）	19～25岁	亲密感与孤独感	与人相处有亲密感，能建立亲密的关系，为事业发展确定方向	与社会疏离，时感寂寞孤独
成年期（成年中期）	26～65岁	创造感与停滞感	热爱家庭、关爱社会，有责任心，有义务感	不关心别人与社会，生活缺乏意义
老年期（成年晚期）	65岁以上	完美感与失落感	愉快接受自己，可以面对、接受死亡，安享余年	悔恨旧事，消极失望

第三节　大学生常见的人格偏差及完善

经过十几年的家庭生活与学生生活，具有不同人格特征的大学生从全国各地来到了同一所学校、同一个班级、同一间宿舍。大学生不同的人格特点通过语言、行为、态度表现出来，在碰撞中产生矛盾与磨合，在冲突中调整与完善。大学生社会化的过程就在点点滴滴的日常生活与学习中悄无声息地进行着。不同的人格特点各有千秋，所以人世间才呈现出千人千面，才让我们在惊奇、欣喜、欣赏，或者厌恶中大开眼界，在潜移默化中不断学习与提高。有的大学生出于种种原因，其人格在成长的过程中产生了一定的偏差甚至障碍，这些偏差或障碍会对大学生的学习与生活带来不利影响，所以认清自己的人格特点是完善人格的必由之路。

一、人格特征与心身疾病有关

古希腊医学家希波克拉底说："了解什么样的人得了病，比了解一个人得了什么病更重要。"近代的研究也支持这样一种观点，即有些心身疾病具有特殊的人格特征。这些人格特征在疾病的发生、发展过程中起到了生成、促进、催化的作用。对癌症的医学心理学研究表明，长期处于孤独、矛盾、抑郁和失望情境下的人易患癌症。有研究者对1337名医学生进行追踪观察，发现有48名癌症患者具有共同的人格特点，即内向、抑郁，隐藏着愤怒和失望。前文也提到了，A型性格者是冠心病、高血压诊疗室的常客；

哮喘病患者多表现出过分依赖、幼稚、受暗示性高的人格特征；偏头痛患者多表现出刻板、好竞争、好嫉妒、追求完美的人格特征；而具有矛盾、强迫性、吝啬、听话、抑郁特征的人容易得结肠炎、胃溃疡等疾病。

人格特点决定着人对负性（不良）心理或精神刺激应对能力的高低。同样强度的打击，可使有些人消极沉沦、一蹶不振，引起心身失调，造成身心疾患，甚至精神失常；而对另一些人则无大的影响和伤害，其中人格发挥了重要作用。一个外向豁达、情绪稳定的人，遇到不良刺激后，一般多能理智对待，积极地调整转移，使负面情绪在较短的时间内化解平息；而一个内向敏感的人常不能通过有效的方式使自己从痛苦的矛盾冲突中解脱出来，长期受恶劣情绪的困扰，身心受到极大的损害。当然，人格还与一个人的自控力、容忍性和承受力有关。

二、人格特征影响人际关系和社会成就

美国心理学家刘易斯·推孟（Lewis Terman）跟踪研究了很多天生智商高的人，这些人的智商通常在 140 以上，俗称天才。追踪结果发现，这些天才长大后并没有获得如研究者期望的伟大成就，大多数的天才只是循规蹈矩地活着，在普通的公司上班，在正常的轨道上生活，有的甚至还在杂货店打工，或从事体力劳动。而追踪者发现，相比天才而言，那些智商处于中上等，在 110～130 的人们，获得成功的比率更高。所以有人说 20% 的智商 ＋ 80% 的情商决定了一个人的成功。大学生的人格状况与其人际关系和成才直接相关，大学生的平均智商在 100 以上，经过几年的学习，大多数同学能坚持学业并顺利就业，也有小部分同学最终因为人际关系紧张、学业失败或者其他的心理问题中途退学或者留级。其中，影响人际关系和社会成就的并不是智力因素，而是非智力因素，尤其是不良人格因素。

案例

小李和小陈同时受雇于一家超市。开始时他们都一样，从最底层干起。可不久小李就受到了总经理的青睐，先从职员提升到了领班，又从领班提升到了部门经理。而小陈却好像被人遗忘了一样，还在做一名普通职员。终于有一天，小陈忍无可忍，他向总经理提出辞职，并痛斥总经理用人不公平。

总经理耐心地听完，微笑着说："小陈，请您马上到市场上去，看看今天市场上卖什么。"小陈疑惑地看着总经理，不过他还是向市场走去，很快他回来向总经理汇报，说刚才市场上只有一个农民在卖土豆。"一车土豆，大约有多少袋？"总经理接着问。小陈又跑到市场上，回来说有 10 袋。"土豆的价格是多少？"总经理又问，小陈又再次跑到市场上去问。总经理望着跑得气喘吁吁的他说："请休息一会吧，你可以看看小李是怎么做的。"

　　总经理叫来小李，对他说："小李，请你马上到集市上去，看看市场上在卖什么。"小李很快从集市上回来了，他向经理汇报说："市场上现在只有一个农民在卖土豆，一共有 10 袋，价格适中，质量很好，我带回来几个让您看看。这个农民过一会儿还将卖几筐西红柿，据我了解价格公道。估计这种价格的西红柿总经理您可能会买，所以我不仅带回来了几个西红柿，而且还把那个农民也带来了，他现在正在外面等回话呢。"看到这些，小陈羞愧得满脸通红。

　　点评：从案例中不难看出，对待同一件事情，小李和小陈有着截然不同的做事风格。小李接到任务后不只是简单地执行，而是在此基础上加入了自己的思考，而小陈则是单纯地应付了事，流于形式。小李做事全面具体，小陈则是随意肤浅，明显小李的做法更受总经理的赞赏。

　　在人的素质结构中，人格发挥着决定性的作用。在人一生的成长与发展过程中，人格扮演着重要的"向导"角色。一个人无论是事业还是学业的成功，首先是人格的成功，而失败的原因也与人格是分不开的。所以健全的人格是现代社会所需要的，是人才必备的基本素质。关注人格发展就是关注人的一生和未来，因为良好的人格品质是成才的基础。

三、大学生常见的人格偏差及完善

　　人格偏差是介于健全人格与人格障碍之间的一种人格状态，表现为人格发展的不良倾向。大学生中常见的人格偏差主要有自卑、抑郁、怯懦、孤僻、冷漠、悲观、依赖、敏感、多疑、焦虑、冲动等。这些不健康的人格因素，不仅影响大学生的正常人际交往，破坏大学生的社会功能，还给大学生的人格基调蒙上了一层晦暗苦涩的色彩。人格偏差较之障碍要轻，也更加普遍与常见。即使较严重的人格偏差，只要认识正确，有决心和恒心，也是可以矫治的。了解一些常见的大学生人格偏差，及时矫正这些人格偏差，有助于维护大学生的心理健康。

（一）懒惰拖拉

　　懒惰是一些大学生为之苦恼并感觉难以克服的一种人格偏差，是意志活动无力的表现。懒惰是阻碍大学生积极进取、张扬青春活力的天敌。处于懒惰状态的大学生往往想得多而做得少，缺乏毅力。

微课：拖延症

拖延无处不在

大学里有部分大学生是怎么样上课的呢？早晨上课铃响了之后，边吃早点边慢悠悠地晃进教室，吃完早点后看看上面讲课的老师，觉得老师讲得没意思，于是趴在桌子上再补一觉，有的学生干脆一睡不起。

晚上十一点后，应该是夜深人静、正值休息的时候，如果你此时走进大学里的某些男生寝室，你可能看到部分大学生的夜生活才"刚刚开始"，打游戏或者是看武侠小说，好不热闹。部分大学生的日常交流沟通内容就是游戏，以至于有些大学生迫不得已，为了和同寝室的哥们"打成一片"而"学习"打游戏。游戏成为大学里部分男生的主要"学习内容"，而且不少人发奋用功地"学习"了四年。

懒惰的本质是对某件事无法投注心理能量，恰如一个大学生可能对上课、社交表现得懒惰消极，而对电玩、运动等个人兴趣爱好却能全心投入、不知疲倦。懒惰其实体现了大学生目标的虚无和丧失积极追求。因此，在治疗懒惰时，大学生最重要的是沉下心来为自己确定目标，以目标驱动使自己远离懒惰。

不知道从何时起，"拖延症"成为大学校园的流行病，据调查，80%以上的在校大学生承认自己有拖延的情况。大学的节奏与高中完全不同，每个任务都有较长的完成期限，学生对时间的控制度大大增加；相比枯燥紧张的高中，大学生活丰富多彩，部分大学生难以定位学习的重要性；部分大学生有"完美主义"倾向，希望等所有材料都齐全了才开工，反而耽误了任务的进展；从小父母娇惯，不注重培养孩子事必躬亲、今日事今日毕的观念等，这些都是造成大学生拖延症的根本原因。我们要理解，"拖延症"并不是病，只是一种不良的行为习惯，是焦虑、强迫和抑郁的信号。有拖延倾向的人一般表现为目标不明确、时间控制能力差、对周围事物不感兴趣等。那么，面对拖延症，我们能做些什么呢？

1.理解拖延——让自己从心理上接受

自古以来，人类就进化了趋利避害的自我保护功能，这样可以使我们能够更好地存活在恶劣的环境中，这是我们大脑的一个固有机制。那么，拖延的产生在本质上也与此有关，我们更希望去做简单、快乐的事情，而不是痛苦地学习或工作。拖延其实就是一种自我欺骗。

2.切断干扰源——让自己更加专注

当你想要专心做一件事情的时候，尤其是在做一件很想拖延到明天再做的事情时，注意拿走周围所有的干扰源，清除桌面上的手机、iPad、零食、书本等与当下学习或工作无关的诱惑物。这种保持专注的状态很重要，你会发现高效的学习或工作可以帮助你节省大量的时间，这样你既完成了任务，又可以好好地休息。

3.禁止多任务操作——变得简单高效

表面上看起来，"00后"的多任务处理能力胜于以往任何一代人，但实际上多任务处理只是一个"神话"。虽然说我们的大脑是多任务操作系统，我们可以一边唱歌一边洗澡，一边听音乐一边做饭。但当我们面临需要消耗更多注意力的任务时，尤其是学生需要完成学习任务时，单线程工作可以让我们保持高度的专注，让我们更快地完成任务，从而减少拖延的次数，培养立即完成的好习惯。

4.不要追求完美——给自己一个低的起点

在产生拖延症的原因中，有一个很重要的因素是"恐惧"——害怕我们无法达到完美表现。我们一旦有了这种无法达到完美的恐惧，还没有开始做一件事情就已经在为各种可能出现的问题而焦虑，最后结果是迟迟不敢开始着手去做，使得任务拖延。事实上，我们可以给自己定一个很低的起点，例如要达到一口气做100个俯卧撑的目标，那么我可以第一天只做10个，第二天增加到15个。这样，起点很低，我们就更愿意相信自己能够完成并且不会感到痛苦，我们也就敢于开始，而不是只停留在幻想的阶段。我们所拖延的大多数任务，都是因为把它想得太难了、太痛苦了，当把起点放低时，我们能够立即去做。

5.坚信自己的实力——永远不要失去自信

很多感到无能为力的事情，其实是自己给自己设置了设限："你不行，你不可能做到，这件事很难很痛苦。"不断地消极自我暗示，是形成习得性无助的关键步骤，这种产生于内心的声音使得大学生们陷入自我无力的沼泽中。相信自己能做到，可以帮助大学生开始真正的第一步。

6.等待他人去帮助自己完成是不可靠的——真正靠得住的人只有自己

能够完成任务的真正途径只有一个，那就是自己去做。请同学们永远不要有把任务托付给别人的想法，因为这是非常不可靠的做法。有的时候指望别人能够做某件事情，还不如自己去做，虽然过程有些痛苦，但是我们可以自己掌握进度，并从中有所收获。

7.创建拖延任务列表——即使拖延我们也要拖得很帅

如果确实战胜不了拖延的毛病，那么，为什么我们不利用这个坏习惯为自己服务呢？大学生可以给自己建立一个拖延任务列表，在这个列表里，罗列一些平常没有时间去做的事情——比如学习园艺、看一本有意思的书等。这些列表里面的事情都很有意义而且是令人不反感的小事。每当我们实在不想继续做某一件事情时，可以打开拖延列表挑一件事情去做。这样，我们既满足了想要拖延的心理，又可以做平时没时间做的事情。有的时候，我们战胜不了拖延，那么为什么不换个角度，去享受它呢？

8.拖延只是个想法——永远不要开始去实施

当拖延的想法开始在脑海中盘旋的时候，同学们要做的就是静静观望，而不是接受自己大脑的指示。当我们内心滋生邪念的时候，可以静静坐在那里，然后以第三人称的视角观照自己的内心世界。一些不好的想法，就让它们慢慢消失，不要评判，不要妄动。当我们想要拖延时，告诉自己"这只是个想法，我不会去做"，因为一旦做了，想法变成了现实就无法更改。

9.设定专注时间——让自己更加高效

保持高度的专注并不是件容易的事情，实际上现代人的注意力集中时间正在减少。我们可以设定一个专注时间使得学习或工作更加高效。比如设置一个 25 分钟的闹铃，在接下来的 25 分钟内，告诉自己必须专注于眼前的任务，没有任何借口推脱，直到闹铃响起。当 25 分钟过后，休息 5 分钟，然后设定下一个 25 分钟。当给自己定下倒计时后，心理上我们会有紧迫感，这样会促使我们更加集中注意力完成任务。当出现干扰的时候，看一下倒计时，暗示自己再坚持几分钟就结束了。这种方法很有效，就是将大的时间切分成小块的时间，更易于我们去操作，是一种化整为零的思想。

10.分解任务——开始行动的秘诀

再大的任务也可以分解成很多小的子任务，将每个子任务分配到自己的可用时间中，当所有的子任务被完成，那么一个看似不可能的艰巨任务也就搞定了。分解任务的精髓就是简化，将你想要拖延的任务分解开来，使它变成 10 个非常简单的子任务，你只需要先完成一个子任务，然后告诉自己，这个任务已经做完了十分之一，我可以先休息一下，然后再开始下一个子任务。这样，我们就能很快地行动起来，而不是内心充满畏惧造成拖延。

🔗 **链接**

番茄工作法

番茄工作法是一种简单易行的时间管理方法，在时间管理方面相对更加微观。使用番茄工作法，选择一个待完成的任务，通过手机 app（如番茄 To Do）设定一个番茄时间（通常是 25 分钟），在番茄时间内专注工作，中途不允许做任何与该任务无关的事，直到番茄钟响起；然后在设定好的番茄休息时间（通常是 5 分钟之内），短暂休息一下或处理其他事务；随即进入下一个番茄时间。一个番茄钟包括四五个番茄时间，每 4 个番茄钟后，休息 15 ～ 30 分钟，直到计划任务完成。重复以上时间管理的工作方法就是番茄工作法。在某个番茄钟的过程中，如果突然想起要做什么事情或者被打断（非得马上做的话），停止这个番茄钟并宣告它作废（哪怕还剩 5 分钟就结束了），去完成这件事情，之后再重新开始同一个番茄钟。如果不是必须马上去做的话，在列表里该项任务后面标记一个逗号（表示打扰），并将这件事记在另一个列表里（比如叫"计划外事件"），然后接着完成这个番茄钟。结束一天的工作后，根据记录对当日的学习或工作情况进行复盘，同时可以对第二天的时间进行规划。

（二）褊狭虚荣

褊狭即人们常说的"小心眼"，主要表现为心胸狭窄，容不得人，凡事斤斤计较、耿耿于怀，挑剔、嫉妒。心胸狭窄往往影响人际关系，伤害他人感情，也给自己带来烦闷、苦恼，影响自己的情绪及在他人心目中的形象。褊狭是一种有百害而无一利的人格特征，它不是与生俱来的，而是后天习得的。

微视频：嫉妒的心

　　虚荣反映在大学生身上具有普遍性。虚荣心强的大学生一般爱攀比，希望提高自己在他人心目中的地位。有这种愿望不是坏事，但是虚荣的学生不是希望大家都优秀，而是只希望自己一枝独秀，不希望别人超过自己。集体生活中人际交往密切，每个人都希望表现自己的优点，所以虚荣的学生经常会因此而生气嫉妒，可是表面上又不能表现得过于小气，还要违心地夸奖、祝贺取得成绩的同学。因此，他们经常表现出情感脆弱、多愁善感，过分介意别人的评论与批评，与人交往时总有一种防御心理，且常会千方百计地抬高自己的形象，夸大真实的自我。

案例

　　小美与小优是大一的学生，入学不久，两个人成了形影不离的好朋友。小美活泼开朗，小优性格内向，沉默寡言。小优逐渐觉得自己像一只丑小鸭，而小美却像一位美丽的公主。小优心里很不是滋味，认为小美处处抢自己的风头，渐渐疏远了小美。大三时，小美参加了学院组织的设计大赛，并得了一等奖，小优得知这一消息先是痛不欲生，而后妒火中烧，趁小美不在宿舍之时将小美的参赛作品撕成碎片，扔到了外面的垃圾桶，并在小美询问时矢口否认。小美最终通过其他人知道了小优的所作所为，小美不知道怎样面对小优，更想不通原来那么好的朋友，为什么会变得连自己都不认识了？

　　小美与小优从形影不离到反目的变化令人十分惋惜，而导致这个结局的根源就是嫉妒。

　　既然嫉妒心理是一种损人损己的病态心理，并且会严重影响个人的身心健康，那么大学生应该如何克服嫉妒的心理呢？

1.认清嫉妒的危害

　　如前所述，嫉妒的危害一是打击了别人，二是伤害了自己、贻误自己。遭到别人嫉妒的人自然是痛苦的，而嫉妒别人的人一方面影响了自己的身心健康，另一方面由于整日沉溺于对别人的嫉妒之中，没有充沛的精力去思考如何提高自己，延误了自己的前途，一举多害。认清这些是走出嫉妒误区的第一步。

2.克服自私的心理

　　嫉妒是个人心理结构中"我"的位置过于膨胀的具体表现，总怕别人比自己强，对自己不利。因此，要根除嫉妒心理，首先要根除这种心态的"营养基"——自私。只有驱除私心杂念，拓宽自己的心胸，才能正确地看待别人，悦纳自己，"心底无私天地宽"。

3.正确认识自己

大学生既要客观公正地评价别人，也要客观公正地评价自己。别人取得了成绩并不等于自己就失败了。人贵有自知之明。强烈的进取心是人们成功的巨大动力，但冠军只有一个，尺有所短，寸有所长，一个人不可能事事都走在人前，争强好胜不一定能超越别人。如果一个人能够客观地认识自己的优势和劣势，正确地衡量自己的才能，为自己找到一个恰当的位置，就可以避免嫉妒心理的产生。

4.尝试心理移位

将心比心是我们常说的一句俗语，在心理学上这叫"感情移入"。当嫉妒之火燃烧时不妨设身处地地为对方着想，扪心自问："假如我是对方又该如何呢？"运用心理移位法，可以让自己体验对方的情感，有利于理解别人，也有利于抑制不良心理状态的蔓延，这是避免嫉妒心理产生的有效办法之一。

5.不断提高自己

嫉妒的起因就是看不惯别人比自己强。如果大学生能集中精力，不断地学习、探索，使自己的知识、技能、身心素质不断得到提高，那么，也可以减少嫉妒的诱因。大学生用丰富多彩的课余生活将自己的闲暇时间填得满满的，自然也就减少了"无事生非"的机会，这是克服嫉妒心理最根本的方法之一。

6.完善个性因素

嫉妒心很常见，但凡嫉妒心理极强的人，多是心胸狭窄、多疑多虑、自卑、心理失衡、个性心理素质不良的人。大学生应努力完善自己的个性因素，提高自己的心理素质，扩宽自己的眼界和心胸，以健康的心态面对生活。

7.优化竞争意识

以公平、合理为基础的竞争是向上的动力，对手之间可以互相取之所长，共同进步，还必须建立正确的竞争意识。嫉妒是人类心灵的一大误区，愿所有的大学生自觉克服嫉妒心理，走出心灵误区，成为身心健康的栋梁之材。

（三）抑郁焦虑

个体心理学的先驱阿德勒从探寻人生的意义出发，启迪我们去理解真实的生命意义。他告诉我们，理解一个人，就要从他的过去入手，而一个人的生活风格，则是与他对于过去经验的认识和理解相一致的。自卑并不可怕，关键在于怎样认识自己的自卑，克服困难，超越自我。

微课：泛谈焦虑

抑郁是大学生常见的困扰，是一种感到无力应对外界压力而产生的情绪体验，常伴有厌恶、痛苦、羞愧、自卑等体验。抑郁情绪人皆有之，对于大多数人来说抑郁只是偶尔出现，时过境迁，很快会消失；但那些性格内向、多疑多虑、不爱交际、生活中遭遇意外挫折的人更容易长期处于抑郁状态，甚至产生抑郁症。焦虑是个体在主观上预料将会有某种不良后果产生或模糊的威胁出现时的一种不安感，并伴有忧虑、烦恼、害怕、紧张等体验。在当今社会，外界刺激不断增多，竞争也不断加剧，因而每个人都有可能经历一定的焦虑状态。适度的焦虑对于保持生命活力是必要的。一般来说，大学生的焦虑主要与考试、处理人际关系技能差（或自认为差）、自尊心过强等密切相关。对抗抑郁焦虑，最有效的办法有两个：一是培养理性的思维方式，避免过分苛责、悲观，多肯定、赞美自己；二是形成健康的生活方式和抗压方式，尤其是多运动。

（四）自卑怯懦

自卑是自我评价过低的心理体验，在心理学上又称为自我否定意识。主要表现为对自己的能力、学识、品质等自身因素评价过低，心理承受能力脆弱，经不起较强的刺激，谨小慎微、多愁善感，常产生猜疑心理，行为畏缩、瞻前顾后。怯懦主要表现为缺乏勇气和信心，害怕可能面临的困难和挫折，在困难、挫折面前常常畏难而退甚至不战而败。有些大学生过去的经历一帆风顺，因而特别害怕失败，"只能成功，不能失败"的非理性观念是造成这些大学生怯懦的认知因素；有些大学生由于胆怯，不敢与人讲话，不敢出头露面，也不敢表明自己的态度，甚至不敢向老师提问；有些大学生由于软弱不敢冒风险，不敢担重任，不敢与坏人坏事做斗争，不敢坚持自己正确的观点。其实自卑者特别痛恨自己的自卑；怯懦者特别讨厌自己的怯懦。他们在心中常常幻想自己多么强大与出色，但在现实中总是无意识地退缩与回避，放弃之后又常常悔恨与自责，希望自己改变但又缺乏行动的勇气。

案例

> 王同学，20岁，身高154 cm，微胖，是一名来自农村贫困家庭的女孩，从小生活节俭，学习成绩一直名列前茅，是老师夸奖、同学们羡慕的对象。小王一直以本科院校为高考目标，没想到高考失利了，看着之前别的成绩没有她好的同学进入本科院校而自己却只考入了高职院校的学前教育专业，心里感到失落自卑，便断了和高中同学的联系。入学以后王同学看见身边的同学能歌善舞，而自己什么才艺都不会，她感到很惭愧，再加上总感觉自己在外貌和体型方面也不如其他同学，经常自惭形秽，不愿与人交往。她本想通过努力学习，用优异的成绩来找回自我，但一个学期下来，她的考试成绩并没有名列前茅，只是处于中上等水平，尤其是艺术类的专业课无法与有专业功底的来自职业高中的同学相媲美。第二学期开学后，王同学总觉得在同学面前抬不起头来，上课时注意力难以集中，不愿参加集体活动，经常独来独往，也不愿与宿舍同学交流，整天愁眉苦脸，寝食不安。这种自卑的心理使她逐渐对大学生活失去了信心，越是学习困难，越是害怕去学习。学校的管理制度严格，王同学因多次缺课、旷课，被给予学业警告，此时的她，正处在迷茫、自暴自弃的漩涡里。

王同学面临这些学业问题和人际关系问题的主要根源还是她人格中自卑怯懦的特点被激活了。学习本来是王同学的优势，当优势不在的时候，就变成了王同学最脆弱的软肋。很可惜，王同学没有迎难而上，而是被自卑怯懦给打倒了，如果不及时调整状态，王同学很有可能会无奈退学。那么王同学该如何与自己人格中自卑怯懦的特点作战呢？

1.坦然面对自己的不足和缺陷

大学的学习方式和重点与高中有很大的不同，高职院校以实践课程为重点，尤其是学前教育专业，声乐、美术、舞蹈等每一门功课都需要日积月累的训练。王同学仍然停留在理论学习的习惯性思维上，不愿意正视自己在实践课程上的不足，当困难产生时，她就把"我不行"作为自动思维了，于是终日沉溺于自己不如人的消极体验中，甚至回避与其他同学交往，将自己封闭起来。这种办法虽然可能使王同学的自卑感暂时有所减轻，但长期如此，容易形成恶性循环，使自卑感加重。

正确的态度应该是面对现实，坦然面对自己的不足和缺陷，针对自己不如别人的方面进行自我调整和改变。如学习成绩差的同学就应通过借鉴别人的学习方法来提高自己的学习能力，以缩短与别人的差距；而个子矮小的同学，往往对自己的身材不满意，总觉得矮人一截。诚然，个子变高已不可能，但挺起胸膛做人却是可以做到的事。一个心地善良、作风正派的人，其轩昂的气宇与良好的精神面貌，足以弥补身材不高或某种生理上的缺陷。贝多芬只有162cm的身高但并没有影响他成为一代乐圣，康德不到160cm的身高也没有影响他成为一代哲学大师。因此，对于身材矮小或生理有缺陷的人，只要不时时执着于自己这些生理上的不足，就可以极大地减轻这种不必要的心理负担。

2.运用积极的自我暗示

暗示是用含蓄的、间接的方式，对别人和自己的心理和行为产生影响。发明大王爱迪生曾说："假如心中一直想要做某一件事，那么，最后一定能随心所欲地去做这件事。"王同学在中学期间一直能够保持优秀的学业水平，说明她的学习能力是毋庸置疑的。只不过在进入大学面临学习内容的转变时仍然搬用以前的那套学习方式，在受挫后就陷入消极自卑的负面心理。如果她能进行积极的自我暗示或鼓励，或许就能产生意想不到的效果。

如果大学生总是有"我不如别人""我不行，是个差劲的家伙"这些消极的想法，就会对他的行动产生不良影响。相反，如果大学生随时对自己进行"这难不倒我，我一定能做得到""别人行，我也行"之类的积极暗示，就会信心倍增。实践证明，积极的自我暗示对于提高人的自信心，克服各种心理不适有非常重要的作用。

📖 **小知识**

皮格马利翁效应亦称"罗森塔尔效应"，是一种期望效应。1968 年由罗伯特·罗森塔尔（Robert Rosenthal）等在《课堂中的皮格马利翁》一书中提出。

心理学家罗森塔尔于 20 世纪 60 年代末通过实验研究发现，如果教师认为某些孩子聪明，对他们有积极期望，认为他们以后的智力会发展很快，那么若干个月后，这些孩子的智力果真得到了较快、较好的发展。相比之下，没有得到教师这种积极期望的孩子智力的发展并不明显。而这两类孩子原来并没有什么差别，几乎是在完全相同的教育环境中成长的。因而，他们智力发展的差异只能由教师期望的不同来解释。因此效应与希腊神话中皮格马利翁的故事相似，故称这种现象为皮格马利翁效应。

对皮格马利翁效应及其机制的了解有很现实的教育意义。心理学研究证明，受教育者，特别是孩子对自己的了解往往首先是从教育者那里得到的。在他们的生活中居重要地位的人物对于他们的看法和态度，就像镜子一样折射着他们的形象。如果他们感到教育者认为他们有能力，信任他们，那他们也认为自己是有能力的，是值得信任的，他们就能建立起应有的自尊，使自己有热情为做得更好而努力。如果教育者认为他们能力低下，不学好，不可救药，他们也会从这面镜子中看到自己令人沮丧的形象，从而也认为自己的能力就是不如别人，自己很难改好，自己没有出路，那么他们就不能建立应有的自信与自尊，就不能有充分的自我价值感。他们会感到绝望，放弃任何积极的努力，走破罐子破摔的道路。

3.修正理想的自我，调整抱负水平

大学生都有美好的理想和崇高的目标，但由于一些学生抱负水平过高，虽然全力以赴，仍感力不从心，这就会使他们产生失败感，从而自卑。

王同学从普通高中到高职院校，没有任何实践课程的基础，在期末考试的时候能够取得中上水平，其实已然不错，但她习惯了众人的羡慕和敬佩，不能接受自己的成绩不再突出的现实。其实"一定要名列前茅"是一种非理性的信念，在这种不合理的认识下，偶尔的挫折有可能导致全面的溃败。王同学应修正理想的自我，调节抱负水平，冷静地、客观地剖析自己，在正确认识自己的基础上提出切实可行的目标，把目标摆在既有一定难度又可能达到的水平上。这样，才能避免挫折与失败，获得成功与自信。

4.建立积极的自我评价以对抗自卑感

自卑的本质就是自我评价过低，而且这种评价往往是歪曲的、不合理的，表现为在某一事件失败的基础上对自己的能力和价值做出普遍性的否定。正确的做法应是全面、客观、辩证地看待别人和自己，力求认识到人非完人，不可能十全十美。人不应该以自己的弱项与别人的强项比。除此之外，还应该对某一具体行为进行具体的积极的分析和评价，不能以偏概全，如"我只是这次考试没考好，但这并不说明我以后所有的考试都会失败"。通过这种合理的、积极的自我评价，可避免产生诸如自卑等负面情绪体验。

5.利用补偿作用克服自卑

一个人如果在某些方面自觉不足，那么他可以发奋努力，通过取得某一方面的成就进行补偿，这就是所谓的"失之东隅，收之桑榆"的补偿作用。这种作用尤其对那些因长相、外貌或身体残疾等不可改变的现实条件而产生自卑感的大学生有较好的效果。他们可以将注意力转移到自己感兴趣、也最能体现自己才能的活动中，强化自己的优势以增强自信，用成就使倾斜的心理天平恢复平衡。

6.适时求助，提高心理健康水平

针对自卑心理，王同学可以向心理咨询老师求助，在专业人士的帮助下培养自己健康、向上的心理状态，客观地认识和对待自己。对于那种自卑程度较深且已渗入人格中的大学生，应采取心理分析方法，通过自由联想对早期经历进行回忆，经分析找到自卑心态的深层原因，使自卑情结返回意识层，从而意识到，之所以有自卑感，并不是自己的实际情况很糟，而是潜藏于意识深处的自卑情结作怪，被过去的生活阴影笼罩今天的心理状态是不应该的，从而从自卑的阴影中摆脱出来。

以上案例中的王同学并无严重的人格障碍，但存在一定的人格偏差。人格偏差在人群中的比例可达30%，一般对个体的生活与工作不会产生特别严重的影响。如果发现自己存在一定的人格偏差，有意识地提醒自己改变认知和行为，就会把偏差逐渐调整至正常轨道。大学生的人格并未完全定型，正是完善自己的最佳时机，所以对此要充满信心。

超简单心理实践

在荣格内外倾性格理论的基础上，美国心理学家凯恩琳·布里格斯（Katherine Briggs）和她的女儿伊莎贝尔·布里格斯·迈尔斯（Isabel Briggs Myers）制定了MBTI即迈尔斯-布里格斯类型指标量表，MBTI也成为人们了解自己与他人，促进人与人之间坦诚沟通的良好工具。

该指标以荣格划分的8种心理类型为基础，在荣格的优势功能和劣势功能、主导功能和从属功能等概念的基础上，进一步提出功能等级等概念，并有效地为每一种类型确定了其功能等级的次序，又提出了类型的终生发展理论，形成4个维度（如表3-3所示）。

表3-3 MBTI性格理论的4个维度

维度	类型	相对应类型英文缩写	类型	相对应类型英文缩写
①	外倾	E	内倾	I
②	感觉	S	直觉	N
③	思维	T	情感	F
④	判断	J	理解	P

这4个维度如同四把标尺，每个人的性格都会落在标尺的某个点上，这个点靠近哪个端点，就意味着个体有哪方面的偏好。

1. 课堂活动
2. 课后巩固

参考文献

[1] Jerry Burger. 人格心理学[M]. 陈会昌，等译. 北京：中国轻工业出版社，2008.

[2] 樊富珉，费俊峰. 大学生心理健康十六讲[M]. 北京：高等教育出版社，2013.

[3] 高乐，刘玉龙，郭秀琴. 心灵护航[M]. 北京：新华出版社，2019.

[4] 刘占军. 新时代大学生思想政治教育着力点研究[M]. 西安：陕西人民出版社，2019.

[5] 马斯洛. 动机与人格[M]. 许金声，程朝翔，译. 北京：华夏出版社，1987.

[6] 赵琳. 互联网视域下高校心理健康教育模式发展研究[M]. 重庆：重庆大学出版社，
    2019.

▶▶▶ **教学目标**

1.知识目标：知道沟通的概念和七要素；了解人际交往中常用的几种交往策略。

2.能力目标：掌握沟通技巧，重视非言语信息；能进行一致性沟通；能运用PAC理论进行有效沟通；能采用非暴力沟通模式沟通。

3.情感与价值目标：以尊重、开放的态度面对人际交往；理解人与人之间的差异，包容自己与交往对象的缺点与不足。

▶▶▶ **课前热身**

1.请在纸上记录除了父母等亲人外，和你关系最密切的人，包括他们的姓名，身份（如同学，邻居，老乡等），以及你们成为好友的时间和原因。

2.一个人如何才能赢得别人的喜欢，与别人保持良好的人际交往？

3.你的人际关系和谐吗？如果不和谐，你认为是受了哪些因素的影响？

▶▶▶ **导言**

我们生活在一个社会性的世界，和他人的关系直接影响着我们的思想、情感和行为。良好的人际关系能够满足我们基本的精神和情感需求，使我们感到安全和满足；而不和睦的人际关系则可能导致一系列的心理问题，从而影响身心健康。本专题将解析人际交往的一般特点、原则和提升人际交往能力的方法，以及介绍大学生常见的人际交往问题及调适方法。

第一节　人际交往

本节从人际交往的基本概念出发，介绍人际交往的功能和影响因素，探讨如何利用人际交往中的心理学效应促进建立更加良好的交往关系。同时，本节通过列举大学生人际交往中常见的一些心理问题，讨论切实有效的自我调适方法。

一、人际交往概述

通过介绍人际交往的概念、功能与影响因素，以及交往中的心理学效应，全面分析与人际交往相关的内容。

（一）人际交往概念

人际交往是指个体为满足某种需要或愿望，通过语言、文字、肢体动作或表情等手段将某种信息传递给其他个体的过程。面部表情是传递信息的重要途径，人类表达基本情绪情感的表情是一致的。个人的认知、情感、行为会影响这一过程。认知主要是指交往双方对相互关系的理解和认同，合理的认知可以使个体更好地调节和把握双方关系；情感是人际交往中的重要组成部分，如爱与恶、满意与不满意，是人们调节人际关系的依据，也是衡量人际关系的指标；行为是指交往双方的外在表现活动，包括言行举止、表情手势等，是实现人际交往的途径。认知、情感、行为三者相互联系、相互影响，共同决定人际交往的建立与发展。

微课：人际交往的五条定律

（二）人际交往功能

人际交往具有信息交流、情感沟通和自我认知等功能。

1．信息交流

除了书本、电视、网络等渠道外，人际交往是人们生活中必不可少的获得信息的途径。通过交往，人们可以加深对彼此的了解，增长见闻，更好地适应周围环境。朋友间简单的聚会聊天也能够帮助双方释放压力、缓解情绪，并促进相互之间的关系。

2．情感沟通

被理解、被尊重、被爱等是人们最基本的情感需求，而使这些需求得到满足的方法就是将自己的情绪情感与他人分享，同时用心体会、回应他人的情感，实现互相理解和互相支持。当我们因遇到挫折而情绪低落时，他人真诚的关心和安慰会使我们再次充满前进的动力；而当我们获得成功时，他人的赞许和祝贺会使这份快乐的程度加倍；就算是偶尔与朋友的闲聊也会让我们感觉自己并不孤单，因为总有人在身后陪伴和支持着你。

3．自我认知

与他人交往是我们加深自我认知的重要途径。我们在交往中会把自己与他人进行比较来了解、评价自己，如成绩中等、相貌不出众等；也会通过他人对自己的态度和评价

来认识自己，如同学们都喜欢和我聊天说明我比较受欢迎、很多人说我安静内敛等。个人在整合多方反馈后，分析自我评价与他人评价的差别，可以得到更全面、更客观的自我认知。

（三）影响人际交往的因素

人际交往关系能否建立，以及所建立关系的亲疏受多种因素的影响。社会心理学研究表明影响人际交往的因素主要有以下3种。

1．邻近性

邻近性包括交往双方所处的空间距离与交往频率。

空间距离相对较近的双方更可能建立良好的交往关系，例如，朝夕相处的同班同学间的关系一般比其他班同学的关系更亲密，而同桌或前后桌的关系一般会比同班但距离较远的同学更亲密。距离的便利使双方更容易进行沟通交流，增进彼此了解，进而形成亲近的关系。

小知识

1950年，美国三位社会心理学家调查了麻省理工学院17栋已婚学生住宅楼住户们与邻居的交往情况，要求住户列出整个社区中关系最亲近的3位朋友。

结果显示，有65%的朋友住在同一栋楼里。在同一层楼中，41%的住户和隔壁的邻居交往关系密切，22%的住户和隔一户的邻居成为朋友，只有10%的住户和隔三户的邻居是好朋友关系。这个实验表明，空间距离与亲密程度存在一定的联系，距离越近，建立亲密关系的可能性越高。

交往频率是邻近性起作用的关键，如果空间距离近，但交往频率低，还是无法促进人际交往，如虽然是同桌或前后桌，但平时不常交流，同样会使得关系疏远；而如果空间距离远，但能够有较多交往的机会，还是可以建立较好的交往关系。然而，频繁的交往有时对人际关系也会起反作用。更多的接触意味着更可能了解对方的缺点，如果对方的缺点是我们无法接受的，或者与对方的交往经历并不愉快，反而会影响之后的交往。

思考

结合课前热身中的问题思考，你的人际关系是否受邻近性的影响？

2．相似性与互补性

相似性是指人们倾向于喜欢与自己相似的人交往，相似的方面包括年龄、职业、种族、国籍、文化、宗教、教育水平、生活经历、兴趣爱好等。"物以类聚，人以群分"这句俗语表达的就是这个意思。研究发现，除了以上所列的方面外，相似的信念、价值观和个性特点对于交往关系有着更大、更持久的影响。

小知识

　　心理学家埃姆斯威勒（Emshwiller）曾经做过这样一个实验：在大学校园里向过路的大学生索要钱。当他们的穿衣风格及言谈举止与被询问者相似时，超过 2/3 的人会答应他们的要求；但是当他们的穿衣风格及言谈举止与被询问者大不相同时，只有 1/5 的人给了他们钱。这个实验的结果充分说明：人们往往更容易接受和自己相似的人，包括性格、穿着打扮、言谈举止等，当第一次接触以后，感觉良好，则进一步交往。如果在对方的身上发现更多的相似点，比如价值观、思想观念、兴趣爱好等，那么双方就有很大的可能成为好朋友。

　　互补性是指性格特征不相似或者完全不同的双方为了满足各自的需求而形成的亲密交往关系。当两个需求或个性能够互补的人相遇时往往会形成强烈的人际吸引，例如，一个性格外向冲动的人和另一个性格内向沉稳的人可以成为好朋友；一个习惯处在支配地位的人和另一个有被动、服从特征的人可以相处得很和谐。但互补性并不必然促进亲密关系，前提是双方仍然存在态度上的相似性。如果一个对任何事情都非常严谨细致、不允许犯错的人不欣赏大大咧咧、不在意细节、还常常会犯小错误的人，那么虽然双方可以互补，但还是不能形成人格吸引。

思考

　　结合课前热身中的问题思考，你的人际关系是否受相似性和互补性的影响？

3. 吸引性

　　人际交往中的吸引性主要表现在外貌仪表、个性品质和才能 3 个方面。

　　（1）外貌仪表

　　在交往初期，双方的外表容貌、身材、衣着、举止、气质和风度会影响彼此间的第一印象，而这一印象会支配之后的交往行为，使之与最初印象一致。人们一般都喜欢与外表有吸引力的人交往，认为漂亮的人同时也具有其他的良好品质，如聪慧、善良等。亚里士多德曾说："美貌比任何一封推荐信都有用。"但随着交往的深入，外表的影响逐渐减弱，双方更多依据个性品质等因素进行判断和评价。

　　（2）个性品质

　　与外貌仪表相比，个性品质是影响长期和深层次人际交往的最稳定因素。积极乐观、待人友好的人往往会受到人们的欢迎，而消极悲观、待人挑剔苛刻的人很难获得人们的喜爱。美国学者 N. 安德森（N. Anderson）所做的研究显示，影响人际交往的积极品质中排名前 6 位的是：真诚、诚实、理解、忠诚、真实、可信，它们都与真诚有关；而影响人际交往的消极品质中排名前 6 位的是：古怪、不友好、敌意、饶舌、自私、粗鲁。

思考

你认为还有哪些影响人际交往的积极品质和消极品质？

（3）才能

才华和能力是促进人际交往的另一个重要因素，人们一般都喜欢和有才华或者能力强的人交往。在一定范围内，越有才能的人越受欢迎，但如果一个人过于完美、从不犯错，则可能会使他人感觉望尘莫及，产生心理压力，疏远或者拒绝与其交往。

案例

为什么大家不喜欢我了？

小颖是一名大一新生，性格开朗，各方面都很优秀，特别是语言表达能力很强，说话时声情并茂，极富感染力。一入学她就非常受同学们的欢迎，同学们都喜欢围着她聊天。但是慢慢地，大家发现小颖总是在展示自己的学识和口才，不愿意倾听别人的想法，一定要证明自己是对的才肯罢休。之后，小颖感觉到大家都渐渐疏远她，不愿意和她说话，即使在与她聊天时也明显表现得很不耐烦。小颖很不理解，为什么同学们会有这么大的转变？她应该如何重新获得大家的喜爱？

研究表明，相比能力强又不会犯错的人，那些能力强但会犯点小错误的人更会被人们喜欢。此外，在人际交往时需要注意满足对方的多重需求，对于一些能力较弱的人，除了给予足够的尊重外，还要让对方感受到自己是被需要的，可以适当地请求对方帮助；而对于那些能力较强、自我评价较高的人，最主要的就是让他们感觉被尊重。

思考

你的人际关系是否受吸引性的影响？如果是受吸引性的影响，具体是其中的哪一项或哪几项？

（四）人际交往中的心理学效应

在人际交往过程中，我们会因受到一些心理学效应的影响而对他人形成错误或片面的认知与评价，从而影响后期的交往。

微课：首因效应

1. 首因效应

首因效应是指人们初次交往时对交往对象形成的"第一印象"。人们习惯于根据直接观察到的特点将对方归类，并在此基础上进行归因和判断，之后再表现出相应的行为和态度。第一印象对于人们之后的交往有着重要的影响，好的印象会使交往变得顺利，而不好的印象会妨碍交往，即使后期想要改变也会很困难，所谓的"先入为主"就是这个意思。首因效应是不可避免的，所以我们在交往时要注意给对方留下好的印象。

2．近因效应

近因效应是指在交往后期，对他人最近、最新的认识往往带来更强的刺激，冲淡了之前形成的认识或评价，成为主要的认知。例如，一位平时表现一般的人突然很好地完成了某项任务，有些人就会对他刮目相看；一位一直以来脾气都很好的人突然有一天与人争吵，甚至大打出手，别人可能就会认为他其实也是脾气挺大的人。

💡 **思考**

你的好朋友小A之前一直愿意帮你的忙，但最近你请他帮忙时却被拒绝了，对此你怎么看？

需要注意的是，只根据近因效应评价他人会掩盖甚至否定对他人长期的认识。最新的认识并不一定是最正确的，我们要结合之前的了解，全面、客观、发展地看待他人，不能只根据一次事件就给对方下定论。

3．晕轮效应

晕轮效应又称光环效应，是指我们在认识他人时，如果对方有某种突出或明显的特点，我们会根据这种突出的特点对其做出整体的评价和判断，忽略他具有的其他特性品质，犹如给这一特点加上了光环，而使其他的特点都不容易被注意到。

📖 **小知识**

美国社会心理学家阿希的品质试验

被试者获得一张写有5种品质的列表——"聪明、灵巧、勤奋、坚定、热情"，他们根据这些词想象拥有这些品质的是个什么样的人，被试者普遍认为这是个友善的人。接下来，心理学家将"热情"换成"冷酷"，让被试者再次想象，结果发现他们想象出的是与之前完全不同的一个人。

试验表明，"热情"和"冷酷"成为个人品质中最突出的特点，在认知中掩盖了其他品质，造成了晕轮效应。

晕轮效应是一种"以偏概全"的错误认知，类似的还有"爱屋及乌""情人眼里出西施"等。美丽的外表最容易产生晕轮效应，此外还有性格、能力、家庭背景等。冷静、客观、全面地了解对方的特性有助于克服晕轮效应，必要时可以多听取他人的意见，避免"当局者迷"。

4．刻板效应

💡 **思考**

1.提到南方人、北方人，你想到了什么？

2.提到护士、程序员、保安，你又想到了什么？

3.你为什么会有这些想法？

微课：刻板印象

刻板效应，又称刻板印象，是指人们根据地域环境、文化、性别等因素对特定群体产生固定的看法和评价，并将其应用于认识和评价该群体中的每一位个体。如认为重庆的女孩都非常"泼辣"；女性都很有耐心，适合从事教师、护士等职业等。刻板印象在一定程度上简化了我们的认知过程，使我们可以根据一定的信息推测他人会拥有的特性，但这往往会忽略具体个人的差异性，从而产生偏见，例如，并不是所有的重庆女孩都很"泼辣"，也不是所有的女生都很有耐心，都适合某些特定职业。

在与个人交往时，首先，我们不能把具体的个人作为某个群体的典型代表，认为对方"应该"拥有那个群体的所有特征，而是要做个性化处理，通过交往中自身的观察、了解和体会形成对对方的认识和评价。其次，要警惕父母、媒体等传达的刻板印象，如男人必须是"坚强""有事业心"的，"男人就不能哭"，"哭是软弱无能的表现"等。刻板印象一般都是由长期经验和认知积累而成的，一旦形成了就不容易改变，所以我们要留心身边可能存在的刻板印象，尽量避免受到其消极影响。

💡 **思考**

你的身边存在哪些刻板印象，它们如何影响你的生活？

5．投射效应

微课：投射效应

投射效应是指人们在生活中常常将自己的爱好、观念、倾向等归属到他人身上，认为对方也有相同的特性。例如，喜欢吃榴莲的人认为别人也应该喜欢吃榴莲，不喜欢是不正常的；有的人一旦对另一个人有意见，就会觉得对方的任何一句话、一个眼神、一个表情都在表达对自己的不满或者挑衅；也有的人自身在人际交往时无法信任他人，就会觉得别人对自己都不真诚，说话做事都有某种算计或目的。

💡 **思考**

"当暗恋一个人时，你认为对方的一个眼神、一句话都是在表达对你的喜爱。"请问这是什么效应，会给你带来什么影响？你应该如何处理？

为了克服投射效应，我们在交往中要注意觉察自己是否存在投射效应，学会尊重他人与自己的不同，不能以自己的标准去要求、评判他人，而是要通过亲身经历去真正了解对方。

二、人际交往原则

人际关系就是人们在生产或生活活动过程中所建立的一种社会关系。这种关系会对人们的心理产生影响，会在人的心理上形成某种距离感。它反映了个人寻求满足其社会需求的心理状态。人际交往中应尊重4个原则。

1.尊重他人

在人际交往中，尊重是一种行为，能够引发人的信任、坦诚等许多积极的情感，缩短相互间的心理距离。一百多年前的一天，一个年迈体衰的乞丐向俄国大作家屠格涅夫伸出了两只发抖的手。屠格涅夫搜遍了全身所有衣服的口袋也无半文钱。屠格涅夫惶惑不安，只能上前紧紧握住乞丐那双肮脏的手说道："对不起，兄弟，我什么也没有。"一声"兄弟"使乞丐为之激动，他双眼顿时充满了激动的泪水："别这么说，我已经很感谢你了，这也是恩惠啊！"这个故事表明，尊重他人就要尊重他人的人格，承认他人在交往中的平等地位。懂得尊重他人的人，往往威信较高。可以说，尊重是人际交往的第一原则。

2.欣赏他人

欣赏是人们普遍存在的一种心理需要。戴尔·卡耐基（Dale Carnegie）总结的使别人喜欢你的方法之一就是"使别人感觉重要——并真诚地这样做"。他认为：要使别人喜欢自己，就必须说一些好话，不是关于自己的，而是关于对方的。人类行为有一种绝对重要的定律，就是永远使对方感觉重要，一种打动人心弦的切实办法就是巧妙地使对方明白，你承认他的重要，并且真诚地欣赏他。

微课：赞美的力量

3.互利互惠

人与人之间的交往是以充分地获得人生经验，获得自身的发展成长为目的的。只有获得没有奉献，双方的关系是不可能持续和发展的。人际交往中本来就有互惠互利的关系，所以，在与人交往的过程中，要尽量想想自己能为别人做什么。当你能够提供给别人的帮助越多，往往就能够得到别人更多的回馈。

4.诚实守信

在人与人的交往中，信用是非常重要的。信用是人际交往的重要价值关系，讲信用是人际交往成功的最低要求。只有那些一诺千金的人，别人才敢相信他，才愿意与他交往。一个不讲信用的人很难赢得别人的信任，也难以建立良好的人际关系。

三、提升人际交往能力的方法

人际交往能力并不是与生俱来的。人际交往是维护大学生身心健康的重要途径，是大学生成长成才的重要保证。大学生可以通过以下 6 种方法建立良好的人际关系。

1.主动交往

在大学阶段，同学们不再被要求一整天都和同班同学待在一个教室里，自由支配时间的增多反而导致了固定交往对象和交往机会的减少，很多同学除了本班同学和老师之外还要接触其他人，在这种情况下要想与他人建立良好的人际关系必须学会主动交往。主动交往从主动交流开始，包括主动发言、主动提供帮助、主动消除矛盾等。在交往过程中同学们要注意表现出热情和自信，并表达对交往对象的欣赏和兴趣，进而增加深入交往的机会。

2.真诚待人

真诚待人是中华民族的传统美德，也是促进人际关系深入发展和长久延续的重要因素，包括诚实守信、表里如一、互相信任等。大学生在人际交往中如果能做到真诚相待、言行一致；不怀疑、不算计；答应别人的事尽力做到，就很有可能得到他人的理解和尊重，收获真正的朋友，拥有稳固长久的交往关系。

3.保持自信

有些大学生在与他人交往时会担心"他（她）是否会喜欢我""我要怎么表现才能得到他（她）的喜爱"，而担心的结果就是表现得比较拘束、缺乏信心、言行和表情不自然，交往对象同样会感受到这种紧张、压抑，从而影响了良好的交往。

上述情况也是有些大学生缺乏信心的表现。自信是个人在客观全面认识自我后，积极悦纳自己，并对自己形成积极、恰当的认知，如"我是受欢迎的人""我是有能力的人"。在这些想法的作用下，自信的人敢于表现真实的自己，为人处世轻松自在、乐于交往、不卑不亢，他们表现出的开放的姿态会使得交往对象放下紧张、防御的心理，同样轻松自在地与之交往。

4.换位思考

"己所不欲，勿施于人"，指的就是在人际交往中要换位思考，站在他人的立场去考虑事情，设身处地地为他人着想，理解他人。很多时候交往冲突和矛盾的产生就是因为没有做到换位思考，双方都只从自己的角度看待事情，并要求对方按自己的意愿行事。人际交往中最理想的相处方式不是普遍认为的"像自己希望如何被对待那样去对待他人"，而是"像对方希望如何被对待那样去对待他人"。大学生要意识到每个人都有自己的特点和需求，不能勉强，相处之道在于"求同存异"。

5.雍容大度

人无完人，每个人都有自己的缺点和不足，如果对交往对象一味地指责和苛求只能换来关系的疏远或结束。在交往中雍容大度包括以下 3 个方面。

（1）原谅或容忍他人的缺点或过失

人际交往中需要时刻注意不能以自己的标准和期望去要求别人，要学会接纳对方的不同或不足；同时，对于对方的过失不是完全指责埋怨，而是了解其犯错的原因，给予适当的谅解。"事不三思终有悔，人能百忍自无忧"说的就是这个意思。

（2）和平解决冲突

与人交往难免会发生摩擦和矛盾，有的人据理力争、锱铢必较、耿耿于怀，而有的人心平气和、得理饶人、和平解决。前者行为的后果只能是破坏了人际关系，伤害了彼此的感情；而后者可能通过此事加深了彼此间的了解，促进了关系的进一步发展。

（3）尊重多元的个性特征，发现优点

当代大学生的个性呈现多元化和鲜明化的特点，在处事态度、人生观、价值观等方面都有很大的不同，如有的大学生目标明确、积极努力，而有的大学生浑浑噩噩、虚度光阴；有的大学生热情友好，而有的大学生冷漠疏远。不管交往对象是有哪些特点的人，我们不能简单地给他们分类定性，而是要在实际交往中了解他人，寻找每个人的闪光点。

6.善于倾听

善于倾听并不是指机械地听，而是一种专注、互动的交往过程。这一过程本身就是在对交往对象表达尊重，鼓励对方说话，从而赢得对方的好感。此外，倾听还可以获取有益的信息，了解对方真正要表达的意思，在发生冲突时使双方冷静，避免矛盾激化。

微课：积极倾听，情绪共鸣

倾听时要注意两点：第一，注意力要集中，不能心不在焉或表现得不耐烦，也不能随意打断对方，这样会使说话方感觉不被尊重，引起不满。第二，要善于运用言语、表情和肢体动作予以鼓励和反馈。如点头、微笑、身体微微向前倾会激发对方交谈的兴致；将对方说的内容用自己的语言表达出来表明你在用心听，会进一步促进交谈的持续；而特意强调某一话题有助于将谈话引导到你感兴趣的方面。当然，对于不感兴趣甚至反感的话题你也可以委婉地表达，拒绝倾听。

小知识

人际交往中的 SOFTEN 原则

S：smile，表示微笑。在表达友好的同时，告诉对方你从心底喜欢这样的交流。

O：open posture，表示聆听的姿态。面对讲话人站直或者端坐。身体站直时要稳，站立时不要显得懒散，也不要双臂交叉抱在身前。聆听的姿态暗示对方你已经准备好了听他讲话，并且关注他的每一个观点和看法。

F：forward lean，表示身体前倾，以此表示你在专心地听对方讲话。

T：tone，表示音调。说话时声音、音调会对谈话的效果产生重要影响。

E：eye communication，表示目光交流。目光的交流会影响他人对你的信任评价。

N：nod，表示点头。偶尔向对方点头，不只表示你的赞同，同时说明你认真地听了他的讲话。

四、大学生人际交往中常见的心理问题及调适方法

不少大学生受自身不良心理状态的影响，无法与他人建立积极的交往关系，如不及时发现并调整必会导致一定的心理健康问题。

（一）以自我为中心

人际交往中的以自我为中心指的是看问题只站在自己的角度，说话、做事只从自己的需求和意愿出发，不考虑他人的想法和利益。有部分大学生在不需要他人帮助时与人交往不热情，与人关系疏远，而一旦有求于人，就要求对方必须帮忙，似乎所有人都要为其服务。这就是典型的以自我为中心的表现。也有部分大学生自我感觉过于良好，认为自己高人一等，在交往中表现得盛气凌人、自以为是，不顾及他人的感受，最终导致人际关系紧张。不以自我为中心并非指所有事情都要按照他人的意愿进行，忽视自身的感受和想法来取悦他人，而是指在个人自愿的基础上，在能力范围内，在不伤害他人的前提下，与其友好、平等地相处。

以自我为中心的心理可以通过以下3个方面进行调适。

1．全面的自我认识

通过听取多方意见和反馈，特别是一些批评和建议，不仅认识到自身的优点，还有自身存在的不足；在看到他人缺点的同时，也要善于发现他们的优点。

2．遵循平等的交往原则

大学生在交往时需要明白，双方都是平等、独立的个体，一方没有理由要求另一方无条件、无理由地完全听从或服务自己。只有在平等交往的基础上双方才能获得互相尊重和理解，双方的交往才是愉悦的。

3．学会自我控制

微视频：我和她

大学生在交往时要注意自己的言语和情绪表达，以免冒犯了他人而不自知。在他人拒绝自己的请求时要学会理解和接受，明白这是对方的权利，不抱怨、不指责、不因此而心怀芥蒂。

（二）嫉妒

案例

> 小A和小C既是同学，又是室友。刚开学时，两人的关系非常好，形影不离，还会互相分享秘密。之后，小A因为能力强，与同学们的关系好，被选为班长；参加专业比赛时获得了特等奖；又因为各方面优秀得到了一等奖学金。小C觉得自己处处比不上小A，心里很不舒服，经常给小A脸色看，还在背后诋毁小A，致使两人的关系逐渐疏远。
>
> 小A不明白为什么小C会有这么大的转变，不知道今后应该如何与小C相处。

嫉妒心理是指意识到自己在外貌、才能、成就、名望等方面不及他人时产生的敌视、憎恨等消极情绪，并把对方当成对自己的威胁，抱有强烈的排斥感。嫉妒心理如果

无法被合理控制，不仅会影响自己的心理健康，也会影响与他人的交往关系。

大学生可以通过以下方法调适嫉妒心理。

1．明确自己的人生目标

当一个人有明确的目标并为之努力时，注意力都在自己的事情上，无暇顾及周围人的得与失，更没有时间和精力去嫉妒他人。

2．进行合理的比较

每个人都有自己的长处和不足，我们在与他人进行比较时不能只拿他人的优点与自己的缺点进行比较，也要认识到自己比他人擅长的地方。但更重要的，是明确比较的目的和意义。与他人比较并非为了区别出谁优谁劣，而是了解自己与他人存在的差别，并通过积极的努力成为自己理想的样子，更加喜爱自己。因此，比较的意义在于促进个人的成长和发展，不在于使人有优劣之分。

3．积极沟通，加深了解

嫉妒心理有时是因为误会或不了解引起的，错误地认为对方会成为自己的威胁。如果双方充分沟通之后也许会避免误会的产生。

（三）羞怯

羞怯心理包括害羞和胆怯两个方面，是大学生人际交往中常见的问题，表现为明显的紧张、表情与肢体动作不自然、手足无措、无法充分表达自己等。羞怯心理常常使大学生无法很好地表达自己，不能给他人留下好的印象，甚至会造成误解，从而使交往受挫。交往受挫在另一方面又会强化羞怯心理，导致自责、沮丧等情绪和退缩、胆怯等行为表现。

克服羞怯心理需要做到以下 3 个方面。

1．正确评价自己，增强自信心

大学生应学会接纳自己的不足，肯定自己的优点，在交往中扬长避短，提高自信心。

2．学习交往技巧，勇于交往

大学生可以通过阅读书籍、与同伴交往、课程学习等方式掌握一些人际交往的方法与技巧，并主动寻找机会锻炼自己的交往能力。

3．运用心理暗示，管理情绪

有羞怯心理的人在面对交往时经常会产生担心、紧张等情绪，这时可以通过积极的心理暗示缓解这些情绪，如告诉自己"对方是善意的"，"他们不是在评判我"等。

第二节　沟通技巧

古人云："言不顺，则事不成。"沟通是实现人际交往的途径，有效的沟通能够帮助大学生建立良好的人际关系，提高学习效率，提升生活品质。本节将介绍沟通的概念和要素，以及有效沟通的要点和方法。

一、沟通的概念和要素

通过介绍沟通的概念和 7 个要素，大学生对于什么是沟通、什么因素会影响沟通等会有更全面系统的了解。

（一）沟通的概念

沟通是指在社会交往中，人们为了达到一定目的，借助符号系统（语言、文字、图像、记号）、形体手势及物质环境，将信息、思想和情感传递给他人，并希望对方给予反馈的社会行为。

沟通的类型：按照沟通的信息有无反馈，沟通可分为单向沟通与双向沟通；按照语言的运用形式，沟通可分为语言沟通和非语言沟通；按照是否需要第三者传送信息，沟通可分为直接沟通与间接沟通；按照沟通的组织形式，沟通可分为正式沟通与非正式沟通。

（二）沟通的要素

完整的沟通过程由 7 个要素组成，包括信息源、信息、通道、信息接收者、反馈、障碍和背景（见图 4-1）。

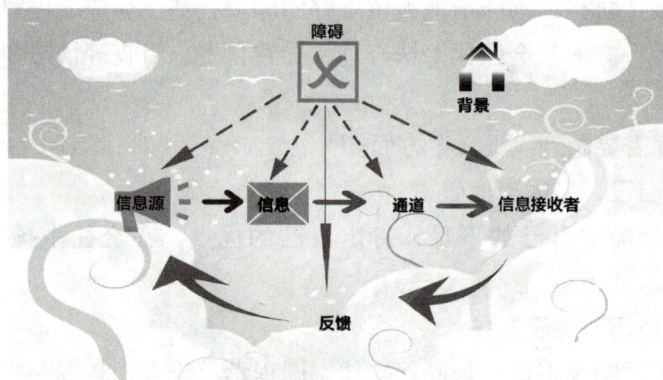

图4-1　沟通七要素

1. 信息源

信息源就是具有信息并且试图沟通的人，是沟通的起点。为了进行良好的沟通，对于信息源需要注意两点：第一，与沟通对象建立视线连接，让对方明确你在和他说话，这同时也是对听话者的一种尊重；第二，沟通时伴随情感信息，让听话者愿意听。某天中午在食堂吃饭时，小东看到家境困难的室友小李只买了两个馒头吃，于是小东比平时多点了两个菜，转头对小李说："我不小心把菜打多了，你能帮我吃一点吗？"小李听到后笑了。小东的这句话中包含了情感信息，让小李感觉受到了尊重。

2．信息

信息就是信息源想要传递的信息、思想或情感，一般由语言和非语言符号组成，非语言符号可以是图像、表情、姿势、语调等。信息对沟通的有效性有着很大的影响，例如：在公园里，"小草是生命，请勿踩踏"的标语信息比"小草很美，请爱惜小草"的标语信息更能起到劝阻行人破坏草坪的效果。

💡 **思考**

请同学们说一说这句话，看看可以表达几种含义——"我没说他偷了我的钱"。引起不同含义的因素是什么？

3．通道

通道也称为媒介，是信息经过的路线，是信息到达接收者的手段。语言符号可通过口头和书面两种形式表达。口头语言又可以经过电话、演讲、面谈等途径传递；书面语言可以经过报纸、刊物、书信等传递。非语言符号一般通过姿势、态度、行为、表情、眼神等进行交流。在信息化时代，手机和互联网成为年轻人主要的沟通渠道，它们无疑给沟通带来了便利，提高了沟通效率，但有时也会阻碍有效的沟通。

💡 **思考**

1.你更喜欢面对面沟通，还是通过QQ、微信等软件沟通？为什么？

2.以上两种沟通方式分别有何利弊？

3.我们应该如何合理利用不同的沟通渠道？

4．信息接收者

信息接收者是指被告知信息、思想和情感的另一方。接收者会对信息进行加工，形成自己的理解，有主观能动性。由于不同的人格特征、教育和文化背景、成长历程，不同的接收者对于相同信息的解读可能会有很大的差异。例如：小男孩为了帮助爸爸戒酒，把一个小虫子放在酒杯里，虫子死了，于是问爸爸："爸爸，这个虫子的死意味着什么？"怎料爸爸答道："说明喝酒的人肚子里不会长虫子。"有些时候，作为接收者并不能马上准确地理解说话者的意思，此时如果只依靠自己的猜测很有可能产生误解或过失，因此接收者面对不明确的信息时一定要有主动性，直接提出自己的问题，并要求对方明确反馈。

5．反馈

反馈是沟通至关重要的一部分，是指信息接收者通过语言或非语言符号对信息发送者做出反应的过程。沟通时的一个微笑、一次点头，或者表达自己的见解，都是反馈。反馈使沟通变成一个交互的过程。及时、有效的反馈能促进互相理解，帮助沟通双方了解沟通的思想和情感是否已经准确、完整地传递给彼此，以此检验沟通的有效性。

6．障碍

障碍又称噪声，是影响信息被准确表达和理解的因素，可分为外部噪声、内部噪声和语义噪声。

外部噪声来自沟通时所处的环境，会阻碍传递和理解信息，如在嘈杂的环境中，沟通双方很难听清对方所说的话；在你希望与朋友谈心时，朋友带了一个你不认识的人，这会使你无法向朋友表达心事。

内部噪声存在于沟通参与者的头脑中，例如，一方的思想或情感集中在沟通以外的事情上，导致注意力不集中；或者沟通者抱有一些阻碍沟通的信念或偏见，如有些同学无法听取他人不同的意见，认为这是对他的否定和不尊重，导致沟通失败。

语义噪声是指沟通双方的信息符号系统差异所引起的沟通障碍。有些词语表达对部分人会引起较强烈的情感反应，如环保人士会反对开发土地、捕杀动物等。

7．背景

背景是指沟通当下的环境背景，也是指沟通者的成长背景和文化背景。环境是沟通发生的地方，人们一般会根据沟通的目的选择地点，如朋友聚会一般选择舒适休闲的场所，而正式的沟通会选择办公室、会议室等正式的环境。

案例

同一背景下的不同儿子

酗酒不上进的父亲有两个不同的儿子，大儿子也酗酒入狱，二儿子却事业成功、家庭幸福，他们同时说了一句："有这样的爸爸，我能怎么办？"

你认为两个儿子的话分别表达的是什么意思？为什么同样家庭背景下的两个儿子会有如此大的不同？

来自不同文化背景的人对于相同的信息会有完全不同的理解。从沟通的角度，可以把文化分为高情境文化（除了关注对方讲的是什么，还关注怎么讲的，沟通时的手势如何，语调和语音如何）和低情境文化（关注你讲的内容是什么）。如谈判中，高情境文化背景的人认为低情境文化背景的人总是打断对方讲话，没有寒暄，没有礼貌。低情境文化背景的人认为高情境文化背景的人经常沉默，不表达情绪和明确的想法，不能理解其意图。

思考

与来自低情境文化背景的人沟通要注意什么？

在日常沟通中，我们需要注意沟通七要素会产生的影响，通过合理利用它们促进良

好的沟通，避免误解或无效的沟通。

二、有效沟通的要点

在日常生活中，我们经常会遇到沟通困难或者沟通无效的情况，如不明白对方真正想说的是什么，沟通变成争吵等。以下几种沟通技巧可以帮助我们实现与他人有效的沟通。

微课：学会共情

（一）共情

共情（empathy），也叫换位思考，是为了对方利益，站在对方立场设身处地感受、思考并付出的一种能力，即于人际交往过程中，能够体会他人的情绪和想法、理解他人的立场和感受，并站在他人的角度思考和处理问题。共情能力是一种人类生而具备且必不可少的能力。它被认为是最能够让他人感受到被懂得、被爱着的表达关心的方式。它也是心理咨询中咨询师与来访者之间建立信任关系的基础。

1.共情的倾听

共情的倾听是能清晰而又真正理解对方切实感受的倾听，被称为"神圣的倾听"，是专注地听，听出对方话语中蕴含着多少情感，并真正努力地去理解那些未说出口的隐藏之意。共情的倾听主要是通过向对方说话或非语言的信息传递来展开的。

共情倾听的做法：①有反应地倾听（重复对方说过的内容）；②用你自己的话重述一遍内容（尝试把你听到的内容概括出来，看看你是否理解说话者）；③注重他人的感受（重新讲述一遍内容，反馈你的情感），表现出你对讲话者的真诚和话题感兴趣；④多运用身体语言（不是怜悯，而是将注意力集中在讲话者独特的表达方式上）；⑤别太爱下定义或概况（妄下结论、批判他人、好为人师、爱提建议或者打断对方），尝试一些鼓励讲话者表达更多想法的话语，比如："我觉得……""这看起来有点像……""就我理解，你似乎……""看起来好像……""如果我听得没错，你……""我注意到……""我猜想，那种感觉……""再跟我说说……""你是说……吗？"

案例

你的同学有一门考试成绩没有考好，心情糟糕，他说："这个考试对我来说很重要，平时我花了很多时间学习，觉得自己付出了很多，到头来却是这个结果，太伤心了，为什么老天对我这么不公平？"你该如何关心他？

2.共情的表达

要想学习如何表达共情——如何将你的想法和感受用语言表达出来，并深入另一个人的内心和灵魂——需要自我认知、细心的反馈和大量的练习。这里有一些指导性原则，可以帮助同学们学习如何用有益的，而不是有害的方式来表达想法。

（1）提出开放性的问题。这能让你从另一个人的角度表达对对方的真实兴趣，而不

受成见的影响。比如说，与其质问同学："你真的认为那次活动举办得很成功？"你可以这样提问："你昨晚参加完活动感觉怎么样？"

（2）放慢节奏。共情能让事情放慢节奏，随之，情绪也会得到好转。

（3）避免瞬间决定。一个能共情的人，并不会根据过去的经历来把他人进行归类，而是会具体情况具体分析，因为人都会改变和成长。

（4）留意你和他人的身心状况。共情是一个完整的身心反应，在一个能共情的神经系统反应中，思想与情感会发生相互作用。心理上的共情是给予和接受的过程：通过反射他人的神经系统，来交换大量急需的信息。

（5）从过去中学习。过去的经历是一笔人生财富，反思过去有益于当下成长。如果你不清楚自己过去有哪些偏见，你的精准感知能力就会受限。

（6）展开你的故事。按照自己的节奏，将你的想法和感受通过故事表现出来。

（7）设定界限。如果聆听者与讲话者的情感混淆，共情将毫无作用，这就要求大学生有保持客观的能力。如果你感觉有点靠得太近——比如说，对方说的内容让你想起曾经经历过的某种情感遭遇——你就已经将对方的问题过渡到感同身受，并失去了自己的客观性。一旦你意识到这种情况，尝试放慢语速，放下自己过去的经历，这样你才能真正带着聆听的耳朵投入共情状态中，而不会戴着枷锁（因为靠得太近，将自己与他人的经历等同而导致角度受限）。

（二）非言语沟通

非言语沟通是指在人际交往中，通过身体动作、表情、眼神、声音线索、空间环境等传递信息，进行沟通的方式。研究发现，一般在人们的沟通过程中，言语沟通只占7%，有93%是非言语沟通。因此，我们要充分利用沟通中的非言语信息，也许它能"更诚实"地让你了解对方的情感和意图。

1．眼神与面部表情

眼神与面部表情的运用是非言语沟通最主要的方式，我们在日常生活中可通过解读对方的眼神表达与表情类型了解对方真实的情绪情感。

（1）眼神

"眼睛是心灵的窗户"，这句话是有科学依据的。研究发现，我们可以通过观察对方的眼睛了解对方情绪、态度和感情的变化。一个人的眼神很难被意识随意控制，观察敏锐的人可以从眼神中看到对方内心的真实状态，如看出对方是真的镇定自若，还是强装镇静。

人们的情绪变化首先反映在不自觉的瞳孔大小改变上：当情绪变得兴奋、愉快时，瞳孔会不自觉地变大；当面对令人厌恶的刺激，或情绪变得不愉快时，瞳孔明显缩小，并伴随不同程度的眯眼和皱眉。

眼神接触是最重要的非言语沟通方式。缺乏眼神接触的人际沟通是一个不令人愉悦、沟通难度很大的过程。如果一个人戴着深色太阳镜与你谈话，或者谈话时眼睛看向其他地方，你会感觉非常不舒服，很难与对方保持良好的沟通。没有眼神接触就阻断了一些重要信息的交流，你无法了解对方说话时真正的状态，也难以确认对方对你的谈话内容最真实的反应是什么。所以，在人际沟通时一定要保持自然、持续的眼神接触，这会使你们的沟通更加愉快、有效地进行。

眼神交流遵循 4 个原则。原则一：别人和你说话时，你的眼睛一定要有看着对方的过程。因为你需要通过眼神传达"我尊重你，我正在聆听"的信号。每个人都有被尊重的需求，而眼睛是心灵的窗口，通过直视对方的眼神，我们表达出这样的意思——你说的每个字我都很感兴趣，请继续说下去。眼神交流之余，我们还可以通过点头、微笑等来回应对方，表达对对方聊天内容感兴趣。原则二：和别人说话时，我们的眼睛可以看别的地方，但不要过分东张西望。我们在说话时，思维是跳跃、发散的，同样，眼睛是心灵的窗口，说话的时候我们正在做活跃的思考，所以我们的眼神可以跳跃。但我们的眼神从对方面部游离开的距离不要过大，频度不要过高，否则就像在掩饰事实，或是在撒谎了。原则三：空间越小，拥挤度越高，越不需要做眼神交流，否则双方都会感到不舒服。比如在电梯里，我们只需要在交谈中，偶尔地向对方投过短暂的一瞥，不需要做直接的眼神接触。原则四：我们和对方越熟悉，越不需要做眼神交流。因为我们很熟悉彼此，不需要通过眼神来袒露内心了。比如双方对话时，可以一个盯着面前的饮料瓶，一个看着窗外。

（2）面部表情

面部表情是另一个可以帮助我们实现有效沟通的途径。人们的各种表情都是由面部的数十块肌肉运动完成的，它们能展现出内心不同的情绪、情感。面部表情传达的信息更容易被觉察，但由于面部肌肉可以被意识随意控制，人们有时会做出与内心真实体验不相符的虚假表情。

表情可以表现的情感同样包括肯定与否定，接纳与拒绝，积极与消极，强烈与轻微等。人们除了可以通过表情传达情感外，也可以用它表达对别人的兴趣，或者对一件事情的理解和判断。表情是人们日常生活中运用最多的非言语沟通方式之一。

心理学家发现，某些特殊的情感是由面部某些特定的部位表现的：一般情况下，表现厌恶的关键部位是鼻子、脸颊和嘴；表现哀伤的关键部位是眉、额、眼睛和眼睑；表现愉悦的关键部位是嘴、颊和眉、额；而恐惧主要由眼睛和眼睑表现。在通常情况下，人们的眼神与面部表情是一致的，都反映了内在真实的心理状态；但在特定情况下，如需要强迫自己做出一定的表情时，人们的眼神与表情会出现分离。

如果说面部表情仍能由大脑有意识地控制的话，微表情却往往能逃过大脑的监控。正常的表情在脸上浮现的时间是 1/5 ～ 5 秒，微表情最短可持续 1/25 秒，一般不超过 1/5 秒。虽然一个下意识的表情可能只持续一瞬间，但这种不受控制的特性，很容易暴露情绪。当面部在做某个表情时，这些持续时间极短的表情会一闪而过，而且有时表达相反的情绪。通常甚至清醒的做表情的人和观察者都察觉不到（在实验里，只有10%的人察觉到）。比起人们有意识做出的表情，微表情更能体现人们真实的感受和动机。

> **小知识**
>
> **教你看表情**
>
> 　　叙事时人的眼球向左下方看，这代表大脑在回忆，所说的是真话；而谎言不需要回忆的过程；
>
> 　　人在害怕时会出现生理逃跑反应——血液从四肢回流到腿部（做好逃跑准备），因此手的体表温度会下降；
>
> 　　真正的吃惊表情转瞬即逝，吃惊的表情在脸上停留超过一秒钟便是假装的；
>
> 　　说谎者在说谎前会眼神飘移，在想好说什么谎后会眼神肯定，如果你冷静地反驳，说谎者会再次出现眼神飘移的情形；
>
> 　　说谎者不像惯常理解的那样会回避对方的眼神，反而更需要眼神交流来判断对方是否相信他说的话；
>
> 　　虚情假意者说谎时不会眨眼睛。

2．身体动作

微课：用身体语言影响别人

　　身体动作是最容易被察觉的非言语信息，它与人们日常生活的关系非常密切。聋哑人借助手语实现了与他人的沟通；在第二次世界大战中，英国首相温斯顿·丘吉尔（Winston Churchill）比出了代表胜利的"V"手势。我们每个人都有自己习惯使用的身体动作语言，但其中还是存在一些共性的，例如：美国的心理学家戈登·修易斯（Gordon Siouis）指出：人体大约可做出1000种平稳的姿态，人体的各种不同姿态组合都会有不同的内容。如果沟通情境要求我们对沟通者表达尊敬，如与领导、老师正式谈话，我们的坐姿或站姿一般就比较规范，腰板挺直、身体稍稍前倾，甚至是"正襟危坐"。如果我们对谈话人或谈话内容没有兴趣、不耐烦，身体就会后仰，肌肉的紧张程度明显降低。一个人歪着头听你讲话，可能是欣赏的态度；左顾右盼是不诚心的态度；摇头晃脑是心不在焉或不耐烦的态度。因此，人们的每一个姿态都有内在的含义，都在表达情感，我们通过观察倾听者的姿势就可以了解对方对自己的态度。

✐ 练一练

请判断以下姿势分别表达什么情感或意图。

3. 身体接触、空间距离与语言表情

（1）身体接触

在特殊情况下与他人进行一定的身体接触是一种非常有效的非语言沟通方式。例如，在初次见面时主动与对方握手可表达尊重，在对方处于悲伤、难过等情绪时给予拥抱或轻抚可起到安抚的作用，而在对方身体不适、行动不便时主动搀扶可让对方感受到来自他人的温暖。

（2）空间距离

空间距离是指沟通双方在进行沟通时保持的相对距离。距离的长短受沟通场合的影响，但在一定程度上也说明了沟通双方关系的亲疏。心理学家G. S. 霍尔（G. S. Hall）将人际交往中关于距离的应用划分为亲密距离（0.5m以内）、个人距离（0.5～1.2m）、社交距离（1.2m以上～4m）和公众距离（4m以外，如在做报告、讲课时）。我们在沟通时需要根据与对方的关系选择合适的空间距离，当希望与对方建立亲密的关系时可根据对方的反馈逐渐地缩短距离，但在彼此关系并未亲近的情况下贸然闯入对方的亲密距离则会引起对方的反感与排斥。

（3）语言表情

语言表情主要是指语言的语音、语气、声调、音色、节奏速度方面的变化，还包括停顿、重音、反复、口吃和沉默。比如，悲伤时语调低沉、语言缓慢或间断；喜悦时语调高昂、速度较快、语音高低差别不大。中国有古语"大音希声"，有的时候，沉默比喧哗更有力量。语言表情比语言本身能传达更多的内在信息，其实两者最大的差别还在于"理"与"情"的表达方式不同。语言内容受到理智的控制，而语言表情更多是由情绪自发产生的，相对于理智，它更接近真实情感，如"是吗"这一表达在不同的语言表情下可以表达怀疑、不敢相信、不感兴趣等不同的情绪。

此外，我们在关注非言语信息时需要考虑沟通对象的性别、年龄、个性特点、文化背景等因素，以及当时具体的沟通情境。当发现对方出现非言语信息的改变时（如皱眉、双手抱胸、音调升高等），需要及时调整谈话方式或内容，或者可以直接询问对方的想法和感受（如"你觉得怎么样？""你生气了吗？"等），根据对方的反馈将沟通引导至理想的方向。

三、沟通理论概述

（一）PAC理论

PAC理论又称相互作用分析理论、人格结构分析理论、交互作用分析、人际关系心理分析，由艾瑞克·伯恩（Eric Berne）于19世纪50年代在《人间游戏》（*Games People Play*）一书中提出。

1. PAC理论概述

这一理论认为，无论人们是以坚决还是非坚决的方式相互影响，当一个人对另一个人做出回应时，存在一种社会交互作用。通过对这种交互作用的分析认为，个体的个性由3种比重不同的心理状态构成，即"父母（parent）""成人（adult）"和"儿童（child）"状态。PAC理论的名称即取自这3个单词的第一个英文字母。

（1）"父母"状态的人以权威和优越感为标志，通常表现为统治、训斥、责骂等家长制作风。当一个人的人格结构中P成分占优势时，这种类型的人的行为表现为：凭主观印象办事，独断独行，滥用权威，这种类型的人讲起话来总是喜欢说"你应该……""你不能……""你必须……"。

（2）"成人"状态的人表现为注重事实依据和善于进行客观理智的分析。这种人能从过去存储的经验中估计各种可能性，然后做出决策。当一个人的人格结构中A成分占优势时，这种人的行为表现为：待人接物冷静，慎思明断，尊重别人。这种人讲起话来总是喜欢说"我个人的想法是……"。

（3）"儿童"状态的人像婴幼儿一样冲动，表现为服从和任人摆布。当一个人的人格结构中C成分占优势时，其行为表现为：遇事畏缩，感情用事，喜怒无常，不加考虑。这种人讲起话来总是喜欢说"我猜想……""我不知道……"。

根据PAC理论，人与人相互作用时的心理状态有时是平行的，如父母—父母，成人—成人，儿童—儿童。在这种情况下，对话会无限制地持续下去。如果遇到相互交叉作用，出现父母—成人，父母—儿童，成人—儿童状态，人际交往就会受到影响，信息沟通就会出现中断，称之为交叉型相互作用。最理想的相互作用是成人刺激—成人反应。

💡 **思考**

1. 请分析你属于哪一种沟通类型？

2. 和不同的对象沟通时，你是否会表现出不同的沟通类型？

2．PAC理论的十种类型

（1）PP对PP型

在这种交流类型中，甲乙双方都表现出一种颐指气使的样子，如甲方说："你把这个任务完成一下。"乙方却说："你没看见我正忙着吗？找别人干去吧！"

（2）AA对AA型

在这种交流类型中，双方都能以理智的态度对待对方，如甲问："你能把这项任务完成吗？"乙说："如果没有什么干扰，我想是可以的。"

（3）CC对CC型

在这种交流类型中，甲乙双方都易诉之于感情。比如甲说："过不到一起干脆离婚吧。"乙答："离就离，谁离不开谁呢！"

（4）PC对CP型

在这种交流类型中，甲乙双方表现出权威和服从的行为，即甲方以长者自居对待乙方，乙方亦能服服帖帖不以为意。如甲作为上级对乙说："这件事完不成是要受到批评的。"乙作为下级回答："真完不成，我甘愿接受批评。"

（5）CA对AC型

在这种交流类型中，一方表现为小孩子脾气，而另一方则表现为有理智的行为，这种交流方式在同事、夫妻之间会经常发生。

（6）PA对AP型

在这种交流类型中，甲方表现为有理智，但又担心自己控制不住自己。为此，甲方经常要求乙方担任P的角色，起到对甲方的监督和防范作用。这种交流方式在上下级、同事、夫妻之间会经常发生。

（7）PC对AA型

在这种交流类型中，乙方要求甲方以理智对待他，但甲方却以高压方式对待乙方，这种交流方式在上下级、同事之间经常发生。

（8）CP对AA型

在这种交流类型中，乙方讲理智，而甲方却易感情用事，这种现象经常发生在兄弟姐妹、恋人、夫妻之间的交流中。

（9）PC对PC型

在这种交流类型中，一方采取命令式而另一方不服，不服的一方也采取同样的方式回敬。这种交流方式必然会引起矛盾冲突。这经常发生在上下级、家长和子女之间的交流中。

（10）CP对CP型

在这种交流类型中，双方都把对方作为权威看待而表现出一种服从的意向，这种交流方式在同事和朋友之间经常发生。

3．PAC理论的应用

交叉型交互作用是一种不良的交往方式，它使交往无法顺畅地进行，有损交往双方的人际关系。当交叉型交往状态已经形成，我们可以采用以下策略来改善交往，使之向平行型交往的良好趋势发展。

（1）以自身的A状态激发对方的A状态，形成AA交往。交往中要自觉使自己处于成人自我状态，这样才能使对方也进入成人自我状态，使交叉型交往转变为平行型交往。例如：

学生："老师，这次评优秀，我有可能吗？"（AA）

老师："你这次根本就不能评优秀！"（PC）

学生："老师，这次评优秀的标准是什么？"（AA）

老师："这次评优秀的标准是……"（AA）

（2）先采用平行型交往缓和矛盾，再以自身的A状态激发对方的A状态。

儿子："哎呀，这饭怎么这样，我不要吃！"（CP）

母亲："是吗？确实有点咸，味道是不太好！"（CP）

儿子："就是嘛！"（CP）

母亲："妈妈下次注意，今天能不能将就吃呢？"（AA）

儿子："那好吧！"（AA）

💡 **思考**

结合沟通七要素和PAC理论，回忆你曾经有过的一次失败的沟通经历，找出失败的原因，并思考如何调整。

（二）一致性沟通理论

一致性沟通是萨提亚沟通模式中非常重要的概念，由著名的心理治疗师和家庭治疗师维吉尼亚·萨提亚（Virginis Satir）提出（见图4-2）。维吉尼亚·萨提亚是美国具有影响力的心理治疗师和家庭治疗大师，被美国著名的《人类行为杂志》誉为"每个人的家庭治疗大师"。在人际交往尤其是与他人搭建关系、建立连接的过程中，一致性沟通是一个非常实用的工具。

图4-2 维吉尼亚·萨提亚

1．一致性沟通概述

一致性沟通意味着承认自己所有的情感，能很好地表达自己的想法，同时顾及他人的感受，且考虑到情境。在表里一致的行为和关系中，我们可以不带任何评判地接纳并拥有自己的感受，并且以一种积极、开放的态度来处理它。例如，道歉时不讨好，他人反对时不指责，讲道理时不冷漠，转话题时不逃避等。

2．不一致性沟通的类型

不一致性沟通是求生存的沟通姿态，也称防卫性沟通，是个体想保护自己不受伤害时选择的沟通方式。不一致性沟通的姿态有指责型、讨好型、超理智型和打岔型，如图4-3所示。

萨提亚曾描述过这样一个现象：在人群中，无论人们的真实感受和想法如何，总有50%的人回答"是"（讨好型）；30%的人回答"不是"（指责型），15%的人既不回答"是"，也不回答"不是"，也不会给出他们真实感受的任何线索（超理智型）；还有0.5%的人会表现得若无其事、毫无知觉（打岔型）。最后只有4.5%的人是真实的，他们是一致性沟通。

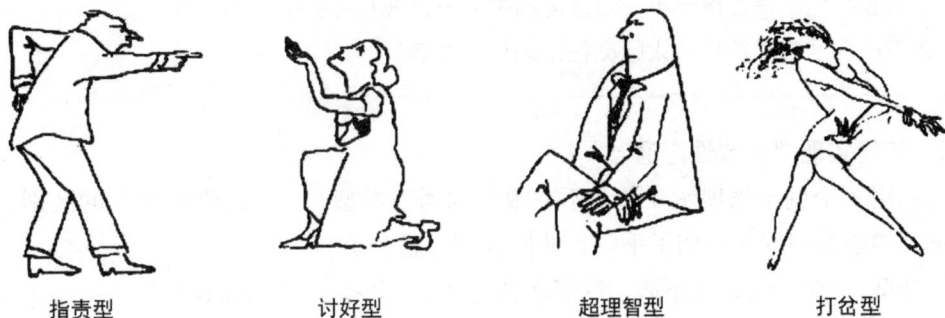

指责型　　讨好型　　超理智型　　打岔型

图4-3　不一致性沟通的4种类型

从人们习惯性的行为表现中很容易识别不同的沟通类型：

（1）指责型的人惯于攻击、批判、愤怒。不要看他们表面很强势，一副不可一世的样子，其实他们的内心是孤单的，隐藏着曾经受过的伤，可是他们觉得自己应该是强势的，不应该表现出受伤的样子，因为受伤太脆弱了，他们不能接受自己是脆弱的。

（2）讨好型的人往往倾向于让步、取悦于人、依赖、道歉。他们的理想我和现实我存在比较大的差距。他们很会关心他人，是比较聪明和会察言观色的，但隐藏了很多被压抑的愤怒。因为他们觉得愤怒不对、不应该愤怒，所以当他们发现自己愤怒的时候经常会把愤怒的情绪压抑下去。

微课：讨好型人格

（3）超理智型的人顽固、僵硬、刻板，一丝不苟。他们喜欢讲道理，只照顾情境，忽略了自我和他人。一般有知识的、注意细节的、善于解决问题的人会是超理智型的。他们内在有非常多的情绪，但他们不把情绪表露出来，都压

在身体里，他们害怕触碰情绪，害怕失去控制。

（4）打岔型的人不安定，爱插嘴，精力过多或不足。打岔型是这些类型里面最痛苦的，打岔型的孩子在行为上最容易出现问题。打岔型的人会觉得自己没有归属感，觉得自己是个孤儿，经常找不到属于自己的位置，他们迷茫、混乱、漂泊，经常没有家的感觉。

以上4种典型的不一致性沟通的问题在于，他们都在掩饰、压抑或扭曲自己的情感，不愿袒露自己的感受，用自以为高明的办法去掩饰自己真实的情感。例如，当一个人做了一件让你愤怒的事，你无法直接说："你这种做法让我感到愤怒。"却要转成一个指责者说："你怎么什么事都做不好。"这种不一致的沟通让人很压抑，长期下来甚至会患病，如头痛、胃溃疡等。很多人已经习惯于不一致的沟通，以至于他们甚至察觉不到这种沟通方式有任何问题，例如一个超理智者认为自己就是"毫无情感"的，甚至以此自豪。殊不知他身边的人因为无法了解其内心真正的感受可能与之疏远，不愿与其交往。

💡 **思考**

1. 请思考自己是否属于不一致性沟通中的一种或几种类型，为什么？
2. 你的沟通方式给你的人际交往带来什么影响？

3．如何实现"一致性沟通"

我们用一个例子来展示4种"不一致性沟通"类型与"一致性沟通"的区别：假如你被不同沟通类型的人碰伤了手臂，他们分别会怎么说？

讨好型："对不起，对不起，我怎么会这么不小心，请你原谅我！"

指责型："天哪，你干吗把胳膊放在这里让我碰到！下次你把胳膊收好，这样我就不会碰到了！"

超理智型："我希望能向你道歉。我经过的时候无意中碰了你的胳膊，这是我的联系方式，如果你的手臂受伤了，请联系我。"

打岔型："咦，有人发狂了，一定是撞着了。"

一致性："我不小心撞伤了你，非常抱歉，你这里很痛吧，需不需要去医院看看？"

一致性沟通并不意味着我们要一直开心快乐、没有烦恼，也不意味着我们应该在任何的情境中都表现得礼貌得体，而是我们会顺应自然，根据不同的对象、情景和时间段，采用灵活机动的应变方式，做出最优化的反应和应对。例如，当你面对一个难以应对的话题时，你不用扭扭捏捏地岔开话题，只需一致地说："这个话题我现在还没有准备好谈。"最终，一致性沟通会让人感觉到你是可以信任的，人们愿意向你敞开心扉。

一致性沟通包括3个步骤。

（1）接纳感受

接纳感受包括"5A"：觉察（aware）、承认（admit）、接受（accept）、行动改变（action），欣赏和感谢（acknowledgement）。具体运用就是：我们首先觉察到自己的身体反应和情绪变化，并且承担起对自己情绪的责任，而不归咎于别人。我们为自己的情绪、为发生在自己身上的一切事情负责。然后接纳自己会紧张、会生气、会恐惧的事实，并且看看可以做些什么让自己的身体舒服些、情绪平缓些，最终欣赏自己所做的这一切。完成了这个过程，就算做到一致性的第一步了。此时，也许我们才能不带抱怨地、真诚一致地表达自己的感受。例如，当遇到小组成员不愿意参与小组任务，把工作都推给作为组长的你时，你可能会感觉很愤怒和委屈，指责他们："你们是怎么回事，为什么不参与完成作业，这又不是我一个人的事情，凭什么就让我一个人做！"如果要做到一致性沟通，首先要意识到自己的愤怒和委屈，并且在心里对自己说："我现在很愤怒和委屈，我接纳我的愤怒和委屈。"接下来，看看你的做法会有什么不同。

（2）深入觉察感受背后的期待

这一步简单来说，就是了解自己内心真正的渴望和期待。有的时候，我们不知道，也不去探索自己真正想要的是什么，并放纵自己沉溺于无聊、不满、抱怨中。还有些时候，我们的所言所行，与我们的渴望背道而驰，明明渴望温暖、亲密，却用指责、索求把别人吓跑。因此，我们要做的就是找到自己的渴望，然后为这份渴望完全负责任。萨提亚提出，这一步的要点就是"放弃我们曾经投射在他人身上未满足的期待"。如在上例中，"愤怒和委屈"下的期待也许是成员对你的支持和认可，是一种被尊重和肯定的需要。

微课：萨提亚冰山理论

（3）真实地表达自己的想法、感受和期待

一致性沟通不是说服别人的手段，而是让别人认识真正的你。你可以真实地表达你自己，对方接不接受是对方的事情，不要期待你表达了之后对方就会满足你的需要。当你做到一致性沟通时，不会引发对方的防卫性系统，这是最好的、最有效的沟通模式。例如，你可以和组员们说："当你们告诉我不参与完成任务时，我觉得很愤怒和委屈，我希望你们可以和我一起把这项作业完成，因为我需要你们的支持和认可，这意味着对我的尊重和肯定。"

微课：非暴力沟通方法

（三）非暴力沟通理论

非暴力沟通是马歇尔·卢森堡（Marshall Rosenberg）博士（见图4-4）提出的一种沟通方式，依照它来谈话和聆听，能使人们情意相通，和谐相处。非暴力沟通能够疗愈内心深处的隐秘伤痛，超越个人心智和情感的局限性，突破那些引发愤怒、沮丧、焦虑等负面情绪的思维方式，用不带伤害的

图4-4　马歇尔·卢森堡

方式化解人际冲突，建立和谐的生命体验。

1．非暴力沟通概述

非暴力沟通包括倾听、表达和爱自己3个方面。

（1）倾听

当他人遭遇不幸时，我们常常急于提建议、安慰，或表达我们的态度和感受；当他人犯错误或未能达到我们的要求时，我们往往习惯性地指责或批评对方。倾听他人，要求我们先放下已有的想法和判断，全心全意地体会对方的感受、想法和难处，这有助于促进对他人的理解和接纳。

（2）表达

生气时，批评和指责他人都无法真正传达我们的心声。如果想充分表达愤怒，我们就不能把错误归咎于他人，而是要把注意力放在自己的感受和需要上。与批评和指责他人相比，直接说出我们的需要更能使我们的愿望得到满足。

（3）爱自己

非暴力沟通最重要的应用也许在于培养对自己的爱。当我们的表现不完美时，可以通过体会忧伤和自我宽恕来看清个人成长的方向，避免自我惩罚。在评价自己的行为时，不再专注于尚未满足的需要，以羞愧、内疚、恼怒或沮丧等主导我们的情绪，而是让自爱引导我们的学习和成长。

2．非暴力沟通四要素

非暴力沟通包括以下4个要素（见图4-5）。

（1）观察

关注当前发生的事实，别人说了什么，做了什么，客观地把这些场景记录下来，不带任何主观评判和感情色彩。例如"我听到你问我……"，或者"我看见……"。

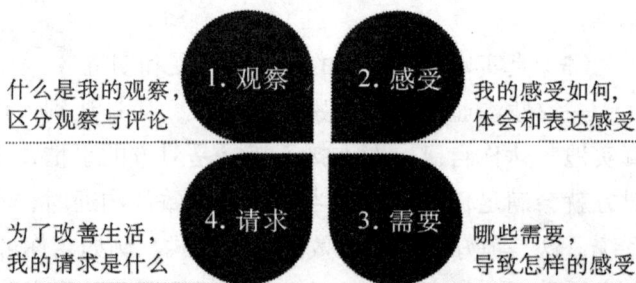

什么是我的观察，区分观察与评论　1.观察　2.感受　我的感受如何，体会和表达感受

为了改善生活，我的请求是什么　4.请求　3.需要　哪些需要，导致怎样的感受

图4-5　非暴力沟通四要素

（2）感受

判断自己的身体状态，并用形容词描述你的感官体验，是疼痛、害怕、愉快还是愤怒？选择与自身状态最直接相关的几个词，而不是影射他人的描述。因为当自身的感受被忽略、被压抑时，说明他人的行为阻碍了你们的相互理解。譬如"我感觉非常疲惫""当时，它让我觉得……"

（3）需要

根据已经识别出的情感，列出相对应的需求，思考到底缺了哪一种，让你感觉不愉快，是平衡、支持、接纳、安全感，还是归属感？在行动前，先明白自己最需要的，例如"因为我很重视安全感，所以……"

（4）请求

要求和需求看似相同，实则不同。"需求"是缺少的东西，而"要求"是通过某一种手段获得缺失的"需求"。通常情况下，你会从别人身上寻找需求来丰富自己的生活、工作、体验，因此相应地，你必须考虑他人的感受和需求。最好的办法就是换位思考，即从自己的角度体察别人的情感诉求。例如"我在想你能不能……"或"你是否愿意帮帮我去……"

> **思考**
>
> 今天是你值日，早上刚把寝室卫生打扫干净，回来后看见寝室卫生又被室友弄乱了，你有何感受，会如何反应？请尝试用非暴力沟通模式与室友沟通。

超简单心理实践

温和而坚定地提要求——Dearman 沟通法

Dearman 沟通法也叫"如你所愿"沟通法，通常可以用于你期待对方与你的合作能达成自己的目标时，是一种合作式的沟通策略。Dearman 是 7 个字母的组合：

D 代表的是 describe，描述情境。提示我们在沟通的时候完全客观地描述情境而不掺杂主观的评判，不夸张、不评判、不臆想，避免引起对方的逆反心理。

E 代表的是 express，表达感受。避免过早地下评判，只是如实表示自己的情绪感受。

A 代表的是 assert，明确提出要求，想要对方做什么。目标要简洁、现实、具体、直接。

R 代表的是 reinforce，给予强化，也就是告诉对方，做出改变，他能够得到什么好处，使正向行为及时得到强化。

M 代表的是 mindfulness，即保持正念、保持觉察，也就是你要专注于你的目标，不要轻易被带偏。坚持目标，同时避免争执，必要的时候充当"复读机"。

A 代表的是 appear confident，即展现自信。可以通过提前演练的方式，通过反复练习提高沟通时的自信心。

N 代表的是 negotiate，即协商。Dearman 沟通法是基于合作式问题解决策略的，目标的达成需要对方的配合，所以你要留有协商的余地。

如果协商不了，你还是可以回到 Dearman 沟通法的第一步，描述事实，表达感受："现在我们两个人的沟通陷入了一个僵局，我感到很挫败。我们能不能暂停一下，各自去冷静地想一想，看看还有没有更好的解决方案，然后再来谈。"虽然在当时的情况下你没有达到自己想要的目标，但使用 Dearman 沟通法，你并没有被自己和对方的情绪所左右，而是坚定地站在自己的立场上，并且整个过程中也让对方看到了你的理性和冷静。

1. 课堂活动
2. 课后巩固

参考文献

[1] 阿德勒，等. 沟通的艺术：看入人里，看出人外[M]. 14版. 黄素菲，李恩，译. 北京：世界图书出版公司北京公司，2014.

[2] 阿伦森，等. 社会心理学：阿伦森眼中的社会性动物[M]. 侯玉波，朱颖，等译. 北京：机械工业出版社，2014.

[3] 伯恩. 人间游戏：人际关系的心理学[M]. 刘玎，译. 北京：中国轻工业出版社，2014.

[4] 卢森堡. 非暴力沟通[M]. 阮胤华，译. 北京：华夏出版社，2016.

[5] 马建青. 高职学生心理健康[M]. 北京：高等教育出版社，2015.

[6] 萨提亚，等. 萨提亚家庭治疗模式[M]. 聂晶，译. 北京：世界图书出版公司北京公司，2015.

[7] 夏克特，等. 心理学[M]. 3版. 傅小兰，等译. 上海：华东师范大学出版社，2016.

[8] 周家华，王金凤. 大学生心理健康教育[M]. 3版. 北京：清华大学出版社，2007.

▶▶▶ **教学目标**

知识目标：了解压力与情绪的概念和影响，知道情绪的几种表达方式。

能力目标：能有效觉察压力，掌握应对压力的方法；能觉察情绪信息，识别基本的面部表情、身体语言和声音信息；掌握合理表达情绪的方法，应用情绪管理和纾解的技巧。

情感与价值目标：接纳各种压力与情绪的存在，不否定、不自责、不压抑，以正向积极的态度面对生活中的种种困难与挑战。

▶▶▶ **课前热身**

1.你是否曾经感到"压力山大"？用1～10分来评估一下你现在的压力值，数字越大，代表压力越大。

2.你是否有信心面对压力？用1～10分来评估你对自己管理压力的信心，数字越大，信心越强。

3.和压力相处的过程中，你觉得最难的部分是什么？

▶▶▶ **导言**

当你听到压力这个词，你想到了什么？有什么样的感受？很多同学会想到生活中遇到的各种问题，如复杂的寝室人际关系、期末考试、即将来临的比赛等。感觉到压力时，我们会产生诸如心慌，头痛，无法集中注意力等反应。我们每天都在面对来自各方的压力，加拿大著名的压力先驱研究者汉斯·塞里（Hans Selye）发现"人只有在死亡状态下才完全没有压力"。我们要做的不是赶走压力，而是学会怎么更好地和压力相处。

第一节　认识压力

压力是一个大家耳熟能详的词，很多人都会在日常生活中使用它，并且把它看成是一个消极的词。可是，有压力就一定是坏事吗？当你准备步入心仪的大学时、准备开始一次长途旅行时、准备放假回家时等，是不是都会感到既兴奋又紧张？由此可见，压力并不完全是一个负面的词，它有时也伴随着令人惊喜和激动的事情。

一、压力的概念与成因

压力这一概念最早于 1936 年由汉斯·塞里（见图 5-1）提出。压力产生的原因很复杂，如第一次求职面试、公开演讲、亲人离世、工作变化等。压力存在于生活的各个方面，人人都会经历。

（一）压力概述

压力是由刺激引起的，伴有躯体机能，以及心理活动改变的一种身心紧张状态，是一个人在生理上、行为上、情绪上及认知上对压力源的反应。导致压力形成的刺激因素被称为"压力源"。压力源可以是外界物质环境、个体的内在环境及心理社会环境。例如，你上课睡着了突然被老师点名发言，这时你心跳加速、双手发抖、满头大汗，这些就是你感受到压力时的身体反应。老师

图5-1　汉斯·塞里

这个人或者是发言这件事甚至是同学的目光都有可能成为你的压力源。每个人的压力源是不同的，例如，就乘过山车这件事来说，对于恐高的人可能就是个压力源，但对于不恐高的人来说不仅不会感觉有压力，反而还会觉得很有趣。

📖 **小知识**

齐加尼克效应

法国心理学家 B. 齐加尼克（B. Zeigarnik）曾做过一个实验：他将志愿者分为两组，让他们完成 20 项工作。齐加尼克对其中一组进行干预，使他们无法完成任务，而让另一组顺利完成任务。虽然所有志愿者在接受任务时都表现出紧张的状态，但顺利完成任务组的紧张感最终消失；而未完成任务组的紧张感一直存在，难以消失。人们在接受任务后都会产生紧张感，只有完成任务紧张感才会消失，如果任务没有完成紧张感会持续存在。这种因压力导致心理上的持续紧张状态就叫作齐加尼克效应。

（二）压力源

引起压力的各种因素大致可以分为：生物性压力源、心理性压力源、环境性压力源，以及社会文化性压力源。

1.生物性压力源

生物性压力源是直接对人的躯体发生作用的刺激物，如过高或过低的温度、强烈的噪声、机械性损伤等，是引起生理压力和压力生理反应的主要原因。

2.心理性压力源

心理性压力源主要是日常生活中经常发生的冲突、挫折情境、人际关系失调，以及预期的或回忆性的紧张状态，来自人头脑中的紧张信息，如个体不切实际的过高期望或是不祥预感，对友谊、爱情、生活、工作的过度苛求，对癌症等各类疾病的过度担忧与恐惧等，都有可能形成心理性压力源。

3.环境性压力源

环境性压力源主要是指来自环境的重大变化，包括自然变故事件，如洪水、风暴、地震、泥石流等及人为变故事件。生活环境的重大改变是许多人产生压力的根源，哪怕是让人开心的事情，比如成为一个新手妈妈，会让一个人的生活发生重大改变，需要当事人去适应。另外，长期的、慢性的工作压力、经济压力也会让人持续处于焦虑、紧张或恐惧等情绪之中，引起当事人的心理失衡，这也是一个环境性压力源。

4.社会文化性压力源

急剧的社会文化大变动给人带来的应激反应是普遍且严重的。迁居异国他乡后，语言障碍、风俗习惯、宗教信仰、生活方式变化等都会成为应激源。例如，留学生由于对文化环境的改变缺乏充分的心理准备，在异文化背景下难以适应，压力过大进而引发疾病，甚至中断学业，就是社会文化性压力源带来的心理失衡。

压力源要求人们做出反应去克服或消除它们，这会对个体产生压力。当人们发现自己找不到解决的方法，或认为自己没有能力解决时，这些压力源带来的影响也随之增大。缺乏控制感本身也是构成压力源的主要原因。虽然我们对压力源进行了区分，但实际上是多种压力源共同作用导致了我们的心理压力。

> **💡 思考**
>
> 请回忆一下你曾经历过哪些让你感受到压力的事件或情境，它们分别属于哪一种压力源？

（三）大学生常见的压力源

学生考上大学，看似是完成了人生中一次重要的蜕变，迈进了高中老师口中描述的"天堂一样美好"的大学之门。但是不知道什么时候开始，大学生活让有些学生慢慢地又陷入无限困惑当中，纷至沓来的各种压力让有些大学生渐渐迷失了自己。

1.环境适应的压力

进入大学，面临与中学时期完全不同的学习和生活方式，同学们需要适应一系列的改变。如北方的同学到南方，不同的自然环境、风土人情、饮食文化等都给他们带来适应的压力。此外，大学大多实行走班制教学，没有固定的教室，除了必修的一些课程外，学生可以自由选择一些感兴趣的课程。课程表不再像中学阶段被安排得很满，同学们有更多自由支配的时间来规划和安排学习与生活，这也给一部分不善于安排时间的同学带来了压力。走班制教学和更加独立的时间管理模式使得同学间的关系没有中学时亲密。同样地，学生与任课老师的关系，甚至与班主任的关系，通常也不似中学时期紧密，这些都给个体保持稳定的社会支持系统带来了较大的压力。

小知识

社会支持系统

社会支持系统指的是个体通过与环境中人物的互动所建立的一种关系网络。个体能从中获得情绪情感上的支持，从而缓解心理压力，提高自身对环境的适应能力和对变化的应对能力。依据社会支持理论的观点，一个人所拥有的社会支持系统越强大，就能够越好地应对各种来自环境的挑战。

2.经济压力

大学阶段的学费和生活开支给来自低收入家庭的同学带来了较大的经济压力，从而部分同学产生心理负担，如对家人的负疚感，和其他同学相比产生的自卑感，以及生活上的窘迫感。有些同学会选择申请助学金或助学贷款，也有些同学会在课余时间打工、勤工俭学、自己创业等来缓解经济压力。

除了本身家庭经济较困难的同学外，其他同学也有可能面临经济压力。大学生每月、每学期或每年的生活费用都需要自己合理规划使用，但如果受同学间攀比风气的影响，个人在吃、穿、用方面的要求逐渐提高，又或者因为与他人建立了恋爱关系而增大了开支，这些都会造成经济压力。大学生对于经济压力不合理的解决方法有可能导致非常严重的后果。

案例

由于家庭经济条件的限制，小林的大学学费主要依靠自己的奖学金和助学金，以及寒暑假打工的收入来支付。他也想像其他同学一样参加社团活动、谈恋爱、购买新的电子设备，或者偶尔请朋友吃顿饭，但由于生活费、交通费等压力，他不得不放弃这些想法。他开始感到焦虑和沮丧，觉得自己无法像其他人一样过上正常的大学生活。他也想过向家人寻求帮助，又因为不想给他们增加负担而犹豫不决，但他没有放弃，他主动学习了一些应对压力和焦虑的方法，同时积极申请了学校的勤工助学岗位，以减轻自己的经济压力。

3.学业压力

大学生最主要的任务还是学习，学业压力也是部分大学生主要的压力来源。过大的学业压力会引发身心健康问题，削弱其学习效能。有研究表明家庭期望是最主要的压力源，其次是学业前景，这说明大学生对于家庭有责任感，不希望辜负家庭的期望，同时对于自己的前途发展非常关注。

1. 微课：学习心理
2. 微课：学习动机
3. 微课：学习策略

对于部分高职学生而言，因为考试失利未能上本科院校，目前就读的学校并不是最理想的选择，由此产生失落感或自卑感；另有部分学生由于对专业不了解而盲目填报志愿，入校后才发现所学专业并不是自己感兴趣或擅长的学习内容，导致学习积极性受挫，学习效能降低；也有部分学生因为之前的学习方式方法不科学或学习习惯不良，学习效率偏低，无法完成大学的学业要求，从而产生压力。

4.人际压力

如何建立良好的人际关系是大学生普遍关心的问题，人际困扰也往往是各大高校心理中心对来访者咨询动机统计中最受关注的话题。大学阶段的人际交往对同学们提出了新的要求。与中学生人际交往中单纯、被动的特点不同，大学里建立人际关系需要同学们主动且有技巧地交往。但部分同学可能存在交往困难的情况，如因为家庭背景、学业成绩、自身能力水平等产生自卑感；对外界的反应过于敏感；对如何与他人有效沟通、解决交往中的冲突缺乏经验和技巧等。这些都会导致大学生面临人际交往的压力。

人际交往情况在一定程度上可以反映大学生心理健康状态和生活幸福感。美国的一项调查表明，金钱、成功等并不能真正给人带来幸福，只有良好的人际关系才能保护个人不受消极负性事件影响，保持健康的心理状态，给人们带来幸福感。因此，我们要积极看待人际关系带来的压力，当压力出现时，说明大学生是时候发展出与以前相比更灵活、更符合社会期待的人际交往模式。大学生通过觉察自己的人际交往模式、调整人际交往预期、学习人际交往和沟通技巧，一定能够从容应对人际压力和挑战。

5.情感压力

在大学阶段建立一段恋爱关系是很多大学生美好的向往，这会给大学生活增添许多色彩。恋爱关系既拥有人际关系的所有特点，又是个体自我价值和自我认同的体现，因此对大学生有着非常重要的意义。

有些大学生因为自我评价过低或表达能力有限，在心仪的对象面前不能恰当地表达自己，因此自我压抑，甚至自我封闭，这不仅影响人际关系，也影响心理健康；也有些大学生缺乏平衡学习和恋爱的能力，在时间和精力上无法同时满足双方的要求，导致在两个方面都受挫，产生心理压力；还有些大学生在面对恋爱中出现的问题时无法有效解决，造成消极的结果，如吵架、失恋等。不少大学生在失恋后自暴自弃，也有少部分选择伤害自己或对方，造成严重的后果。

6.升学就业压力

测试：中国
大学生压力
量表

随着社会竞争日益激烈，高职学生普遍对未来的就业存在担忧。不少岗位设置了较高的学历或学校要求，使得高职学生在竞争中不具备优势，但这并不说明高职学生就不能获得同等的就业机会。在学历方面，很多学生通过专升本取得了本科文凭；在能力方面，高职学生除了需要掌握扎实的专业知识和技能外，还要注重提高个人的整体素质，如培养良好的人际交往能力、较强的挫折应对能力和乐观积极的心态等。

案例

小赵，高职大三学生，在校期间一直担任学生干部，学习成绩优异。第一次应聘时，小赵没有事先了解需要带什么材料，也没有提前准备，结果应聘失败。之后，小赵发现大多数同学都已经找到了工作，开始觉得紧张。第二次面试前小赵匆匆忙忙翻阅了专业书，因为没有准备充分，回答问题时答不出来，又一次应聘失败，小赵感觉前途黑暗，非常焦虑。

请分析本案例中小赵求职失败的原因。

二、压力的反应与影响

压力是日常生活中不可避免的一部分，个体在产生压力后会有一系列的反应，这些反应根据强度和持续时间会对个体身心健康产生影响。压力并不全然是坏事，有压力才有动力，但高强度的压力或过于持久的慢性压力，对人的身心健康是有损害的。即使是较小的压力，个体随着时间积累而无法有效应对时，也会在生理上引起器官功能变化及带来一系列疾病，心理上则会产生注意力下降、情绪不稳定等变化。

（一）压力反应

压力反应是个体在接受外界压力刺激后，在生理和心理方面发生的变化。

1.生理反应

面对压力时，我们的身体会产生一系列反应，有时它甚至会在我们意识到压力存在之前悄悄提醒我们正在承受过量的压力。通常在综合医院的心身科或精神科专科医院，患者会主诉身体的各种不适，这些症状其实很有可能是长期承受压力下身体的诚实反应。一个人如果拥有敏锐的觉察能力，是可以通过身体的变化，来发现自己的压力承受已经到了一定的阈值，从而进行积极的压力应对。压力之下的生理反应包括但不仅限于：① 出汗增多；② 心跳加速，瞳孔放大；③ 皮肤、骨骼肌、脑部和内脏的血管收缩；④ 消化道减少蠕动，胰腺分泌减弱，消化液分泌减少；⑤ 刺激肾上腺素分泌，血糖、血压升高。

适应性稳态与适应性稳态负荷

从压力中恢复健康是一种能力，是人体对外界刺激或环境变化做出反应的能力。适应性稳态是指人体为适应环境变化而做出的反应和出现的波动，是身体对环境做出正常适应性反应的状态，持续适当时间后关闭。

但是当个体在应对外界刺激的过程中，反复被激活适应性反应而引起损耗，就会呈现出适应性稳态负荷，导致神经系统、内分泌系统、免疫系统介质分泌异常，从而影响健康。适应性稳态负荷包括以下特点。

（1）缺乏适应。一个人不能习惯或者适应同类的压力源刺激，每次受到相同的压力源刺激后，总是引起类似的压力反应。

（2）反应延长。压力源消失后，无法关闭压力反应或关闭延缓。

（3）低反应性。压力反应不足时，人体为了补偿这种不足导致其他系统过度激活。

（4）反复刺激。频繁的压力源或多种压力源刺激，引起压力反应反复激活，持续时间过长。

2.心理反应

压力源产生的心理变化包括认知的、情绪的和行为的变化。良性的反应有注意力集中、思维敏捷、主动解决问题等。消极的反应：情绪方面包括易沮丧、挫败感、紧张、焦虑、担心、愤怒、厌倦、孤独、烦躁、缺乏耐心、悲伤等；认知方面包括健忘或注意力不集中、思绪如潮、想法消极、反复琢磨、不信任别人、觉得生活没有意义、人生没有价值等；行为方面包括抽烟酗酒、暴饮暴食、食欲下降、疯狂购物、沉迷网络、社交减少等。

在即将举行的学校运动会上，小明代表班级参加1500米跑步比赛。他对此很紧张，一想到比赛就感觉心跳加快、呼吸困难，同时手心冒汗。他认为自己跑得不是特别快，害怕不能取得好成绩，因此非常担心、焦虑。在比赛的前一天，小明以身体不适为由向班主任老师请求不参加比赛。

本案例中，小明的生理反应和心理反应分别是什么？

急性应激反应

急性应激反应即急性应激障碍（ASD），是指在遭受到急剧、严重的精神创伤性事件后数分钟或数小时内所产生的一种精神障碍，一般在数天或一周内能自行缓解，最长不超过一个月。

急性应激反应在各个年龄阶段均可能发生，多见于青壮年，男女发病率无明显差异，临床上主要表现为具有强烈恐惧体验的精神运动性兴奋或者精神运动性抑制甚至木僵，症状往往历时短暂，预后良好，能够完全缓解。

（二）压力对个体的影响

一般来说，适当的压力可以激活人的潜在能量，使人能更积极有效地投入压力情境中，产生更加警觉、注意力集中、思维敏捷，以及精神振奋等适应性的心理反应，就像运动员参赛，在适度的压力竞争下易获得好成绩。然而压力过大，就会使人的身心活动发生紊乱、衰退甚至是衰竭。

最长不超过一个月。

急性应激反应在各个年龄阶段均可能发生，多见于青壮年，男女发病率无明显差异，临床上主要表现为具有强烈恐惧体验的精神运动性兴奋或者精神运动性抑制甚至木僵，症状往往历时短暂，预后良好，能够完全缓解。

（二）压力对个体的影响

一般来说，适当的压力可以激活人的潜在能量，使人能更积极有效地投入压力情境中，产生更加警觉、注意力集中、思维敏捷，以及精神振奋等适应性的心理反应，就像运动员参赛，在适度的压力竞争下易获得好成绩。然而压力过大，就会使人的身心活动发生紊乱、衰退甚至是衰竭。

📖 小知识

一般适应综合征

汉斯·塞里通过实验观察提出：不同的压力源，不论是愉快的事情还是不愉快的事情，都有可能导致个体产生相似的生理反应，称之为一般适应综合征（general adaptation syndrome，GAS）。GAS 分为以下 3 个阶段：警觉期，身体自动产生对压力的抵抗，产生如发烧、头疼、虚弱、没有胃口等身体反应。熬夜、疲劳过度、因失恋痛苦时也会产生类似反应。对抗期，身体适应了压力，进入相对稳定的状态，但为此付出了较高的生理代价，如抵抗力下降、月经停止、生长暂停等。衰竭期，如果压力持续存在，身体就会进入衰竭期，意味着机体对压力的抵抗失败。这一阶段的机体容易患上胃溃疡、肿瘤、抑郁症等身心疾病，严重的会危及生命。

1.压力对认知的影响

轻度的压力有利于增强感知，活跃思维，提高认知能力，但是压力过大则会导致个体无法集中注意力，无法清晰思考，或者无法记起某些事情，从而影响工作和学习效率。如一个学生可能会因为担心即将到来的考试而无法集中注意力学习，一个被世界500强企业录用的学生激动地想打电话告诉爸爸这一消息时，却发现自己一下子想不起来爸爸的电话号码。

美国心理学家R. M. 耶基斯（R. M. Yerkes）和J. D. 多德森（J. D. Dodson）提出著名的耶基斯—多德森曲线，反映了压力水平与工作效率的关系。从图 5-2 中可知，在中等强度的压力下，工作绩效可以达到最高点。

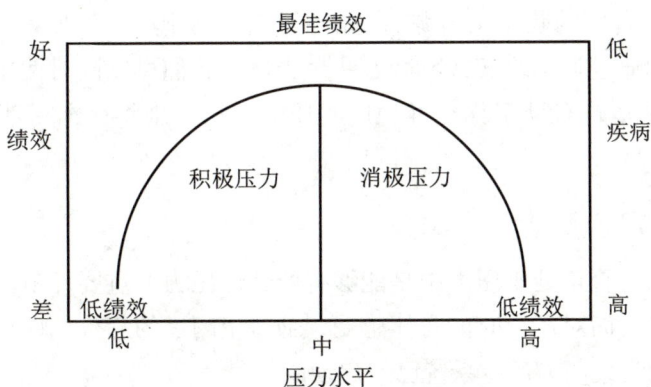

图5-2　耶基斯—多德森曲线

2.压力对情绪情感的影响

对于突然出现的强大压力源，人最常见的反应是焦虑，即感觉到将要受到威胁，焦虑的同时还会伴随一系列交感神经系统症状，例如出汗、发抖等。愤怒则可能来自挫折，过度的愤怒使人不能冷静地对压力情境进行分析、思考，以及采取恰当的应对措施；恐惧是面临危险或即将受到伤害时产生的害怕感，会让人退缩或者逃避，在严重的情况下可能会惊慌失措，多次体验恐惧情绪会造成习得性无助或者一些失控行为；抑郁则表现为情绪情感低落、忧伤、失望，产生自我怀疑，对许多事情持消极悲观的看法，反应迟钝。

3.压力对行为的影响

当压力过大时，一个人对学习和生活的兴趣与热情下降，做什么事情都觉得索然无味；沉默寡言，不愿与人交流，喜欢独自发呆；行为古怪，不合群，人际矛盾增加；经常打瞌睡。此外，压力过大、持续时间过长的话，还可能会引起说话结巴、刻板动作、暴饮暴食、行为攻击等不良行为反应。

4.压力对躯体的影响

压力对躯体产生的影响表现得最为明显，但也最容易被人误解，比如压力引起的头痛、背痛、胃肠反应等。心血管系统和胃肠道系统的症状通常是压力情绪表现较为明显的系统。

第二节　压力应对策略

前文我们提到乘坐过山车可能会引起人的压力反应，也有可能不会引起压力反应，你是否有疑问：为什么会有这样的区别？其实一个人是否把刺激当作压力源，产生何种压力反应，可能与其认知图式、人格特质、社会支持及应对方式等有关。人们面对压力时会采取不同的应对策略，

测试：应对方式评定量表

有人是问题导向，直面问题（压力源），如斗争或者逃跑；有人则是情绪导向，减轻压力产生的不适，如通过运动缓解或改变看法。当然，我们可以同时使用不同的策略。你可以选择的策略越多越有助于你更好地应对压力，接下来将介绍一些具体的压力管理策略。

一、觉察压力

准确识别自己是否正处于压力中是能够有效管理压力的重要环节。人们对压力的反应遵循一定的规律，面对压力时的身体感受、脑海里闪过的念头、情绪感受、行为反应等都可以成为我们觉察压力反应系统已经启动的信号。

✎ 练一练

你可以准备一个本子，隔一段时间记录以下内容，找出自己的压力反应规律，包括种类和频率。

身体：（如背痛）＿＿＿＿＿＿＿＿＿＿＿＿＿＿＿＿＿＿＿＿＿

情绪：（如焦虑）＿＿＿＿＿＿＿＿＿＿＿＿＿＿＿＿＿＿＿＿＿

认知：（如我是一个没用的人）＿＿＿＿＿＿＿＿＿＿＿＿＿＿

行为：（如疯狂吃零食）＿＿＿＿＿＿＿＿＿＿＿＿＿＿＿＿＿

关系：（如不想和别人交流）＿＿＿＿＿＿＿＿＿＿＿＿＿＿＿

二、调节认知

面对压力，什么样的认知调节对我们是有效的呢？

（一）改变信念

"我怎么这么没用？""我应该拿到第一名！""我已经没有未来了""没有人会喜欢我"……不知道你有没有注意到在前面的压力预警信号觉察练习中，和压力相关的想法大多是不那么友好的（消极的），而且都是自动出现的，也就是在我们都没有意识到的情况下就出现了，我们称其为自动化思维。这些想法通常来自对压力的感受，可能是真实的，也可能是假想的。负面自动思维加速了负面情绪感受，让我们无法理性思考应对压力，很多时候你误导了自己，却毫不知情。如果你想有所改变，可以试试以下方法：

（1）把这些想法理解成是一种假设或者猜想。

（2）停下来，想一想，有什么证据支持你的这些想法，又有什么证据不支持你的这些想法？尽可能用事实来描述，而不要用解释。比如："她瞪了我一眼"是事实，"她瞪了我一眼，她讨厌我"则是解释。需要注意的是，我们总是很容易就想到那些支持的证据，你要积极主动地寻找不支持的证据，这本身就是一个缓解压力的过程。

（3）根据你的证据，写出新的替代想法。这不是简单地把消极想法变成积极想法，如不是简单地从"我是一个没用的人"变成"我是一个优秀的人"，新的想法应该是综合正反面的证据后得出的。

（4）体会一下，这么做之后身体和心理感受是否有变化，行为是否也有变化。

你可以经常性地做这样的练习，从而更灵活地看待问题，并且随着练习的增多，慢慢地你会发现自己不需要再写出所有的证据就可以自然而然地想到多种可能性。

（二）活在当下

当你走路、吃饭、看书的时候，你的大脑中都在想什么？你是不是常常发现自己无法安静下来，没办法集中注意力，总感觉紧张，总在想做完这一个下一个要做什么，活在自己的"念头"和"念头"带来的情绪里，活在过去和未来，唯独没有活在此刻。

你有没有想过吃饭就应该只是吃饭，充分咀嚼，感受每一口饭菜对味蕾的刺激；读书就只是读书，把心放在每一个词语、句子及每一段文字上面，体会、思索。这就是一种把注意力集中在当下的状态，叫作正念，是"有意识地觉察""活在当下""不带批判"的一种状态。你可以通过一些正念练习，重新找到生活的乐趣与美好。这种练习可以在生活中的各个时刻进行，如吃饭时、走路时、看书时，甚至是刷牙、洗澡的时候。

这里我们以正念行走为例。你可以选择一段相对安静的小路，从站立开始，觉察和感受自己立于此地的状态，脚掌与地面的接触，周围空气的流动、风吹拂身体的感觉。然后可以先开始自然地行走，专注于身体各个部位的感受，以好奇和开放的态度来对待自己的各种体验，就好像是自己第一次走路一样，你可以试着去感受腰部、大腿、小腿、脚掌和脚趾之间的顺序和节奏，脚与地面接触时的感受，脚趾与袜子摩擦时的感受，感觉脚掌落于地面时的压力感和力量感等。

（三）学会接纳

很多时候我们都会遇到不受自己控制的事情，比如遇到和自己生活习惯差异非常大的室友、不是那么喜欢学习的课程及一个重大的损失，学会识别哪些是我们控制不了而必须接纳的事物是应对压力的一个重要策略，即接受我们不能改变的事物，继续生活。逆流而上会让人精疲力尽，有时候放弃比坚持更需要勇气。关于接纳，我们需要进一步了解的是：

（1）接纳并不意味我们必须用积极的视角来看一个消极事件，也不意味着我们需要对现在正在经历的事情感受到快乐，而是承认生活中的困境，用自己的方式去理解困境，找到并学会和困境相处的方法。

（2）接纳意味着不带评价地观察自己的思维、情绪和生理反应。这并不是让你去判断你的想法和情绪是不是正确或合理的，而是知道存在这样的想法和情绪。

（3）接纳的态度可以让我们在面对不舒适的事情时能较好地调节情绪。生活中，我们多多少少要面对一些让人不是那么舒适的事情，比如，每天早起上早自习，如果一直想好累啊，好想再睡一会，那你的心情大概是糟糕的。但是如果你想的是早起上早自习确实很累，我可以利用早自习的时间把单词背完，离完成目标又近了一步，也许你的情绪就会好很多。虽然接纳不是一件容易的事情，但你可以让它成为你生活中的一个选项。

三、管理应对

微课：时间管理

把压力看作是生活的一部分，积极做好压力的时间管理、躯体管理和资源管理，让压力以一种合理、健康的方式释放出来。

（一）时间管理

多数大学生的压力来源就是缺乏对时间的管理，因此学会合理利用时间能够有效应对压力。其中，排列优先次序可以有效地管理时间。

关于排序的方法有很多，这里主要介绍经济学家V. 帕累托（V. Pareto）提出的重要—紧急法。我们应当对要做的事情分清轻重缓急，进行如图5-3所示的排序。

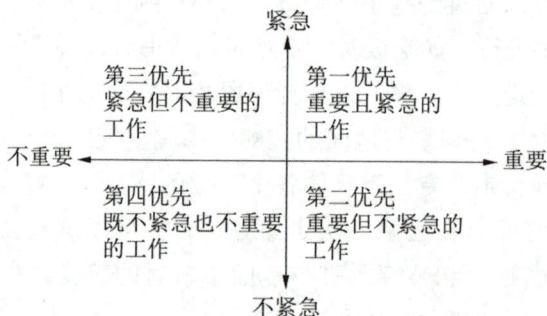

图5-3　重要—紧急法

（1）重要且紧急的工作（比如救火、抢险等），必须立刻做。

（2）重要但不紧急的工作（比如学习、做计划、与人谈心、体检等），只要是没有前一类事的压力，此类事情应该当成紧急的事去做，而不是拖延。

（3）紧急但不重要的工作（比如有人因为打麻将"三缺一"而紧急约你、有人突然打电话请你吃饭等），只有在优先考虑了重要的事情后，再来考虑这类事情。人们常犯的毛病是把"紧急"当成优先原则。其实，许多看似很紧急的事情，拖一拖，甚至不办，也无关大局。

（4）既不紧急也不重要的工作（比如娱乐等），此类事情等有时间了再说。

不管使用哪一种时间管理方法都要为每一项工作或计划规定最后期限，将大型的工作小块化，每个时间段完成一小块任务。最主要的是，一旦制订了计划就要按计划执行，不可因为小事随意放弃或更改，不然很难达到管理好时间的目的。

（二）躯体管理

压力下的生理反应包括压力反应与放松反应，通过练习，我们可以尽可能让身体处于放松反应状态中，如冥想、放松训练等都可以帮助我们增强身体的压力反应弹性，缓解压力反应。找一个安静的房间，试试下面的想象放松训练。

（1）平躺在床上或坐在沙发上。

（2）闭上双眼，想象放松每部分紧张的肌肉。

（3）想象一个你熟悉的、令你感到高兴的、具有快乐联想的景致，如校园或是公园。

（4）仔细看着它，寻找细致之处。如果是花园，找到花坛、树林的位置，尽量准确地观察它们的颜色和形状。

（5）此时，展开想象的翅膀，幻想你来到一个海滩（或草原），你躺在海边，周围风平浪静，波光熠熠，一望无际，使你心旷神怡，内心充满宁静、祥和。

（6）随着景象越来越清晰，幻想自己越来越轻柔，飘飘忽忽离开躺着的地方，融进环境之中。阳光、微风轻拂着你，你已成为景象的一部分，没有事要做，没有压力，只有宁静和轻松。

（7）在这种状态下停留一会儿，然后想象自己慢慢地又躺回海边，景象渐渐离你而去。再躺一会儿，周围是蓝天白云，碧海沙滩。然后做好准备，睁开眼睛，回到现实。此时，你会感到头脑平静，全身轻松，非常舒服。

除了放松，让身体动起来，也是对抗压力的好办法。身体活动是指由骨骼肌肉产生的需要消耗能量的任何身体动作，包括在日常生活、家庭和社区中的休闲时间活动、交通往来（如步行或骑自行车）、职业活动（如工作）、家务劳动、玩耍、游戏、体育运动或有计划地锻炼等。有规律地从事诸如步行、骑自行车或跳舞等身体活动对应对压力、促进健康大有裨益。

2022 年 4 月，英国剑桥大学研究团队在《美国医学会精神病学期刊》（*JAMA Psychiatry*）上发表涉及 191130 名参与者的研究证实，运动不仅可以治疗抑郁症，还可以预防抑郁症。与从不运动的人相比，进行少量运动的人可以获得较大的益处，每周快走 2.5 个小时的人比完全不运动的人患抑郁症的风险降低了 25%。如果我们每个人都能增加身体运动的时间，达到世界卫生组织的推荐量（18～64 岁成年人每周至少进行 150 分钟中等强度的有氧运动，或每周至少 75 分钟高强度的有氧运动，或中等和高强度两种运动相当量的组合），近 12% 的抑郁症可以通过一定量的锻炼得到预防。

（三）资源管理

有时候我们发现休息一下之后，好像突然就又有能量了，其实人就像一个可以反复充电的电池，在压力下，电量被消耗，如果不及时充电就会耗竭。如果想要更好地适应生活，就需要及时补充能量，如寻求社会支持。社会支持是一种非常重要的压力应对资源，任何一个与你有着明显社会关系的人，可能是家人、同学、老师，他们都可以成为你的社会支持网络系统的一部分，为你提供关心、安慰等情感支持，金钱、房子等有形支持及建议等信息支持。我们不仅可以和他们分享快乐的事情，也可以和他们分享糟糕的感

资料：愉快的事情清单

受。想一想，对你来说，哪些是消耗电量的事情（如和别人吵架、上课迟到、感到课业繁重等），哪些又是补充电量的事情（如和好朋友聚餐、看一场电影、成功完成一项任务等）？

🔗 **链接**

人生的三个境界

中国近现代学者王国维在其著作《人间词话》中谈道："古今之成大事业、大学问者，必经过三种之境界。"

第一种境界："昨夜西风凋碧树。独上高楼，望尽天涯路。"这句出自北宋晏殊的《蝶恋花》，原意为，"我"上高楼眺望所见的是更为萧飒的秋景，西风黄叶，山阔水长，案书何达？王国维对这句话的解释是：做学问成大事业者，首先要有执着的追求，登高望远，瞰察路径，明确目标与方向，了解事物的概貌。大学生正处于人生重要的转折点，更要树立一定的目标。

第二种境界："衣带渐宽终不悔，为伊消得人憔悴。"这句引自北宋柳永《蝶恋花》中的词，原词表达的是作者对爱的艰辛和爱的无悔。王国维将"伊"字理解为个人的理想和事业，以此比喻成大事业、大学问不是轻而易举的，必须经过不懈的努力和辛劳，直至人瘦带宽也不后悔。大学生在追求目标的过程中也会遇到各种压力和挑战，它们有时会使人备受折磨、难以忍受。如果此时选择了放弃，就失去了成功的可能性。

第三种境界："众里寻他千百度，蓦然回首，那人却在，灯火阑珊处。"这句出自南宋辛弃疾《青玉案》。王国维将这句词作为人生的最高境界，意为做学问、成大事业者，必须有专注的精神，通过反复追寻、研究，就会豁然贯通，进而有所得。大学生在面对压力和挑战时只要不轻言放弃，积极应对，也定将取得收获。

第三节　情绪及情绪管理

现代科学研究表明，情绪和健康的关系是非常密切的。情绪的骤然变化，如喜形于色、惊恐万状、焦灼不安、怒发冲冠等，都会引起一系列的生理变化。有人曾做过试验，如果使一个健康的人处于舒适状态，并用语言暗示使之精神愉快，那么此人的动脉血压就可下降大约 20 毫米汞柱，脉搏每分钟也可减少 8 次。这时，倘若用 X 光观察此人的胃部，就会发现，胃的体积缩小，张力随之增高。反之，精神焦虑会招致血压上升，胆固醇升高，即使咀嚼食物，也分泌不出唾液。65% ～ 90% 的疾病，是由情绪变化引起的。此外，情绪的波动还会对人际交往、自我认知、目标管理等产生重大的干扰，人们的生活、学习、工作无时无刻不被情绪影响。因此，做好情绪管理，是大学生提高心理素养、完善个人人格最重要的入口。

一、情绪的内涵

有人说："真正厉害的人，早已戒掉了情绪。""戒掉情绪，你就成功了一半。"似乎情绪，尤其是坏情绪，能像取掉一只手表那样轻松地从我们身上取下来，事实真的是这样吗？情绪真的是我们成功路上的拦路虎吗？隔离情绪对我们真的有益吗？我们不妨来看看情绪是什么。

（一）情绪的概念

情绪是内心的感受经由身体表现出来的状态。情绪的出现是人对客观世界能否满足主观需要的一种态度体验，是一个人内心世界的反映，是一个人七情六欲的外部表现。

情绪既是主观感受，又是客观生理反应，具有目的性，也是一种社会表达，因此情绪是多元的、复杂的综合事件。心理学家对情绪的定义不一而足，但都公认情绪由以下3种成分组成：①情绪涉及身体的变化，这些变化是情绪的表达形式；②情绪涉及有意识的体验；③情绪包含了认知的成分，涉及对外界事物的评价。

以考试焦虑为例，焦虑是一种典型的情绪流露，考试焦虑是由认知、生理和行为3种基本成分交织而成的一种复杂情绪反应。以担心为特征、由消极自我评价所形成的意识体验，属认知成分；同自主神经系统活动增加相联系的特定的情绪反应，属生理成分；表现为防御或逃避的行为方式，属行为成分。

人类存在7种基本情绪，分别是快乐、愤怒、悲伤、恐惧、厌恶、惊讶和轻蔑，这7种基本表情表达情绪的方式在不同的文化中是一致的。所有的复杂情绪，都是基于这7种基本情绪形成的。图5-4展现了人的不同的情绪。

图5-4 不同的情绪

情绪有正面情绪和负面情绪之分。积极肯定的情绪有爱与温情、感恩、好奇心、振奋、热情、毅力、信心、快乐等；消极否定的情绪有嫉妒、愤怒、抑郁、紧张、狂躁、怀疑、自卑、内疚等。正面情绪对人生的成功发挥着积极作用，负面情绪对人生的成功起消极作用，但每一种情绪都有它存在的意义。

（二）情绪的基本状态

情绪状态是情感在实践活动中的表现，对人的生活有着重大的意义。它可能提高人们的工作、学习效率，也可能降低人们的工作、学习效率；它可能增进人们的身心健康，也可能损害人们的身心健康。人的一切心理活动都带有情绪色彩，根据发生的强度、速度、紧张度和持续性，情绪可分为心境、激情和应激 3 种状态。

1.心境

这是一种比较微弱、持久且具有渲染性的情绪状态。人逢喜事精神爽、遇到烦心事忧心忡忡等，均为心境的不同表现。大学生活中人际关系的亲疏、学习中遇到的困难等，均可能导致大学生某种心境的产生。心境具有渲染性，当个体处于某种心境之中时，他的言行举止、心理活动都会蒙上一层相应的情绪色彩；同时也具有弥散性，不具有特定的对象，蔓延的范围较广，常常会影响大学生的整体言行。正如古语所云："忧者见之则忧，喜者见之则喜。"由于心境不同，不同的人对其他的事会带着自己的渲染性、弥散性的心境去看，体验是不同的。

心境持续的时间可长可短，短则几个小时甚至更短，长则几个月甚至更长。心境持续时间的长短取决于产生该心境的客观环境和个体的个性特点。重大的生活事件导致的心境更为持久；性格内向、沉闷的人心境持续时间可能更长。

心境都是由一定原因引起的，但有些原因通常是意识不到的。一般来说，个人生活中的事件，如事业是否成功，工作是否顺利，以及人际关系、健康状况、疲劳程度、周围环境事物、季节气候等都可以引起心境的变化。

心境对人的生活、工作、学习和身体健康有很大影响。积极的心境使我们的生活、学习、工作等活动效率提高，有助于身心健康；而消极的心境，使人悲观消沉，活动效率降低，无益于身心健康。无论是在大学生活还是今后的生活中，我们要善于调节和控制自己的心境，保持积极、良好的状态。

2.激情

激情是一种强烈而短暂的、爆发式的情绪状态，比如欣喜若狂、悲痛欲绝、惊恐万分等均为激情的不同表现。

激情多是由重大事件（巨大成功、严重挫折等）的强烈刺激所致，人们总是伴以强烈的生理反应和表情行为，因而激情具有爆发性和冲动性的特点。例如，狂喜时会手舞足蹈，发怒时会暴跳如雷，恐惧时则面如土色，有时则以一言不发、呆若木鸡、萎靡不振等极端形式表现出来。

激情也有积极和消极之分。积极的激情会使人的感情完全投入当前活动中，激发个人的潜力，完成眼前的活动，如生活中的见义勇为、解放战争时保家卫国的激情。消极的激情会产生很大的破坏性和危害性，如有的大学生生气时不管三七二十一，激情中失去理智，从而导致"一失足成千古恨"的后果。

大学生处于风华正茂的青年期，情绪波动比较明显，容易产生激情状态，尤其是集体生活中互相感染的气氛，更加容易加剧激情的爆发。积极激情让人对生活、学习充满热情和动力，感到生活的意义和价值；消极激情可能会造成严重的后果，引发"冲动是魔鬼"的叹息。

3. 应激

应激是出乎意料的紧迫情况所引起的高度紧张的情绪状态，往往发生于出乎意料的危险情境或紧要关头，如火灾、地震、高考等。在应激状态下，人可能有两种表现：一种是目瞪口呆，手忙脚乱，陷入窘境；一种是急中生智，及时行动，摆脱困境。人在应激时会产生一系列的生理反应。加拿大生理学家塞里指出，在危急状态下的应激反应会导致适应性疾病。有关研究表明，应激会引起一般适应综合征的发生，出现警觉阶段—反抗阶段—衰竭阶段等一系列症状，最终使有机体精疲力竭，抵抗力下降，出现适应性疾病。

应激状态下有积极的反应与消极的反应。积极的反应表现为个体急中生智，力量倍增，体力和智力充分地调动起来，获得"超常发挥"；而消极反应表现为惊慌失措，四肢无力，眼界狭窄，思维阻塞，动作刻板或反复出错，正常处理事件的能力大大削弱。一个人如果没有经历过应激状态，一旦遇到出乎意料的紧急情况就很容易手足无措、无所适从。人生中的挫折与困苦不计其数，应积极地应对应激事件。勇敢地面对、理智地解决应激事件，会促进一个人适应能力的提高。大学生锻炼自己这方面的能力，有助于未来更好地适应生活和工作。但是要注意的是，长时间地处于应激状态对健康是很不利的，有时甚至是很危险的。根据加拿大生理学家G. 谢尔耶（G. Selye）的研究，他认为应激状态的延续能够击溃一个人的生物化学保护机制，使人降低抵抗力以致疾病侵袭，甚至人体能量资源枯竭而导致死亡。

（三）情绪和情感的区别与联系

在日常生活中，我们对情绪和情感概念的使用非常随意。但在心理学上，情绪和情感是两个不同的概念。西方心理学著作中常常把无限纷繁的情绪和情感统称为感情。这样，感情的概念就包括了心理学中情绪和情感两个方面。

情绪和情感是从不同的角度来表达感情这种复杂的心理现象的。情绪和情感有以下3个方面的关系。

（1）从所联系的心理层次看，情绪的心理层次低一些，是先天的与生理需要相联系的；情感则与人的社会性需要相联系，属于高级心理现象。

（2）从所具有的品性看，情绪一般不稳定，具有较大波动性；情感则较稳定，持续时间较长，甚至影响人的一生。

（3）情绪和情感相互联系和依存。情感是在情绪的基础上产生的，进而发展成为情绪的深层核心，它通过情绪得以实现；情绪包含情感，受情感的制约，是情感的外在表现。两者相互依存、相互制约和相互发展。

然而，情绪和情感都有内容和形式两个方面，因而这种区分不是绝对的，它们彼此又有联系。一方面，人具有稳定的社会内容的高级情感，也可能以鲜明的、爆发的形式表现出来，表现为一种情绪。比如，一提起母亲，许多人心中涌起的是对母亲的爱，这是情感；但有些时候，尤其是个人处在叛逆期，又时常会和母亲吵架，吵架时激烈的冲突是强烈的情感体验。这种不同的情绪和情感体验我们并不觉得矛盾，反而认为是和谐统一的。另一方面，情绪和情感是可以区分的，它们各自有特定的含义，但是这种区分是相对的，在人类中体现的情绪和情感统一于人的社会性本质之中。

二、大学生情绪发展的特点

大学生正处于从青少年过渡到成年的重要阶段，身心发育在这个阶段有自己特点。大学生的情绪发展，既有青少年的激情又有成人的成熟，展现出比较复杂的特点。

（一）冲动性与复杂性

> ✎ **练一练**
>
> 记录你一天的情绪，并觉察自己这一天的情绪状态及情绪的作用。
>
> 1. 今天起床到现在，你都产生过哪些情绪？请写下来。
>
> 2. 今天的情绪是正面情绪多还是负面情绪多？
>
> 3. 选择其中最强烈的一个，想一想它是怎样产生的？
>
> 4. 再想一想，产生这种情绪后，你做了什么，说了什么，你的行为产生了什么后果？
>
> 5. 这个后果是建设性的（对健康、工作、人际关系有益），还是破坏性的（对健康、工作、人际关系有害）？

大学生有着丰富、强烈而又复杂的感情世界，情绪体验快而强烈，喜怒哀乐常常一触即发，表现出热情奔放的冲动性特点。心理学家常用"急风暴雨"来比喻这种激情性的情绪特征。这种冲动性的情绪在群体中往往会变得更激烈。大学生有较强的群体认同感，喜欢模仿，易受暗示，容易受当时情境气氛的感染、鼓动，容易表现出比单个人时更大胆的举止。群体可以增强一个人的力量感，同时在群体中个人可以减少其相应的责任。

大学生的情绪冲动性有其生理和心理基础。生理上，由于性成熟，大学生旺盛的性激素分泌会通过反馈影响下丘脑的兴奋性，而大脑皮层的调节作用一时还不能适应这种情况，因此，在大脑皮层和下丘脑之间出现了不平衡状态。心理上，心理发展的相对缓慢、心理调节机制的不完善、对外界变化的弹性和应变能力的缺乏，以及对心理活动调节和支配的意志与能力的缺乏，使得大学生生理和心理的发展出现了不平衡，从而影响了情绪的表现，使得情绪变得容易冲动。

（二）强烈性与爆发性

大学生的情绪特点还表现在情绪体验上特别强烈和富有激情。对任何事都比较敏感，有时一旦情绪爆发，自己难以控制，甚至表现为一定的盲目狂热和冲动。在处理同学关系、师生关系的矛盾时，在对待学业生活中的挫折时，有些大学生容易走极端，给自己及他人带来伤害。

（三）波动性与两极性

大学阶段初期，学生的情绪年龄正处于从未成年人向成年人的转变阶段，在情绪状态上反映着两种情绪并存的特点。一方面，相对于中学阶段，大学生的情绪趋于稳定和成熟；而另一方面，与成年人相比，大学生的情绪带有明显的起伏波动性，容易从一个极端走向另一个极端。大学生的情绪有时会表现为大起大落、大喜大怒的两极性。

（四）外显性与内隐性

大学生对外界刺激反应迅速、敏感，喜、怒、哀、乐喜形于色，比起成年人更加外露和直接；但比起中小学生，大学生会掩饰、隐藏或抑制自己的真实情感，表现出内隐、含蓄的特点。一般而言，大学生的很多情绪是一眼就能看出来的，如考试得第一名或赢得一场球赛，马上就会喜形于色。但由于自制力的逐渐增强，以及思维的独立性和自尊心的发展，他们情绪的外在表现和内心体验并不总是一致的。例如，对学习、交友、恋爱和择业等具体问题，他们往往深藏不露，具有很大的内隐性。另外，随着大学生社会化的逐渐完成与心理逐渐成熟，他们能够根据特有条件、规范或目标来表达自己的情绪，使得自己的外部表情与内部体验不一致。例如，有的学生明明对某一工作岗位很有兴趣，也在暗中积极准备应聘资料，但表面上却表现得不动声色。

三、大学生情绪管理的方法

情绪本身是有功能的，但是情绪为我们带来各种乐趣的同时也会给我们制造麻烦，可能存在以下 3 种状态：① 过激，我们感觉到的情绪是对的，但是过于激烈。比如，担心是正常的，但是过分担心就变成了恐惧。② 错误表达，我们感受到的情绪是正常的，但是表达方式不恰当。比如，生气是很正常的，但是硬要保持沉默则可能效果适得其反。③ 不恰当的情绪本身。比如面对亲人去世，没有感觉到悲伤的情绪。

（一）情绪管理的步骤

能否觉察、管理好自己的情绪，对每个人都非常重要。大学生在遇到对个体发展不利的情绪时，应当积极寻找情绪管理策略，使用有效的方式解决情绪的不适。具体来说，情绪管理有 3 个步骤。

1.体察情绪

首先要感受到自己的情绪，也就是时时提醒自己注意："我现在的情绪是什么？"体察的重点是不进行评价。评价一定会带来内疚、羞耻感，而这些是最令人丧失能量的情绪。例如，当你因为朋友约会迟到而对他冷言冷语时，问问自己："我为什么这么做？我现在有什么感觉？"如果你察觉到你已对朋友三番两次的迟到感到生气，你就可以对自己生气的情绪做更好的处理。有许多人认为人不应该有情绪，所以不肯承认自己有负面的情绪。要知道，人是一定会有情绪的，压抑情绪反而带来更不好的结果，学着体察自己的情绪，是情绪管理的第一步。

体察情绪还要能理解、感受他人的情绪。情绪管理的重要性尤其体现在人际关系上。能感受和理解他人的情绪并进而产生共情，这是维系人际关系纽带最重要的润滑剂。体察他人的情绪，除了直接感受言语内容以外，还可以从面部表情、肢体语言和语言表情3种情绪的表现途径入手，具体内容可参考专题四"非言语沟通"部分。

2.表达情绪

1. 微课：表达情绪
2. 微课：踢猫效应

表达情绪是为了解决问题和推动关系的发展，绝不是单纯地为了发泄自己的情绪。因此，表达情绪是一个技术活。以朋友约会迟到为例，你之所以生气可能是因为他让你担心，在这种情况下，你可以委婉地告诉他："你过了约定的时间还没到，我很生气，也很担心你在路上发生意外。"试着把"我很担心"的感觉传达给他，让他了解他的迟到会带给你什么感受。那么，什么是不适当的表达呢？例如，你指责他："每次约会都迟到，你为什么都不考虑我的感受？"当你指责对方时，也会引起对方的负面情绪，他会变成一只刺猬，忙着防御外来的攻击，没有办法站在你的立场为你着想，他的反应可能是："路上堵车了，我有什么办法，你以为我不想准时吗？"如此一来，两人开始吵架，更别提愉快的约会了。如何适当地表达情绪，是一门艺术，需要用心体会、揣摩，更重要的是，要运用在实际的生活中。

表达情绪时需要注意以下3个原则。

（1）情绪往往不止一层，不要被表面的情绪所迷惑，找到最深层的、最原始的情绪把它表达出来。如朋友约会迟到，我们的表象情绪是生气、愤怒，再往下可能是失落、难过，最深层的情绪可能就是不安和担心，试着把深层情绪也一并表达出来。

（2）表达情绪应该是建设性的而非破坏性的。要知道语言是很有杀伤力的。当我们的表达情绪变成发泄情绪时，对方在这种"枪林弹雨"下会本能地逃避和防御。"良言一句三冬暖，恶语伤人六月寒"，切勿图一时爽快而说出伤害对方的话。

（3）要表达情绪而非掩饰情绪。其实，当我们长期掩饰自己的情绪时，对对方是不公平的。因为对方无法知道你的底线在哪里，这可能会造成3个后果：一是他会不断地探测你的底线；二是他觉得你对一切都不介意；三是他无法了解真正的你。情绪可以被压抑但很难消失，所有被压抑下来的情绪，最终都会像高压锅里的气体一样，找到一个突破口，这对维持关系是很不利的。

3.纾解情绪

纾解情绪有以下3种方法，我们在遇到情绪问题的时候会不知不觉地运用其中的一个或者几个。

（1）注意转移法。注意转移法是指改变注意焦点，分散注意力，包括做一些感兴趣的事情，或者改变环境。比如旅游、看书、看电影、购物、画画、弹琴、听笑话、下棋、种花草等。注意转移法一方面有中止不良刺激源的作用，防止不良情绪的泛化、蔓延；另一方面，通过参与新的活动特别是自己感兴趣的活动而达到增进积极情绪体验的目的。

（2）合理宣泄法。过分压抑只会使情绪困扰加重，而恰当宣泄则可以把不良情绪释放出来，从而使紧张的情绪得以缓解，心情放松。例如，在适当的场合哭、向他人倾诉、进行剧烈运动、跳舞、放声歌唱或大声喊叫。但一定要谨记：宣泄不以牺牲别人的自尊为代价。有的同学会在好朋友面前狠狠发泄自己的不满，当时感觉特别痛快，但却造成了严重的后果，后来不得不采取更多的补救措施，或者从此与对方形同陌路，这样反而得不偿失。

（3）理智控制法。此方法包括：自我解嘲、自我安慰、自我暗示、自我激励、心理换位、学会升华等。这些方法可以从内心摆脱烦恼，缓解矛盾冲突，消除焦虑、抑郁和失望，达到自我激励、总结经验、吸取教训的目的，有助于保持情绪的安宁和稳定。

注意纾解情绪的两个原则：不伤害、能面对。也就是纾解情绪要建立在不伤害自己、不伤害他人的基础上，当然，也不能破坏公共财物。同时，宣泄过后能令自己有力量面对困境的情绪管理方法才是好方法。

（二）心理治疗理论在情绪管理中的应用

心理问题大多都表现为情绪问题，尽管很多心理治疗流派没有将情绪作为整个工作对象，但各流派的理论中都会涉及情绪部分，接下来介绍几种疗法中与情绪管理相关的内容，以帮助大家更好地管理情绪。

1.理性情绪疗法

理性情绪疗法由美国心理学家阿尔伯特·艾利斯（Albert Elliz）（见图5-5）创立和发展，其基本假设是我们的不良情绪根源于我们的信念、评价与解释。艾利斯有句名言："人不是被事情本身所困扰，而是被其对事情的看法所困扰。"

假如你去参加一个学生社团组织的面试，想要得到一个提升能力的机会，你很好地回答了面试官提出的问题，但还是被面试官拒绝了（不愉快的事件A），你感到非常沮丧（结果C）。你也许会这么想：这个面试官害我被淘汰了。甚至会得出这样一个结论：面试被拒绝导致我沮丧。这个结论看起来似乎很合理，但

图5-5 阿尔伯特·艾利斯

之后它会让我们陷入一种逻辑中：一定是不愉快的事件（A）让我有了某种糟糕的情绪（C），只要这个不愉快的事件（A）不发生，或者发生的是一件愉快的事情，那就不可能会有糟糕的情绪（C）。

事实上，这个想法是有问题的，假如面试被拒绝这种事情发生在100个人身上，是

微课：情绪
ABC 理论

不是这 100 个人都会感觉到沮丧？也许 95% 的人会因为这件事情而产生不好的情绪，因为它违背了人们的愿望，但是会不会存在这种可能性，有的人被拒绝了还挺开心的？也许这个面试他是被强迫来参加的，也许进一步了解之后觉得这根本就不是他喜欢的岗位。所以不愉快事件（A）不会直接导致糟糕的情绪（C），中间还有一个影响变量：你对这个不愉快事件（A）的看法（B）。

上面的例子中，A 是指诱发性事件（activating event），B 是指信念（belief），即我们对 A 的认识、评价或看法，C 是指结果（consequence），包括情绪的结果和行为的结果。情绪 ABC 理论是理性情绪疗法的重要内容，不仅说明了情绪与行为困扰的原因，也提供了解除情绪与行为困扰的方法。人同时具有理性与非理性信念，人们的困扰来自其本身的非理性思考，而非外在的某些事件。理性的信念多半能帮助我们实现目标，而非理性信念往往具有破坏性。比如当你接到一个重要的任务，理性信念（如我会尽最大的努力做好这个任务，如果结果不是很完美，我还是会享受这个过程）会激励你去完成任务，在这个过程中你会产生理智的担忧情绪，害怕失败，但这种担忧能让你更谨慎，理清思路做好计划，随时做好准备面对意外情况。而非理性信念（如我一定要完美地完成这个任务，否则我就是个没有价值的人）则会让你心烦意乱，最终的结果反而是完成不好这个任务。

根据该理论，如果我们改变对诱发性事件所持的不合理的信念，建立合理的信念，就会产生积极的情绪反应，使我们对自己和周围事件的认知更客观、自信和辩证。例如，某大学生因考试成绩平平（A）而焦虑甚至产生抑郁情绪（C）。

（1）列出引发不良情绪的事件：考试成绩平平。

（2）找出引发不良情绪的非理性信念：我应当在各方面都是优秀的、出类拔萃的，否则情况就会变得非常糟糕。

（3）通过对非理性信念的认识和纠正，找出合理的信念：一个人未必各方面都优秀，做最好的自己是最重要的。

（4）通过建立合理的信念，达到情绪感受的改变，使焦虑与抑郁情绪得以缓解。

◎ 小知识

11 种常见的非理性信念

1. 人应该得到自己生活中每一位重要人物的喜爱和赞许。

2. 一个有价值的人应该在各个方面都比别人强。

3. 有些人是卑鄙的、丑恶的，他们应该受到严厉的指责和惩罚。

4. 如果事情非己所愿，那将是糟糕的。

5. 不愉快的事是由外在因素引起的，我们必须控制它。

6. 面对现实中的困难和自我应承担的责任是件不容易的事情，倒不如逃避它们。

7. 对危险和可怕的事要随时警惕，应该非常关心并不断注意其发生的可能性。

8. 人必须依赖别人，特别是比自己强的人，只有这样才能生活得更好。

9. 以往的经历和事件常对现在有决定性的影响，而且这种影响永远存在。

10. 对于他人的问题应当予以非常的关切。

11. 任何问题都应有一个唯一正确的答案。

非理性信念主要有以下 3 个特点：

（1）绝对化。即对什么事情都怀有认为必须或不会发生的信念，日常生活中常见的语言表达为"应该""必须""一定""绝对"等。具有绝对化非理性信念者在生活和人际交往中刻板僵化，总是在苛求完美，很容易陷入不良情绪的困扰。

（2）过分概括化。在这种非理性特征中，世界上的事物非黑即白，要么正确，要么错误。日常生活中常见的语言表达为"总是""从来不"，如朋友的一次失约就被认为是不可信的等。

（3）糟糕透顶。这是一种认为某一件不好的事发生了，必定会非常可怕、非常不幸的想法。

大家很容易发现，只要自己头脑中存在以上任何一条典型的非理性信念，在日常生活中就会很容易产生烦恼。因为以上的信念太绝对化了，变通与回旋的余地很小，个体很容易因为坚持这些信念而钻牛角尖。

2.叙事疗法

叙事疗法是受到广泛关注的后现代心理治疗方式，通过"故事叙说""问题外化""由薄到厚"等方法，使人变得更自主、更有动力。澳大利亚心理学家麦克·怀特（Mike White）和新西兰的大卫·爱普斯顿（David Epston）是叙事心理治疗的创始人与代表人物。

不同的经历和故事引起的情绪是不同的。叙事疗法相信每个人都是自己的问题的专家，生命中发生的事情有很多，我们只是选取其中的某些情节来成为自己的故事，但仍有其他部分，虽未被描述，却存在许多可能性。通过重新叙述自己的生命故事，甚至只是重新叙述一个不是自己的故事，发现新的角度，产生新的态度，从而产生新的重建力量，这样或许可以改变自己的情绪感受。

✍练一练

与情绪对话

找一个让自己感觉不太好的情绪，比如焦虑、紧张等，试着通过写信的方式和这种情绪对话。

XX怎么开始的？

XX发生有多长时间了？

XX给你的生活带来了什么影响，让你怎么看你自己？让你的生活（和别人的关系）有了什么改变？

在XX中生活，你最辛苦的地方是什么？

XX如果会说话的话，它是想告诉你什么？

你做些什么可以让自己好受一点？

感觉好一点可以给你的生活带来什么？

如果说从XX中有所学习的话，你觉得可以学到什么？

3.认知行为疗法

微课：CBT中的解决技术与应用

认知行为疗法（cognitive behavioral therapy，CBT）是指与认知和/或行为有关的谈话疗法，它不是指一个具体的疗法，而是指这类疗法的总称，包括前述理性情绪疗法。自从亚伦·贝克（Aaron Beck）在20世纪60年代提出这种结构性的、短程的、认知取向的心理治疗方法，多位心理学家发展了该理论，CBT目前已被临床证明可以显著改善个体功能和生活质量。许多研究发现CBT针对抑郁症、焦虑症等心理疾病和不合理认知导致的心理问题，与其他形式的心理治疗或精神科药物一样有效，或更有效。

CBT强调改变功能不良的思维，来达到消除不良情绪和行为的目的，其主要着眼点放在识别来访者不合理的认知上。它通过一系列技术帮助来访者意识到不准确或消极的想法，识别自己的认知存在非理性的、非现实的一面，并用积极正确的认识取代歪曲的认识，这样个体就可以更清楚地看待具有挑战性的情况并以更有效的方式应对它们，结构性的问话是让个体感觉变好的重要方式。

CBT认为人们遇到的所有生活事件都包含环境、生理表现、情绪、行为和思维5个因素，这5个因素彼此相互作用，任何一个因素的细微改变都可能引起其他因素的改变。通过练习识别这5个因素，理解其相互联系，可以让我们用一种全新的视角思考当前的困扰，从而做出积极改变。下面的3个练习可以帮助你了解这个疗法。

✎ 练一练

练习 1：区分 5 种因素

在下面每一项描述的后面写下是环境、生理表现、情绪、行为和思维这 5 种因素中的一种（即归属种类）。

1. 失眠；

2. 我一无是处；

3. 心跳加速；

4. 保持沉默；

5. 早上 6:45，我骑车去教室；

6. 我暗恋的那个人，给我发消息说一起吃饭；

7. 我想哭；

8. 我要疯了；

9. 上课的时候，老师让我发言；

10. 学习的时候；

11. 愤怒；

12. 挂断电话。

练习 2：五栏记录表

在表 5-1 中记录困扰事件的环境、生理表现、情绪、行为和思维 5 个方面的内容，甚至可以是对自己某一个或几个方面（如情绪）产生的新的情绪、思维等内容。

表 5-1　五栏记录表

环境	生理表现	情绪	行为	思维
何时/人/事/地？	身体有什么感受？	有什么感觉？程度如何？（用单个词语来表达情绪，如沮丧）	做了什么？	想到了什么？脑海里浮现出什么画面或记忆？

练习 3

当我们出现困惑时，不妨问自己下列问题：

问题 1：我刚才在想什么？

问题 2：我对这种想法的相信程度是多少？

问题 3：这样的思维给我带来了怎样的情绪体验，严重程度是多少？

问题 4：支持这个想法的证据是什么？

问题 5：反对这个想法的证据是什么？

问题 6：还有没有其他的解释？

问题 7：最坏会发生什么情况？

问题 8：如果最坏的情况发生了，我可以如何应对？

问题 9：最好会发生什么情况？

问题 10：最现实的情况，或者说最有可能发生的情况是什么？

问题 11：如果我的家人或者朋友处于相同的情境，我会对他说什么？

问题 12：既然已经分析出了这些，那么我现在相信这种想法的程度是多少呢？

问题 13：它给我带来的不良情绪严重程度现在是多少？

问题 14：如果我现在再次处于相同或者类似的情境，我会有同样的困扰吗？

问题 15：我可以做些什么？

超简单心理实践

正念冥想——扫描身体

1.目的：了解正念冥想对身心健康的重要意义，学习正念冥想的方法。

2.时间：20 分钟。

3.材料准备：无。

4.活动流程和指引如下。

（1）找一个地方坐下，调整到一个让自己舒服的姿势，呼吸。通过鼻息，建立起一个温柔的节奏。

（2）将呼吸带到腹部，饱满地呼吸。将呼吸带到两侧的肋骨，把注意力放在两侧的肋骨。把注意力放在尾椎，把呼吸带到尾椎和后腰。把呼吸带到肺部。把呼吸带到胸腔，打开你的胸腔。把呼吸带到肩膀，继续打开胸腔。把意识和呼吸带到双臂，呼吸从上到下。

把意识和呼吸带到右手上，从大拇指开始，一个指头一个指头地转移。现在把意识和呼吸放在左手，从左手大拇指开始，一个指头一个指头地转移。把意识和呼吸带到大腿，大腿根部，将意识和呼吸向下转移。从左腿开始，到左膝盖、左边的小腿肚子、左脚踝骨、左脚脚掌、脚底心、脚后跟、左脚大拇指，慢慢地，以你舒服的节奏，一个脚趾一个脚趾转移。把意识和呼吸带到脚背。把意识和呼吸带到右边大腿的大腿根部，将意识和呼吸慢慢地向膝盖转移。到右膝盖、右边的小腿肚子、右脚踝骨、右脚脚掌、脚底心、脚后跟、右脚大拇指，一个脚趾一个脚趾地转移，带到脚背。把呼吸和意识聚焦在骨盆，两胯，再从尾椎开始，沿着脊椎骨，一节一节地让意识和呼吸向上流动。

现在，让呼吸和意识弥漫到肩胛骨，覆盖到肩胛骨。从肩胛骨慢慢转到脖子，再向上，到两侧的耳根。从我们头颅的后半部，到风池穴……继续呼吸，把意识带到头盖骨的顶部、头皮、毛发根部，头骨有什么感觉……把意识和呼吸带到前额、眉骨、眼睑、颧骨、鼻腔、下颌。现在把意识和呼吸聚焦在嘴唇、口腔、舌头、唾液腺。把呼吸和意识带到喉咙。把呼吸和意识回到眼睛。慢慢地睁开眼睛。

（3）分享感受：在刚才的过程中你有什么样的体验和发现？

课后巩固

参考文献

[1] 格里格，津巴多. 心理学与生活[M]. 王垒，王甦，译. 北京：人民邮电出版社，2003.

[2] 格林伯格，帕蒂斯凯. 理智胜过情感[M]. 2版. 宋一辰，李稔秋，译. 北京：中国轻工业出版社，2018.

[3] 莱恩汉. DBT情绪调节手册[M]. 祝卓宏，等译. 北京：北京联合出版公司，2022.

[4] 麦格尼格尔. 自控力：和压力做朋友[M]. 王鹏程，译. 北京：北京联合出版公司，2016.

[5] 斯托罗尼. 零压人生：瞬间化解焦虑、烦躁的高效压力管理术[M]. 陈玉嫦，译. 北京：北京联合出版公司，2019.

[6] 王芳. 当压力来敲门[M]. 北京：华夏出版社，2020.

[7] 西华德. 压力管理策略[M]. 许燕，译. 北京：中国轻工业出版社，2008.

[8] 严进，路长林，刘振全. 现代应激理论概述[M]. 北京：科学出版社，2008.

▶▶ **教学目标**

知识目标：掌握爱情的定义；了解不同爱的类型；理解依恋类型对亲密关系的影响。

能力目标：学会运用爱的语言；能够表达爱、接受爱和拒绝爱；知道如何开始和结束一段恋爱关系。

情感与价值目标：了解爱情是美好的，但不应该是盲目的，需要慎重对待；恋爱双方是独立的个体，交往中需要互相理解和尊重，并且为自己的行为负责。

▶▶ **课前热身**

小A和小B是同班同学，也是好朋友，小A一直喜欢小B，但觉得自己配不上小B就一直没有向她表白，只是作为普通朋友相处。之后小B交了男朋友，小A知道后非常伤心，下定决心要放下对小B的感情，因此很快就接受了向他表达好感的小C。也许是小C的出现太过于及时，他们的感情迅速发展，小A认为自己已经爱上了小C。过了一段时间，在得知小B与男友分手后，小A的心里又泛起了涟漪，他一边安慰着情绪低落的小B，一边思考自己真正爱的是谁。他认为自己对小C已经有了感情，但对小B也还有心动的感觉。他很迷茫，不知道该如何面对她们。

1.你认为小A爱的是小B还是小C，还是两个人都爱？为什么？

2.如果小A向你求助，你会怎么做？

3.如果你是小A，你会怎么做？

▶▶ **导言**

爱情是一个永恒的主题，古今中外无数文人墨客都对其歌颂和赞扬。有些大学生在踏进大学校门前就向往收获一份美好真挚的爱情。爱情可以带来精神上的愉悦、情感上的满足、生活上的陪伴，也会带来心酸和苦涩的滋味。因此，如何正确认识爱情、如何处理好恋爱中的问题，以及如何平衡恋爱与各方面的关系是大学生需要进修的重要人生课题。

第一节　认识爱，鉴别爱

当大学生遇到心动的对象，或者遇到对自己表达好感的人时，常常会疑惑自己对对方及对方对自己到底是什么感情，真的是爱情吗？有些大学生即使已经进入了恋爱状态也会感到困惑，总觉得这段关系好像有什么问题，但又不明白问题出在哪里。殊不知，这段恋爱关系也许还远未达到"爱"的基本条件。

一、爱情概述

每个人心中都有自己对于爱情的定义和判断标准，有人认为爱情就是一见钟情，有人认为爱情就是柴米油盐，也有人认为爱情就是"执子之手，与子偕老"。其实人与人之间的感情本就是复杂多样的，了解爱情的内涵及不同的感情类型有助于我们更好地判断和理解自己与他人的关系。

（一）爱情的含义

爱情是身心成熟到一定程度的个体，基于客观物质基础和共同的生活理想，在各自内心形成的最真挚的仰慕，并渴望对方成为自己终身伴侣的强烈、稳定、专一的情感。

作为人际吸引最强烈的形式，爱情是性成熟的个体希望延续种族的本能。这一本能是爱情必不可少的生物性基础。然而爱情并不仅仅是本能的性欲，而是人们基于精神方面的和谐一致产生的一种高尚的情感，是社会性的体现。真正的爱情是生物性和社会性的结合，两者缺一不可。

> 💡 **思考**
>
> 　　5 岁的幼儿园小朋友涂涂表示喜欢班里的朵朵，并送给朵朵自己妈妈的项链，还说要娶她。你觉得这是爱情吗？为什么？

（二）爱情三因素理论

美国心理学家罗伯特·斯滕伯格（Robert Sternberg）认为，爱情由 3 种因素组成：激情、亲密和承诺。

1.激情

激情是爱情的动机成分，伴随着生理唤醒和情感体验，是一种强烈渴望跟对方结合的状态。例如，见到对方会脸红心跳、兴奋，不自觉地想和对方亲近等。需要注意的是，援助、关怀、支配、服从等也能唤起双方强烈的情感体验。

2.亲密

亲密是爱情的情感成分，是交往双方心灵相近、互相契合、互相归属的感觉，包括理解、支持、沟通、分享等。因此，在与亲人和朋友相处时我们也能体会到亲密感。

链接

亲密包含的 10 要素

1. 渴望促进爱人的幸福感；　　　　　　2. 与爱人共享喜悦；

3. 对爱人高度关注；　　　　　　　　　4. 在需要得到帮助时能依靠爱人；

5. 与爱人相互理解；　　　　　　　　　6. 与爱人分享自我与所有；

7. 从爱人那里得到情感支持；　　　　　8. 为爱人提供情感支持；

9. 与爱人亲密交流；　　　　　　　　　10. 肯定爱人的价值。

---

3. 承诺

承诺是爱情的认知成分，是建立和维护亲密关系的决心，包括短期和长期的承诺。短期承诺是指决定爱不爱对方，而长期承诺是指决定维护这段关系，做到忠诚和负责。缺少承诺的爱情是不完整的，真正相爱的双方会渴望得到对方的承诺，并做出自己的承诺。

上述三因素在爱情发展过程中的比重不是一成不变的。在恋爱初期，激情所占的比重最大，亲密感次之，承诺所占的比重最小。随着时间的推移，激情所占的比重大幅降低，亲密感所占的比重稳步提升，承诺所占的比重显著增加。在长期的恋爱关系中，虽然情感体验不再强烈，但建立在亲密和承诺上的关系往往会更稳固和持久。

斯滕伯格认为同时具备激情、亲密和承诺的爱情才是完美的爱情。但在实际的亲密关系中，三者常常会缺少一样或两样，从而形成不同的感情类型（见图6-1）。

1. 喜欢

只有亲密，没有激情和承诺的感情被称为喜欢。就像两个人在一起时感觉很舒服，但是缺少激情，也不一定愿意相伴终生，更像是朋友间的友情。喜欢还算不上是爱情，但有发展成爱情的基础。

2. 迷恋

只有激情，没有亲密和承诺的感情被称为迷恋。虽然和对方相处时体验到了强烈的激情，但彼此间缺乏了解，也没有考虑过未来。如果没有亲密和承诺作为基础，那么当激情消退后，这种类型的爱情会很快结束。

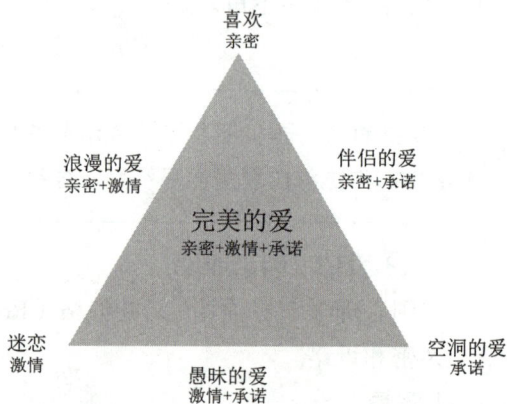

图6-1　爱情三因素理论

3. 空洞的爱

只有承诺，没有激情和亲密的关系被称为空洞的爱。顾名思义，当两个人为了结婚而结婚，或是为了恋爱而恋爱，那么这种关系虽然看上去有了爱情的形式，但缺乏爱情的内涵。如果双方没有在相处中培养出亲密和激情，那么所谓的爱情终究只是一具空壳。

4.浪漫的爱

浪漫的爱包含了激情和亲密，却缺少承诺。这种类型的爱通常只注重过程，不在乎结果，往往"来得快，去得也快"。浪漫的爱在感情初期会激起强烈的情感体验，也会促使双方最终相互沟通、理解、关心和支持，但如果后期没有发展出承诺，那么不管多么浪漫的关系还是会走向结束。

5.伴侣的爱

有亲密和承诺，但是缺少激情的是伴侣的爱。这种爱多出现在长期的恋爱或婚姻关系中，虽然激情消退，但基于相互间深入的了解和支持，并愿意彼此忠诚，平淡的感情还是可以保持稳定和持久的。

6.愚昧的爱

虽然有激情和承诺，但缺少亲密的是愚昧的爱，常见于一见钟情就确定恋爱关系，或者闪婚等现象。如果交往双方缺少必要的理解和包容，那么在遇到矛盾或发现彼此间存在不合适的地方时，最初的激情会很快消散，承诺也容易随之破灭。

7.完美的爱

同时具备激情、亲密和承诺三因素的是完美的爱。现实生活中，三因素一般都存在，但在不同恋爱关系中三者的比重此消彼长，很难长久地保持在完美的状态。因此，恋爱双方需要共同努力去培育、呵护这份爱情。

如果人们能够区分什么是真正的爱，什么还不是爱，什么根本就不是爱，那么在做决定时就不会盲目和冲动，在发现问题时也能及时做出调整，避免最终伤人伤己。

> **💡 思考**
>
> 课前热身中，小A对小B和小C的感情是否可以归类于上述的爱的类型？如果是，分别是哪一种？

二、爱情的发展规律

每一段成熟的爱情都是从最初的感情萌动经过不断地相互磨合，才最终开花结果的。爱情的发展有一定的规律，一般分为4个时期。

（一）共存期

共存期即热恋期，表现为刚确定恋爱关系的情侣希望每时每刻都在一起，即使分开了也在心里时刻挂念着对方。此时的情侣们虽然享受着激情带来的愉悦，但两个人并没有真正完全互相了解，看到的都是彼此的优点，忽略了对方的缺点。所以在此阶段，情侣间要增加了解、寻找共同点、制造一些美好的记忆，这样有利于维持热恋期。

（二）反依赖期

随着感情逐渐稳定，一开始热烈的激情慢慢趋于平淡，此时的情侣们开始冷静地考量对方，至少会有一方希望拥有个人独处的时间来处理自己其他的事情，那么另一方很有可能感觉被冷落。如果恋爱双方在这一阶段无法设身处地为对方考虑，或者无法接纳正常状态下的彼此，那么就容易产生矛盾。所以这个阶段又被称为矛盾的潜伏期。为了避免矛盾扩大，情侣们应该多沟通，学会换位思考，进一步增进理解和接纳彼此。

（三）独立期

独立期是反依赖期的延续，彼此要求更多的独立空间。在此阶段的情侣们已经有了一套自己的相处模式，在保持亲密感并给予对方自由空间的同时，开始理性地审视这份感情和对方，并为将来做打算。作为大学生，我们需要考虑自身未来的发展方向，并为之努力。只有拥有共同理想和奋斗目标的爱情才是最稳固的。此时情侣间出现了一定的距离，一方可能更加投入于学习或创业中，使得另一方感到被冷落，甚至有所猜忌，所以此时的情侣们还是要好好沟通和互相理解。

（四）共生期

经过前3个阶段考验的情侣们已经进入了稳定、和谐的生活状态，他们关注的不再是双方是否合适、双方是否相爱等问题，而是注重彼此的成长和未来共同的生活。很多情侣没有通过第二或第三阶段考验的原因并不是缺少互相喜爱的感情，而是缺少沟通、理解和信任。成熟的爱情需要双方携手耕耘方能有所收获。

> 💡 **思考**
>
> 一对情侣需要做到哪些方面才能进入共生期？

三、大学生恋爱现状

全面、合理地分析大学生恋爱的原因及类型有助于我们了解当前大学生恋爱的状态、学会理性看待恋爱问题、思考如何建立理想的恋爱关系。

（一）大学生恋爱的原因

大学生的恋爱行为一般受生理、心理和环境三方面因素的影响。

1.生理因素

大学生的年龄一般在17～24岁，正处于生殖系统逐渐成熟的阶段。性激素的分泌，以及大脑性控制中枢与情绪中枢的日趋成熟，使得大学生对性的体验十分敏感。他们会将性冲动集中投射到特殊对象上，从而对其产生好奇、好感、亲近和追求的需要。

2.心理因素

大学生恋爱的主要原因是为了满足一些心理需求，其中主要表现在两个方面。

（1）情感和归属需求。在心理学家马斯洛的需求层次理论中，每个人都有情感和归属的需求，包括友谊、爱情和性亲密。在青年前期，人们就有意识地寻找一些可以分享秘密、无话不谈的朋友，或是积极融入一个小团体，以此获得亲密感和归属感。而面对大学这个陌生的环境，室友、同学间的交往没有之前紧密，大学生对于亲密关系的需求更加强烈。很多人不满足于普通朋友间的友谊，渴望得到更加亲密、更有归属感的关系。因此，部分大学生为了消除孤独感和寂寞感，以及得到相对稳定的人际支持，而选择与他人建立恋爱关系。

（2）个性意识的增强。刚进入大学校园的大学生，个性意识迅速发展，希望摆脱他人束缚、获得自主安排生活权利的渴望空前强烈，其中就包括对寻找恋爱对象、建立恋爱关系的渴望。

3.环境因素

大学相对轻松、自由的环境也是促进恋爱发生的重要因素。没有了升学的压力和老师、家长的严格监管，大学生能够自由、大胆地与心仪的对象交往。一些最初没有考虑谈恋爱的同学可能会受从众心理的影响而谈恋爱。身边情侣们的形影不离、出双入对让他们羡慕和向往，而作为班级或宿舍里少数的单身者可能会产生孤独感和攀比心，甚至自卑感。此外，随着网络的发展，大学生更容易接触到与两性问题和恋爱问题相关的信息，包括一些影视剧和文学作品，这极大地激发了大学生对于恋爱的好奇和渴望。

（二）大学生恋爱的类型

当前大学生恋爱的动机呈现多元化，双方交往不再只是出于对彼此的爱慕，或是以结婚为目的。大学生恋爱的类型可以分为以下 7 种。

微视频：遇见

1.理智型

理智型恋爱的双方对彼此有充分的了解，有共同的兴趣爱好和理想目标，能够平衡学习与恋爱的关系，在情感上互相关怀、支持，在学习上彼此督促、鼓励，是一种积极、良好的恋爱状态。

2.浪漫型

浪漫型的情侣更多关注的是恋爱中的情感体验，重视创造美好、浪漫的回忆，如给对方精心准备礼物，经常一起看电影、旅游等。他们也许觉得当前的满足比未来的责任和义务更重要，因此常常将精力过多地投入于恋爱中，以致影响了学业和其他社会生活。这一类型的情侣需要注意平衡恋爱与学习、恋爱与其他社交活动的关系，不能顾此失彼。

3.空虚型

有部分大学生未能及时调整自己来适应大学生活，以至于没有追求的目标，缺乏学习的动力，感觉空虚寂寞。为了摆脱寂寞感、弥补空虚感、逃避生活挑战而建立的恋爱并不是真正的爱情，这种恋爱关系一般都不稳固，最终还有可能伤害付出真心的一方。

4.虚荣型

有些同学谈恋爱是为了满足自己的虚荣心，特别是当身边的同学都谈了恋爱或有了追求的对象时，谈恋爱被认为是自身能力和魅力的证明。女生可能认为没有追求者很没有面子，而男生在选择对象时可能更注重的是对方的外貌能否给他带来面子。这样的恋爱空有形式，没有爱情的实质，很难持续长久。

5.物质型

为了追求物质享受而谈恋爱的情况在当今大学生中也有发生。有些大学生羡慕周围同学的衣着用品，但自身的经济情况无法满足这些欲望，于是通过建立恋爱关系让他人为自己买单。真正的爱情应该是双方情感、思想等多方面的相互交流与付出。出于物质目的而建立的恋爱关系并不是健康良好的关系，往往难以持续。

6.游戏型

游戏型的恋爱表现为缺乏责任感和道德素养，轻易地与他人建立或结束恋爱关系，或者同时与多人建立恋爱关系，视爱情为游戏。游戏型的人也许缺乏爱的能力，无法与他人建立稳定、长久的亲密关系。

7.网恋型

网络的普及给大学生交友带来了便利，使他们可以不受时间和空间的限制与人交往。但同时，仅仅依托网络建立的恋爱关系存在很多隐患。首先，网络创造的是一个虚拟的世界，网恋双方信息的真实性无法得到保证，包括对方的性别、年龄、职业、婚姻状况等。其次，由于缺乏现实中的实际接触，大学生们只是靠自己的直觉和想象来认识对方，在潜意识中赋予了对方很多优点，忽视了可能存在的缺点，容易陷入不真实的恋爱关系中。而在当前网络诈骗案件频发，诈骗手段变化多端的形势下，被陌生网友诈骗钱财的案例也是层出不穷。最后，如果在和网友实际见面时没有警惕之心和自我保护意识，在还没有了解对方真实情况下就盲目地信任对方，那么很有可能会导致严重的后果，轻则失去钱财，重则有人身危险。

第二节　学会爱，培养爱的能力

作为一种特殊的人际交往形式，恋爱具有普适性和独特性，对恋爱双方的自我管理能力和人际交往能力提出了更高的要求。因此，大学生要想收获一份美好的爱情，必须了解恋爱应具备的条件，培养恋爱的能力，学会合理表达、接受、经营爱情，以及学会处理恋爱难题。

一、恋爱的条件

大学生在决定恋爱前首先要明确自身是否满足恋爱的条件，包括是否拥有健康的恋爱观，是否已经做到自尊自爱，是否确定与对方的感情是适合发展为恋爱关系的类型。

（一）树立健康的恋爱观

健康的恋爱观是建立和维持良好恋爱关系的基础。大学生需要明确恋爱中应该遵守的道德底线，确定恋爱在大学生活中的位置。

> ♀ **思考**
>
> 请思考以下恋爱观是否合理：
>
> 1. 没有爱情的大学生活是失败的；
> 2. 爱情是通过努力可以争取到的，即付出总有回报；
> 3. 爱不需要理由；
> 4. 恋人是完美的，爱情是至高无上的；
> 5. 不在乎天长地久，只在乎曾经拥有；
> 6. 爱情重在过程不在结果；
> 7. 可以用爱情改变对方；
> 8. 失恋是人生重大的失败；
> 9. 爱就是感觉；
> 10. 爱情是人生最重要的一部分，恋爱失败了说明我不够好。

1.遵守恋爱道德

（1）相互尊重，人格平等。恋爱是两个人格独立的个体在平等的基础上建立的交往关系，因此必须尊重对方的情感和人格，不能以任何形式强迫或欺骗对方接受恋爱关系，也不能将自己的意志强加到对方身上。如果认为对方是自己的附属品，对其思想和行为进行限制，那就违反了平等的原则，严重的可能会触犯法律关于公民人身权利的条例。

（2）相互扶持，彼此负责。既然确立了恋爱关系，就要为彼此负责，在对方需要时及时提供帮助、关怀和陪伴，千万不可对恋人"召之即来，挥之即去"，把对方当作自己的服务人员，只有需要时才会想到，不需要时爱答不理。这样的交往模式不是在恋爱，而是一方在向另一方索取情感和服务，这种相处模式不可能发展出健康良好的恋爱关系。

（3）举止得当，文明交往。恋爱中的双方都有互相亲近的欲望，这本是正常的交往需求，但此时要注意举止得当，过早的、粗俗的行为反而可能引起对方的反感，影响正常交往。同时，在公共场合不宜做出影响他人和公共生活的行为，不能违反社会公德。在言语和态度上，要注意表达尊重，大方得体，不可出言侮辱或满嘴污言秽语，也不可时刻盘查对方的行踪和社交，表现出怀疑和不信任。

（4）忠诚专一，离合慎重。爱情是高尚的、美好的，大学生在选择交往对象并确定关系时就要慎重。有些同学在外貌、身高、性格、能力等方面都有自己的要求，但仍需思考对方是否与你志同道合，是否有契合的人生观、价值观和世界观。一旦确定了恋爱关系就不可朝秦暮楚、三心二意，这是对恋爱最基本的尊重，也是一个人道德品质的体现。当双方发生矛盾或冲突时也不可冲动、轻率地提出结束恋爱关系。只有在矛盾无法调和的情况下，以不伤害对方的方式提出，才能使这段关系和平结束。

（5）包容体谅，宽容大度。所谓"情人眼里出西施"，在恋爱初期，恋人们看不到对方的缺点，或者对缺点视而不见，但随着交往深入，彼此的缺点逐渐清晰、放大。在这种情况下，恋人间需要学会适当包容和体谅，只有这样，恋爱关系才能持久。如果双方遇到无法原谅或容忍，并且沟通无效的情况，那么可以考虑和平结束恋爱关系，而不是互相折磨。

2.摆正恋爱在生活中的位置

恋爱使大学生活更加美好，但它并不是生活必需的一部分，即使没有恋爱，大学生也可以很好地学习和生活。对于已经有交往对象的大学生，恋爱也不应该是生活的全部。大学生还应该重视学习，为未来打下基础，并且保持与老师、同学和朋友的交往，不可让自己处于一座只有两个人的"孤岛"，要确保即使恋爱关系结束也还能获得其他的社会支持。那些一旦开始恋爱就疏远或切断和其他人的交往，只沉溺在两个人的小世界里的大学生通常难以接受失恋带来的后果，因为失恋意味着他们失去了在学校里唯一的陪伴和支持，会感到无助和孤独，也更容易出现心理方面的问题。

（二）自尊自爱

只有爱自己的人才能坦然接受他人的喜爱，并同样付出爱。爱自己并不意味着认为自己完美或高人一等，而是在全面自我了解后接纳、尊重不完美的自己，并以积极、乐观的态度努力成为更好的自己。

在现实生活中，有些人无法接受别人的追求是因为他们不相信有人会真心地欣赏、喜爱自己，在他们的眼中，自己是不值得被爱的。一旦与别人建立了恋爱关系，他们很可能什么事都以对方为中心，委曲求全、失去自我，这样不利于恋爱关系健康、良性的发展。也有一些人不知道如何爱自己，更不知如何去爱别人，他们无法给予对方爱的体验。

爱自己的人一般都自尊、自信，他们能比较客观、理智地接受恋人的离开，不会认为恋爱失败是因为自己不够好，或者自己是个失败的人。他们会分析失恋的真正原因，期待下一段恋爱的到来，并再次积极地投入其中。

案例

为什么我无法接受别人的追求

小星是某高校的学生，在老师和同学的眼中，她非常乐观开朗，各方面都很优秀，人缘也很好，因此有不少追求者，其中也有她欣赏的人。但是，即便是她自己喜欢的人她也无法接受他的追求，因为她不认为自己有什么值得他人喜欢的地方，不相信对方是真心喜欢她的。终于有一次，她鼓起勇气和一位心仪的对象交往，但确定恋爱关系后没多久就以各种理由提出了分手。

原来，小星从小接受的是打压式教育，母亲比较强势，对她要求很严格，从来没有表扬过小星，只会指出她的缺点和不足。而小星对母亲的态度很矛盾，一方面她厌恶母亲的教育方式，但另一方面她已经将母亲的评价内化为对自己的评价，那就是"我不优秀""我没有值得别人喜欢的地方"。正是这种自我评价导致小星无法相信他人，无法与他人建立良好的亲密关系。

（三）识别真爱

在开始一段恋爱之前，大学生们需要明确双方是不是因为相爱而在一起的。对于自己，要勇敢面对内心真实的感受，对方吸引你的是其个人本身，还是其拥有的权力、名声或财富，又或者只是因为你此时需要有人陪伴。建立在外在条件上的恋爱不能算是真正的爱，一旦那些外在的条件消失，恋爱关系很可能随之结束。如果你只是希望当下有人陪伴，那么此时的交往对象未必适合你。

另外，大学生要学会区分好感、友情和爱情。好感是一种短暂的、直觉性的感觉，我们可能对很多人有好感，但爱情是只对一个人的、长期、稳定、强烈的情感。理想的爱情是以友情为基础发展而来的，但友情并不一定能发展为爱情。友情是一种温暖、舒适的感觉，是人与人之间平等、真诚、信任的，不涉及性欲望的感情；而爱情会引起人的生理唤醒，有排他性和封闭性，不允许第三人介入。泰戈尔曾说："友谊意味着两个人和世界，然而爱情意味着两个人就是世界。"

对于他人，可通过以下 9 条标准来感受对方对你的情感和态度，以此判断是否是真的爱情。

（1）他/她愿意接受并欣赏你的个性，没有支配你的企图和愿望。

（2）他/她表达爱的方式始终是自然的，没有任何条件和矫揉造作的成分。

（3）他/她不把性当作爱的主要目的或唯一目的，爱的是你的整个人格。

（4）他/她愿意和你分享成就、愉快的时光，以及一切美好的事物，也愿意和你分担困苦。

（5）他/她愿意与你自由、自然和真诚地沟通，并能充分尊重你的意见。

（6）他/她愿意给你交往和发展自我爱好的自由，始终没有独占你的欲望。

（7）他/她在你伤心或情绪不佳时，总会陪伴在你身边，安慰、帮助你。

（8）他/她对你及你相关的人始终充满责任感，愿意付出时间、金钱和真心。

（9）他/她愿意帮助你成长并愿意接受你的帮助。

二、学会表达爱

很多大学生在遇到心仪的对象后不知道该如何表达自己的爱慕之情，或许是因为害怕被拒绝，或许是觉得时机未到，又或许只是不知如何说出口。其实，在表达爱之前，大学生们还需要考虑以下 4 个方面的问题。

微课：爱要
怎么说出口

（一）是否已经全面了解对方

很多时候，大学生会在没有真正了解对方的情况下，受激情的影响，过早地、冲动地表达爱。一般来说，不宜在相识不久就表达，这会让对方觉得你很轻率。同时，也需要了解对方对自己的态度，如果感觉对方也有好感，可以考虑勇敢地表达爱，否则可以等到与对方培养出感情之后再行表达。

（二）是否有表达的勇气和信心

表达爱需要勇气和信心，这里包含两个方面：一方面，要有积极的自我评价，表达时要有自信，相信自己有爱和被爱的权利；另一方面，要能够坦然接受失败，表达爱是你的权利和自由，但是否接受是对方的权利。如果拒绝对你而言意味着人格和自尊的否定，会让你怀疑自己的价值，那说明你还没有真正准备好表达爱。

（三）选用恰当的表达方式

可以根据自己和对方的个性，以及自己擅长的表达方式决定：对于外向、坦率型的对象可以直接表明；对于内向、含蓄型的可以委婉表达；如果本身不擅长当面沟通，可以选择利用一些社交媒介。但不管最终采取哪一种方式，都务必使用明确的言语表达，避免产生误解或者对方没有感受到你的心意。

（四）保持平常心

不管表达以后的结果如何，都要尊重对方的决定，不可产生怨恨的情绪。对方有选择的权利，而你也有再一次选择合适对象的权利。被拒绝并不是因为你没有被爱的价值，只是因为你们在某些方面不适合而已，对方也不需要因此产生负疚感。

三、学会接受和拒绝爱

在面对他人表达爱时，首先要明确自己对对方是什么感情。如果你也有相同的好感，但是由于受到以前生活经历的影响而无法相信他人，无法相信爱情，甚至无法相信自己有爱人和被爱的权利，那么可以试着敞开心扉，接纳他人，如有需要可以寻求专业的心理咨询帮助。

但是，如果你确定对对方不存在爱情，就要坚决、果断地拒绝，避免模糊不清、模棱两可的回答。有些大学生害怕伤害他人而不明确地拒绝，殊不知这反而会造成更大的伤害，对人对己都是一种不负责任的表现。而在明确拒绝对方后要尽量减少与其接触。这样做一方面进一步表明了自己的态度，另一方面也给予对方调整心情的时间。

四、学会经营爱

沃尔特·惠特曼（Walt Whitman）说："爱，不是一种单纯的行为，它是我们生活中的一种气候，一种需要我们终身学习、发现和不断前进的活动。"恋爱关系与其他人际关系一样，都需要交往双方悉心呵护才能长久地良性发展，其中包括认识与调整自己的依恋类型、了解双方爱的语言，以及学会处理恋爱中的冲突。

（一）依恋类型

依恋理论最先由英国精神病学家约翰·鲍尔比（John Bowlby）提出。该理论认为，人们在幼儿时期与父母或主要抚养人的关系会影响他们以后的其他关系，特别是成年后的亲密关系和婚恋关系。依恋类型主要分为安全型、回避型、焦虑—矛盾型和混乱型。

1. 微课：爱情银行
2. 微课：依恋理论

1.安全型

大约70%的婴儿及接近这个比例的成年人表现出安全型依恋。安全型的婴儿能够得到主要抚养人及时的回应，他们完全信任抚养人，认为自己是被人喜爱的、有价值的。安全型的成人在建立亲密关系时一般比较容易："我发现与别人亲密并不难，并能安心地依赖于别人和让别人依赖我；我不担心被别人抛弃，也不担心别人与我关系太亲密。"

2.回避型

大约20%的婴儿和成人表现出回避型依恋。回避型的成人在婴儿期的主要抚养人常常疏远、冷淡并拒绝与其建立亲密关系。这些婴儿虽然渴望与抚养人亲近，但又习得性地压抑着这一需求，好像知道会遭到拒绝。这种类型的成人在建立亲密关系时会比较困难，普遍反映："与别人太亲近会令我感到有些不舒服；我发现自己很难完全相信和依靠他们；当别人与我太亲密时我会紧张，如果别人想让我更加亲密一点，我会感到不自在。"

3.焦虑—矛盾型

焦虑—矛盾型的婴儿和成人大约占10%。焦虑—矛盾型婴儿的抚养人通常情绪不稳定并且专横。这些婴儿因为无法预测抚养人会在什么时候、以什么方式回应他们的需求，所以非常焦虑。这一类型成人的表现为："我发现别人不乐意像我希望的那样与我亲密；我经常担心自己的伴侣并不是真的爱我或不想与我在一起；我想与伴侣关系非常亲密，而这有时会吓跑对方。"

4.混乱型

研究者在之后的实际工作中还发现有极少部分被虐待与被忽视经历的儿童属于混乱型。当本应成为安全港的依恋对象同时又是危险来源时，此类儿童就会陷入茫然混乱的状态，处于是该靠近还是避开父母的矛盾冲突之中。这类儿童长大之后在与他人建立亲密关系方面同样有困难。

需要注意的是，成年人的依恋类型并不是一成不变的，与父母的关系并不决定其与亲密对象的关系。实验证明，个人的发展及与不同对象的交往经验，都会影响一个人的依恋类型。有些人在一段关系中表现出类似安全型的依恋，但是在另一段关系中表现出倾向于焦虑型的依恋。正确认识个人的依恋类型有助于理解其在恋爱中的某些特殊感受或表现，使其能够进行相应的调整，或者促使其寻求专业的帮助。

思考

> **思考**
>
> 1.你在与他人交往时属于哪一种依恋类型？为什么？
>
> 2.如果是非安全型的依恋，可以如何调整？

测试：爱的
5 种语言

（二）爱的 5 种语言

恋人间许多误解、隔阂、争吵都是由于不了解对方或者忽略了对方的爱的语言造成的，当双方意识到并使用对方的主要爱语时，就能够很好地发展相互间的亲密关系。美国著名婚姻家庭专家盖瑞·查普曼（Gary Chapman）博士发现人们主要有 5 种爱的语言：肯定的语言、精心的时刻、接受礼物、服务的行动和身体的接触。

1.肯定的语言

在恋爱中特别喜欢被别人肯定和赞同的人，就喜欢使用肯定的语言，如"你好棒！""我相信你可以的！""感谢生命中有你！"等。肯定的语言包括以下 4 个方面。

（1）赞赏。人们一般都能够辨别出哪些是来自对方真心的赞赏，所以在赞赏他人时要真心、具体，不能敷衍，否则效果会适得其反。

（2）鼓励。如果鼓励的是对方愿意做的事，那么这种鼓励是正面的、积极的；如果坚持鼓励对方去做不乐意做的事，那么这种鼓励就变成一种强迫，容易引起对方的反感。

（3）仁慈和爱。肯定的积极意义在于一方带着仁慈与爱去表达，让另一方感受到温暖和激励。

（4）谦逊。肯定时要注意保持谦逊的态度，如将"你可以帮到我"换成"你可不可以帮我一下？"也许会得到不同的结果。

2.精心的时刻

精心的时刻是指两个人在一起做事时，给予彼此全部的注意力，如一起散步、吃饭、聊天等。如果两人虽然在一起，但各自看书或玩手机，这不算是精心的时刻。如果你的恋人是关注精心时刻的类型，那么你就一定要注意给足时间和注意力在对方身上，不要冷落了对方，否则会被认为你不关心他／她的需求。

3.接受礼物

这种类型的人是视觉型的，需要通过看到实物才相信你对他／她的爱和重视。他们一般在意的不是礼物的价格，而是礼物代表的含义，如"我记得我们之间重要的日子""我很在乎你"。如果恋人是接受礼物型的，记得要常送小礼物给对方。小礼物可以是价格便宜但精心准备的，也可以是自己制作的，或有特殊意义的。

4.服务的行动

这种类型的人会希望对方为自己做事，以此表达对自己的爱。这一类型的人不在乎对方说了什么，而在乎对方是否能够实实在在、心甘情愿地为自己做事情，例如一起逛街时会帮忙拿东西，自己想吃什么时会立刻去买，身体不舒服时会主动照顾等。如果对方表达好感的方式是主动为你做点点滴滴的事情，那么他／她可能也希望你能以此来回报他／她。

5.身体的接触

这种类型的人通常喜欢与恋人有身体上的接触，他们表达爱的方式就是牵手、拥抱等。对他们而言，身体上的接触、接纳就是对他们个人的接纳，如果对方反应过激，不接受身体接触，他们就会有被拒绝、没有被尊重的感觉。对于此种类型的人，当他们需要呵护和关怀时，千言万语也许比不上一个轻轻的拥抱。

在恋爱中，我们需要了解自己和对方的爱的语言，并且以对方喜欢的方式去对待他们，这样才能使彼此相处得更加愉快融洽，收获恋爱的幸福感。

（三）处理恋爱中的冲突

恋爱中发生冲突是难免的，因为交往双方在一些事情上的看法，或者处理问题的方式上肯定有不一致的地方。恋爱本身就是两个人进一步了解、磨合的过程，所以合理地对待和处理冲突反而能够增加彼此的亲密感。在处理恋爱中的冲突时需要注意以下几点。

1.直面冲突

有些大学生因为害怕冲突会伤害恋爱关系或带来不愉快的感觉而选择压抑自己的想法和情绪。然而，情绪如果没有得到及时纾解不仅会影响自身的心理健康，而且当积累到一定程度时，会以更加强烈的形式爆发。我们时常会听到有同学非常愤怒地说"我忍了你很久了"，或者"我忍不了了"，这就是没有及时解决冲突的后果。也有一些同学选择刻意逃避问题，假装什么事都没有发生，就是俗话说的"冷处理"。这是一种消极的处理方式，希望解决问题的一方能意识到自己的感受和想法没有被重视，其实问题也没有被解决，长此以往，双方的矛盾只会越来越深。

> 💡 **思考**
>
> 想一想，在生活中，你消极面对冲突的具体表现有哪些？

2.学会冷静

尽量避免在双方情绪激动时处理冲突。虽然此时两个人想主动解决冲突，但很有可能因为情绪的影响而做出不理智的举动，或者说出伤害对方的话。此时不妨先各自冷静一下，思考冲突发生的原因及自身存在的问题，然后在理智、平静的状态下沟通。

3.学会沟通

有效沟通的方法可参考专题四"人际交往与沟通技巧"的相关内容。情侣间沟通时，最主要的是学会倾听与换位思考。

（1）有效的倾听不仅是听对方的情绪和语言，更重要的是听对方未满足的需要。例如以下对话：

A："你怎么自己一个人去了，都不跟我说一声！"

B："我自己去就行了，为什么要跟你说？"

A："你有没有把我当作是你的女朋友？"

在上述对话中，如果男方听出的只是指责、埋怨或者无理取闹，那么相信他无法真正明白女方的感受。也许对女方来说，爱的表现是让彼此都参与到对方的生活中，如果一方没有主动告知另一方生活中重要的事情，那就意味着没有将另一方视为重要的人。所以在上述对话中，男方需要听出女方被重视的需求没有得到满足。

（2）换位思考指的是站在他人的角度思考问题。同样在上例对话中，女方如果站在男方的角度思考，也许会理解对方可能只是习惯自己处理事情，并不知道他的行为在女方眼中会有另外的意思。换位思考后，女方原本强烈的情绪也许就会得到缓解。同样地，如果男方能够理解女方对于这类行为的重视，那么相信以后会主动告知对方自己的事情。

4.勇于认错

冲突的发生往往不是单方面的原因，但不管谁对谁错，肯定要有一个人先为自己行为中不当的部分道歉，例如"我不应该没有耐心""我没有考虑到你的想法"等。如果双方都认为错在对方，不愿意先认错或表达和解的意愿，那么冲突还会持续，甚至愈演愈烈。

五、处理恋爱难题

美好的爱情有时也会遇上一些难题，如单恋、多恋或失恋，它们给大学生活带来了些许苦涩的滋味。但处理这些难题的过程也是大学生自我成长的过程。当时过境迁，回首往事时，也许会发现正是这些经历帮助个人成长，使其更加懂得如何去爱。

（一）单恋

单恋是指一方对另一方以一厢情愿的倾慕与热爱为特点的单向爱情，一般分为羞怯型和执拗型。羞怯型是指一方在心里默默爱着另一方，但由于羞怯不敢主动表达，从而造成内心的压抑。执拗型是指一方对另一方表达了爱意，即使没有得到希望的回应也还是执着地爱着对方。单恋者虽然能够体验爱一个人的甜蜜和快乐，但更多的是情感的压抑和求而不得的痛苦，如果没有及时调整好心态，那么很可能会影响自身的心理健康、学习和社交。因此，大学生要学会合理调适。

1.羞怯型单恋者

羞怯型单恋者不妨尝试向心仪的对象直接表达爱意，因为结果无非有两种：一种是发现被单恋方原来也有同样的情感，只是还没有表达，从此单恋变成相恋；或者对方被打动，愿意交往。另一种结果是对方没有交往的意愿，拒绝了表白。虽然单恋者表白被拒绝了会感到难过，但是清楚地认识到这份爱没有发展的可能性反而有助于缓解它带来的痛苦。

✎ 练一练

苦涩的单恋

朦朦在大一的一次新生活动中认识了城城，立刻被城城出众的外形和不俗的谈吐所吸引，情不自禁地爱上了他。从此朦朦一直默默地关注着城城，想尽一切办法得到他的消息，只要能远远地看着他就很开心。他的一个眼神、一句话都能让朦朦激动许久。虽然城城可能根本不知道朦朦的心意，但朦朦很享受这种喜欢一个人的感觉。然而，朦朦同时也感到非常地不安，因为城城身边有很多追求者，朦朦害怕不知道哪一天城城就被别人抢走了。但同时，她又不知道该如何向城城表达自己的这份感情。

你能帮朦朦制订表白计划吗？

羞怯型单恋者表白被拒绝后可以找人倾诉，或者通过合理的方式发泄，不要强迫自己压抑情绪。需要明白的是，被拒绝不代表自己不优秀，或者不值得被爱，只是两个人不合适，不需要妄自菲薄或怨恨对方。此外，在还未调整好心情之前尽量远离对方，减少不必要的接触或联系，这能有效地帮助被拒绝方度过调整期。

2.执拗型单恋者

执拗型单恋者需要明白，也许不管一方付出多少感情都无法获得另一方的接纳。虽然每个人都有爱别人的权利，但他人也有不接受的权利。不管是谁都不能以付出了多少来要求对方必须满足自己的愿望，这不是爱，而是强行索取。如果这份爱注定是无望的，那么不妨及早收拾好心情，迎接真正属于自己的爱。

（二）多恋

多恋即"三角恋"或"多角恋"，是指一个人同时与两个或两个以上的人建立恋爱关系。真正的爱情具有专一性和排他性，因此多恋的关系注定不会长久。在现实生活中，多恋一般有以下两种情况。

1.一方发现另一方与他人有恋爱关系

这种情况往往使当事人感觉被欺骗、被伤害。当事人可以适当地发泄情绪，但最终还需理性地控制自己，避免做出伤害双方的行为。至于是否保持与另一方的恋爱关系取决于当事人自己的判断和选择。如果发现无法继续就要果断地退出，防止再次受到伤害。

2.一方同时与多人建立恋爱关系

此时要看当事人的动机，如果仅仅为了满足个人的虚荣心、证明自己的魅力，那么就要明白，这恰恰是其不负责任、道德品质低下的表现。当他人意识到被多角恋后还是会选择离开。当事人如果是因为同时对几个人有好感，还无法确定最终选择谁，那么建议先以朋友的形式与其他几人相处，待明确真正喜爱的对象后再确立关系。

（三）失恋

失恋是指恋爱关系的结束，一般会引起当事人痛苦的体验。失恋的原因多种多样，但不管是哪一种，都说明双方不适合继续保持恋爱关系。正确看待和处理失恋有助于当事人更好地认识自己、变得更加坚强，以及学会如何去爱。失恋包括主动分手和被动分手两类。

1.主动分手

恋爱双方随着交往的深入，可能会发现对方并不是真正适合自己的人。此时要冷静理智地分析是否还要继续交往，一旦做出分手的决定就要果断提出，以免使双方都痛苦。但在这个过程中还要注意以下几点。

（1）选择合适的时机。尽量避免在对方处于困境或需要支持时提出分手，否则会给对方造成更大的痛苦。

（2）态度真诚，不伤害对方的自尊。被分手的一方一般会感到被抛弃而怀疑自己的能力和价值，因此提出分手的一方要真诚地表达歉意，同时感谢对方一直以来的关照。在言语表达上要注意不能伤害另一方的自尊，委婉地说明分手的原因，并接受对方的询问或指责。

（3）保持距离。在提出分手后就不能再给对方复合的希望，要态度明确，保持一定的距离，不做无谓的关心，否则无止境的纠缠不清只会给双方都带来烦恼和痛苦。

2.被动分手

当恋人提出分手时，大学生们不可避免地会产生一系列的负面情绪，如悲伤、愤怒、不甘等。掌握以下方法可以帮助大学生度过这段痛苦的时光。

（1）倾诉。大学生失恋后不要压抑自己的情绪，及时寻找亲人、朋友或老师倾诉，有助于缓解负面情绪，释放分手带来的心理压力，保持心理健康。

（2）转移注意力。转移注意力不是指马上开始一段新的恋情，而是指将注意力和精力转移到其他对自己更有意义的事情上，如扩大交友圈、专心学习、努力创业或去旅游等，这些都能给失恋者带来心理上的慰藉。为了摆脱失恋影响而开始的恋情往往会带来新的问题。

（3）坦然面对。失恋者要认识到恋爱并不意味着一定会结婚，因此，失恋并不是一件羞耻的事情。被分手后，大学生需要坦然接受失恋的事实，客观分析存在的问题，消除无谓的羞耻感或自卑感，迎接新的生活。

练一练

"被分手了"怎么办?

王某和张某是某高校学生,两人在进入大学后不久就相识并确立了恋爱关系,但随后张某以性格不合为理由向王某提出分手。王某感觉无法接受,经常打电话或发信息联系张某试图挽回,并几乎每天在教学楼和寝室楼下等张某。张某为此苦不堪言,王某也变得烦躁不安、郁郁寡欢、无心学习,学业和身心健康受到了严重影响。

如果王某是你的同学或朋友,你会如何帮助他处理这个失恋议题?

参考思路:

1. 王某无法接受分手的原因是什么?

2. 王某在心理和行为方面可以如何自我调整?

3. 作为同学或朋友,你可以做些什么?

第三节　大学生的性

大学阶段,大学生性生理发育基本完成,性心理发展也已达到一定水平,渴望与他人亲密接触是正常的心理需求。当代大学生由于受到传统性保守观念和现代性开放文化的双重影响,对于在大学阶段发生婚前性行为持有不同的态度。如何看待婚前性行为,以及如何面对性行为带来的影响已经成为大学生必须考虑的问题。因此,只有充分了解婚前性行为带来的影响、掌握科学的性知识,并且树立性安全意识,才能从容和理性地面对性议题。

一、大学生婚前性行为现状

婚前性行为是指双方在自愿的基础上,在没有婚姻保障的前提下,发生的性行为。了解大学生对待婚前性行为的态度,以及他们对婚前性行为影响的认识是大学生性教育的重要内容。

(一)大学生对婚前性行为的态度

思考

你对大学生婚前性行为是什么态度?为什么?

当代大学生对婚前性行为一般持以下几种态度。

1.反对

部分大学生反对任何理由的婚前性行为,认为这是不道德、不合法的,只有夫妻间才能发生性行为。

2.有条件允许

也有部分大学生认为只要彼此相爱就可以发生性行为，把它看作是爱的表达，同时也是亲密关系的催化剂。

3.无条件允许

还有部分大学生认为只要两个人自愿就可以发生性行为，甚至不需要考虑双方是不是情侣关系。这部分学生只是希望通过性行为满足自身的生理需求或其他需求，把性与爱分离了。

4.双重标准

受传统男尊女卑思想的影响，部分大学生能够接受男性发生婚前性行为，认为这是男性正常的生理需求，但却无法接受女性发生婚前性行为，认为这是女性不自爱、不道德的表现。这一态度的背后是典型的男女不平等观念，以及传统文化对女性的性禁锢。要知道，不论男女都有正常的性需求，都有平等的性权利，性别不是约束或禁止性行为的理由。

大学生对待婚前性行为的态度受其成长环境、家庭教育、人生经历和社会文化等因素的共同影响，因此是否发生婚前性行为是个人的选择，不能按自己的标准去轻易评判他人的行为，如认为反对者过于保守，而已发生性行为者行为不检点、品行不良等。当然，大学生们同时也需要意识到，婚前性行为并不仅仅是生理上的满足，它对于个人的身体、心理、亲密关系，甚至是婚姻都有可能产生重要的影响。

（二）婚前性行为可能带来的消极影响

💡 思考

你认为婚前性行为会对大学生产生什么影响？

1.使性行为完全生理化

如果大学生对婚前性行为持随意的态度，那么这会在不同程度上鼓励临时的、短期的或完全为了满足生理需求而建立的交往关系，将性行为降低到纯粹的生理满足。

2.影响女大学生的身体健康

不安全的婚前性行为会对女大学生产生非常严重的影响。一旦女大学生意外怀孕，大部分会选择人工流产。而人工流产会对生殖道造成创伤，容易损伤子宫内膜，严重者可能会导致不孕。另外，手术之后容易发生宫腔感染以及盆腔的炎症，如子宫内膜炎、盆腔炎等。

3.给女大学生带来心理压力

受传统家庭教育的影响，中国大多数家庭对大学生婚前性行为并不赞同。因此，部分女大学生在发生婚前性行为后会产生很大的心理压力，如自责、后悔、自卑、恐惧等。此外，她们更加害怕恋爱受挫。一旦恋情终止，她们的自我价值感会降低，还有可能受到周围人的指指点点等。

4.破坏恋爱关系的正常发展

在发生婚前性行为之前，恋爱双方的关系是平等相处、自由选择的，注重的是相互间的思想沟通和情感交流。而在发生性行为之后，双方难免会将注意力转移到性方面。研究表明，男性和女性在对待性行为方面有着不同的态度。男性一般不会因为发生过性行为就承诺与对方相守一生，但有相当一部分女性将性行为看成是一生的承诺。

如果女方在恋爱期间怀孕并生下了孩子，那么双方就不再是单纯的情侣关系了。双方必须重新思考未来关系的发展，并考虑孩子的抚养问题，这对于心理还未完全成熟的大学生来说是非常大的难题。没有独立的经济能力，双方如何承担起做父母的责任。而作为学生，双方的学业势必会受到很大的影响。

从长期发展的角度看，大学生对待婚前性行为一定要慎重。务必要在充分考虑这一行为会带来的影响，并且衡量自身是否能够承担所有的行为后果后再做决定。

二、大学生应掌握科学的性知识

大学生一定要从正规渠道学习性知识，包括正规的科普平台、公立医院的官方网站、专业的医学书籍等，也可以向专业的性教育工作者或医生请教，学习科学的性知识。同时，大学生要掌握科学的避孕知识，避免避孕失败带来身体、心理和学业方面等多重伤害。

（一）男用避孕套

作为最普遍的避孕方法之一，男用避孕套是避免意外怀孕和性传播感染的有效避孕方法。需要注意的是，每次进行性行为都要使用男用避孕套，并且一定要全程使用。

男用避孕套的优点是：按需使用；便于携带；不受其他药物影响；不含激素；使用方便；能有效防止艾滋病毒感染和其他性传播感染。缺点是：必须全程使用；如果使用不正确，在性行为过程中避孕套可能会破裂或脱落；可能会引起刺激或过敏反应等。

1.资料：避孕知识详述
2.测试：生殖与避孕知识

（二）口服避孕药

口服避孕药分为不同的类型。其中，复方短效口服避孕药含有的雌激素和孕激素能抑制卵巢排卵，并使宫颈黏液变稠来阻止精子接近卵子。而另一种单纯孕激素避孕药，只含有孕激素，它主要适用于那些不适合使用雌激素的女性。

口服避孕药的优点是：正确使用的情况下有效性非常高；使用方便；部分类型的药片可缓解月经过多或痛经现象。缺点是：可能会导致部分女性出现情绪波动和头痛；需要记录服用天数；可能会引起乳房胀痛、恶心、头痛、体重增加；可能会改变月经周期等。

（三）紧急避孕药

紧急避孕药应在无防护性生活72小时之内单次服用2片事后紧急避孕药毓婷，或先服1片，间隔12小时后再服1片，可以抑制卵泡发育，延迟排卵时间。服用紧急避

孕药越早，预防妊娠效果越好。

然而，紧急避孕药不能作为经常使用的避孕手段，更不能作为常规的避孕方法。它对子宫内膜和内分泌的功能干扰很大，因此只能在偶尔发生无防护性生活后紧急使用。

（四）安全期避孕

安全期避孕，是指通过一些方法计算月经周期中最容易受孕的是哪几天，不容易怀孕的是哪几天，从而达到避孕的目的。安全期的确定需要女性密切关注自身的生理迹象，有许多不同的方法可供采用，例如：了解月经周期的天数、注意基础体温的波动、关注宫颈黏液的变化等。

安全期避孕的优点是：对身体安全，没有副作用。缺点是：需要始终记录月经周期；存在出错的可能；月经周期的变化会降低计算结果的准确度等。

（五）长效性避孕法

除上述避孕方法外，还有一些避孕法操作一次就能达到长期避孕的效果，主要包括避孕针、皮下埋植剂、宫内节育器、输卵管结扎和输精管结扎等。但这些方法会有一定的副作用，需要在选择时格外慎重。

三、大学生应树立性安全意识

大学生在面对性议题时还需要树立性安全意识，其中非常重要的一个方面就是掌握艾滋病防治的知识和提高自我保护意识。艾滋病似乎是与大学生心理健康或爱情不相关的话题，但无保护的性行为正是艾滋病传播的主要途径。许多大学生对艾滋病缺少必要的了解，并且盲目地认为这一恶性传播疾病不会发生在自己身上，导致自我保护意识薄弱，大大增加了感染的风险。因此，掌握艾滋病相关知识、树立自我保护意识、进行安全的性行为、防止艾滋病传播是每个大学生应尽的责任。

（一）艾滋病概述

微课：主动检测，知艾防艾

艾滋病的医学全称是"获得性免疫缺陷综合征"（acquired immune deficiency syndrome，AIDS），是一种由人类免疫缺陷病毒（HIV）即艾滋病病毒引起的恶性传播疾病。它最早于1981年在美国被发现，到1982年被正式命名为"获得性免疫缺陷综合征"，即艾滋病。每年的12月1日为世界艾滋病日。

艾滋病的致死率很高，但它不会直接致人死亡，而是通过HIV侵入人体破坏其免疫系统，使感染者逐渐失去对各类疾病的抵抗能力，引起各种感染和肿瘤，最终因病死亡。目前医学界尚未研发出能够治愈艾滋病的药物，艾滋病感染者或患者必须终身服用抗病毒药物才能维持生命。由此可见，防止艾滋病感染的唯一途径是做好有效的日常预防。

（二）艾滋病的传播途径

艾滋病感染者的体液中都含有艾滋病病毒，包括唾液、汗液、泪液和尿液等，但这些体液中的病毒含量过少不足以引起感染。能够引起感染的是血液、精液、阴道分泌物和母乳等体液，所以艾滋病的主要传播途径是血液传播、性传播和母婴传播。

✎ **练一练**

请判断以下哪些行为会感染艾滋病？

1. 与艾滋病病毒感染者一起居住、谈话。

2. 与艾滋病病毒感染者一起使用公共设施，如厕所、游泳池、公共浴池、电话机、公共汽车。

3. 与艾滋病病毒感染者共用剃须刀、牙刷。

4. 与艾滋病病毒感染者握手、拥抱。

5. 与艾滋病病毒感染者一起进餐。

6. 与艾滋病病毒感染者礼节性接吻。

（三）艾滋病的发病过程

艾滋病是一种慢性进展性疾病，从感染艾滋病病毒到发病致死会经历 4 个时期，主要包括急性感染期、窗口期、潜伏期和艾滋病期。

1. 急性感染期

急性感染期指的是艾滋病病毒进入人体后 2～4 周，感染者会出现一些症状，包括皮疹、发烧、咽喉肿痛、浑身酸痛、筋疲力尽、持续腹泻、淋巴结肿大等。这些症状类似于感冒症状，并且在持续 1～2 周后会自行消失。一些艾滋病感染者正是在出现以上症状后到医院就诊检测出感染了艾滋病病毒。需要注意的是，不是所有感染者都会出现明显的急性感染期。

2. 窗口期

窗口期指的是艾滋病病毒进入人体到能够检测出感染者血清中的艾滋病病毒抗体、抗原或核酸等感染标志物的时期。窗口期的长短与个人体质和检测方法相关，一般在感染后的 2～6 周，最长的也不超过 3 个月。在这段时间内虽然无法检测出已有病毒，但感染者体内的病毒正在疯狂繁殖，具有极强的传染性，部分感染者会出现急性感染期的症状。目前把 3 个月作为窗口期的最大长度，即使高危行为后首次检测是阴性，也会建议复查以便确定是否感染。

3. 潜伏期

潜伏期，即无症状感染期，指的是个体已经确定感染了艾滋病病毒，并且具有很强的传染性，但尚未表现出艾滋病的症状，他人无法从外表发现他们是感染者。这也就是健康的人会在不知情的情况下与感染者发生高危接触的原因。潜伏期的长短因人而异，有的潜伏期能长达 10 多年。在此阶段，检测是能够确认是否感染艾滋病的唯一途径。

4.艾滋病期

艾滋病期是继潜伏期之后的最后一个时期。此阶段的艾滋病感染者已经成为艾滋病患者。他们体内的一种重要免疫细胞CD4细胞小于每立方毫米200个，并出现了艾滋病的特异症状，例如肺孢子菌肺炎、卡波西肉瘤等。

（四）艾滋病的防治

对于艾滋病这一疾病，预防是唯一阻止其传染的途径。对此，大学生们要充分掌握其相关知识，树立正确的性观念，提高自我保护意识，坚持做对自己和他人负责任的、安全的性行为。

1.掌握科学性知识，进行安全性行为

虽然当前大学生对于婚前性行为的接受度日益提高，但性知识的掌握情况普遍不理想。部分大学生从一些非正规渠道获得了一些性知识，但殊不知这些知识并不一定是科学的、正确的；也有部分大学生的性知识几近空白，连最基本的性安全知识都不了解。

安全套的"安全"不仅仅在于避孕，更在于有效阻止艾滋病及其他性传播疾病的传染。每位大学生都要提高自我保护意识，在发生性行为时做好保护措施，美好的性一定是以相互尊重、爱护、负责为基础的，促进亲密关系向积极、健康方向发展的。

2.抓住"黄金72小时"，尽快服用阻断药

当发生高危行为有感染艾滋病的风险时，可服用一种能有效阻止艾滋病病毒在人体内扩散的药，称为"阻断药"。此阻断药的最佳阻断时间为高危行为发生后的2小时内，成功率可达99%以上，时间拖延越久效果越不好，但72小时内有效。所以，这72小时被称为"黄金72小时"。

需要注意的是，阻断药是几种药物的组合，有服用周期，购买和服用都需按照医生的处方服用，不可随意地增减药量或私自停药，否则会影响药效。另外，阻断药会对身体产生一系列副作用，所以切不可把服用阻断药当成预防艾滋病的常规手段，最重要的预防方法还是做好防护措施。

3.主动检测，及早治疗

2018年世界艾滋病日的主题就是"主动检测，知艾防艾，共享健康"。当意识到自己有感染艾滋病的高危行为，或者身体出现一些疑似艾滋病的相关症状时，就要尽快去正规的检测机构进行检测，并积极配合治疗。虽然艾滋病目前仍然无法治愈，但越早治疗，患者的生活质量和预后会越好。

资料：金华职业技术学院 VCT 室相关信息

具有艾滋病检测资格的医疗卫生机构包括各地疾病预防控制中心、县级以上医院、妇幼保健机构和大部分基层医疗机构。以上机构及部分高校还会提供艾滋病自愿咨询检测，简称VCT。人们可以在充分知情和完全保密的情况下免费咨询艾滋病相关知识，自愿选择是否接受艾滋病病毒抗体检测等相关服务。当前，VCT已经成为世界各国艾滋病预防的重要公共卫生策略之一。它不仅提供咨询检测服务，更为咨询者提供情感和心理上的

支持和行为指导。

四、小结

对于性生理和性心理已趋于成熟的大学生而言，有性冲动和性欲望是完全正常的，希望与他人发展亲密关系也符合本阶段的心理发展需求。但大学生仍需慎重对待婚前性行为，明确自身对于婚前性行为的态度，并考虑此行为可能带来的后果。大学生一旦认为不应该发生此行为就要坚决拒绝，不能模棱两可、犹豫不决，更不能为了满足对方的要求而勉强自己。至于被拒绝发生性行为的一方也要充分尊重另一方的意愿，任何形式的强迫都是不应该的，严重的可能会触犯国家法律法规，如犯猥亵罪或强奸罪等。

> **链接**
>
> 猥亵是指以刺激或满足性欲为目的，用性交以外的方法实施的淫秽行为。《中华人民共和国刑法》第二百三十七条规定："以暴力、胁迫或者其他方法强制猥亵妇女或者侮辱妇女的，处五年以下有期徒刑或者拘役。聚众或者在公共场所当众犯前款罪的，或者有其他恶劣情节的，处五年以上有期徒刑。猥亵儿童的，处五年以下有期徒刑；有下列情形之一的，处五年以上有期徒刑：（一）猥亵儿童多人或者多次的；（二）聚众猥亵儿童的，或者在公共场所当众猥亵儿童，情节恶劣的；（三）造成儿童伤害或者其他严重后果的；（四）猥亵手段恶劣或者有其他恶劣情节的。"
>
> 根据我国刑法第二百三十六条规定："以暴力、胁迫或者其他手段强奸妇女的，处三年以上十年以下有期徒刑。奸淫不满十四周岁的幼女的，以强奸论，从重处罚。"违背妇女意志是强奸罪的本质特征，但妇女在被侵害时是否反抗并不是判断侵害行为是否违背妇女意愿的唯一条件，性行为发生的时间、环境、妇女的性格、体质等都是纳入综合分析的因素。

此外，大学生还需掌握一定的避孕知识。了解避孕知识并不意味着可以随意发生性行为，而是要学会尊重、保护自己和他人，这是一种负责任的表现。女大学生万一发生意外怀孕的情况也一定要及时告知家长或老师，以便采取最合理的应对措施，防止出现严重危害大学生生理和心理健康的情况。

最后，大学生要对艾滋病的防治有充分的了解，在日常生活中做好防范措施，时刻具有自我保护意识，当遇到有感染风险的情况时，一定要向专业人员寻求帮助，同时避免进一步感染，做对自己和他人都负责任的行为。

⊡ 超简单心理实践

红绿灯沟通法

准备红、黄、绿 3 种颜色的卡牌两副，红牌表示生气、不同意，黄牌表示暂停，绿牌表示不生气、同意。

双方各持一副牌，产生争执或产生意见分歧时，举起相应颜色的纸牌表达当下的心情和态度。感觉生气或不同意对方观点时举红牌；想冷静、暂停沟通时举黄牌；觉察自己已经不生气或赞同对方观点时举绿牌。双方约定，在沟通时要根据对方举起的纸牌觉察对方的需要，适时调整自己的沟通方式和内容。

红绿灯沟通法可以帮助有亲密关系的人在沟通过程中觉察当下的情绪和想法，帮助对方及时直观地了解自己的状态，适时调整沟通过程，促进双方更为有效的沟通。

1. 课堂活动
2. 课后巩固

参考文献

[1] 阿伦森. 社会心理学：阿伦森眼中的社会性动物 [M]. 候玉波，朱颖，等译. 北京：机械工业出版社，2014.

[2] 查普曼. 爱的五种语言[M]. 王云良，等译. 江西：江西人民出版社，2010.

[3] 胡珍. 性爱·婚姻·家庭：大学生性教育教材[M]. 北京：科学出版社，2011.

[4] 孔丹华. 大学生恋爱与性教育手册[M]. 长春：吉林大学出版社，2020.

[5] 龙瑞全，戴益信. 大学生心理健康教育[M]. 镇江：江苏大学出版社，2014.

[6] 罗伯特·斯腾伯格，凯琳·斯腾伯格. 爱情心理学[M]. 李朝旭，等译. 北京：世界图书出版公司，2010.

[7] 马建青. 高职学生心理健康[M]. 北京：高等教育出版社，2015.

[8] 肖华. 大学生心理健康教育教程[M]. 北京：科学出版社，2014.

▶▶ **教学目标**

知识目标：了解生命孕育与发展的过程；理解心理危机的类型和表现。

能力目标：掌握追寻生命意义的方法；能够识别自杀危机的迹象；面对危机时能有效求助。

情感与价值目标：感恩生命；敬畏生命；珍爱生命。

▶▶ **课前热身**

1.你认为人是为了什么而活着？

2.人们有心理危机时会有哪些征兆？

▶▶ **导言**

生命教育理念由美国学者杰·唐纳·华特士（J. Donald Walters）于 1968 年首次提出，旨在控制当时美国青少年自杀率不断上升的现象，预防未成年人自杀。生命教育理念一经提出就受到了全球多个国家的重视，并从 21 世纪初开始在中国迅速发展。生命教育不仅关注从生命开始到生命终结的整个过程，探讨生命的价值与意义，而且还提供获得自身生命价值和意义的方法。近年来，中国高校大学生伤人及自伤事件时有发生，对学生个人、家庭、学校及社会都造成了消极影响。加强生命教育有助于培养学生对生命价值的正确理解和认知，提高学生的心理素质和精神力量，树立积极的人生观和价值观，提升自我管理和适应社会的能力。

第一节 认识生命的过程

人类的生命始于受精卵，终于个体生物意义上的死亡，是一个自然的、不可逆转的过程。生命发展的每个阶段都有其特定的规律和发展任务。在日常生活中，我们会看到很多人不爱惜自己的生命，无节制地抽烟、酗酒、熬夜等，甚至自残、自伤，不在乎自己的身体是否能够承受各种伤害。这种对生命的轻视在很大程度上来源于对生命发展过程的无知，不了解创造生命的可贵、不了解孕育生命的艰辛、更不了解抚育生命的艰难。

一、生命的诞生

（一）受孕

受孕过程是指精子与卵子相遇、受精，受精卵再经输卵管输送到子宫腔内顺利着床的过程。自然受孕成功的概率并不像很多人想象得那么高，有许多夫妻结婚多年仍然无法顺利生育子女，最终只能求助于人工助孕的方法。自然受孕需要满足多方面的条件：①男性的睾丸能产生足量健康的精子；②女性的卵巢能排出健康成熟的卵子；③男女性生活的时间在女性排卵期前后；④男女双方的生殖通道必须畅通无阻；⑤子宫内环境适合受精卵着床和发育。

正因为以上任何一个条件不满足都无法顺利受孕，所以我们要认识到任何一个新生命的产生都是非常难能可贵的，我们没有理由轻视自己和他人的生命。

（二）妊娠期

人类在出生前将经历约40周的妊娠期，从受精卵到胚胎，再到胎儿，经历了极大的变化。妊娠期一般分为3个阶段。

1. 孕早期

受孕成功后的第1～12周，即第1～3个月为孕早期。此时的胚胎处于快速发育阶段，但还未稳定，遇到刺激容易导致流产。同时，这一阶段的胚胎致畸率较高，如果接触到放射性物质或某些药物会引起发育异常。女性在孕早期会有一系列的妊娠反应，如嗜睡、呕吐、疲劳等，程度因人而异。一些妊娠反应严重的孕妇甚至无法正常进食和睡眠。

2. 孕中期

妊娠第13～28周，即第4～7个月为孕中期。此时的胚胎已成形，体重和身长大幅增加，感觉器官按照区域迅速发展。胎儿全身覆盖细细的绒毛，并开始有了呼吸。此阶段是排畸的主要时期，通过B超可检测出胚胎发育是否正常。大部分孕妇在孕中期的行动还比较自如，没有明显的不便，但也有些孕妇会在活动时出现呼吸困难等情况。

3. 孕晚期

妊娠第 29 ～ 40 周，即第 8 ～ 10 个月为孕晚期。此阶段的胚胎逐渐完成发育，身体和四肢继续长大，直到比例相当，体重迅速增长，头部转向下方进入骨盆。通常情况下，40 周是胎儿出生的时间，但也会提前或推迟。一般认为预产期前后 2 周出生都是正常的。孕晚期的女性行动逐渐不便，身体也出现各种不适反应，如心跳和呼吸加快、气喘、尿频、便秘、腰腿疼痛等，影响日常作息。孕晚期也是需要格外注意的时期，长途出行、过度劳累或外部撞击等都可能导致早产，不利于胎儿的顺利出生。

（三）分娩

胎儿脱离母体的过程称为分娩。分娩的方式通常有以下 4 种，但如果母亲身体条件允许的情况下，一般建议选择自然分娩。

1. 自然分娩

自然分娩即顺产，是指自然地等待阵痛的到来，经历各个产程后胎儿最终经阴道分娩的方式。生产时为了不让胎儿发生危险，有时也会使用产钳和胎头吸引术等助产。这种分娩方式可以使母亲产后快速恢复。对新生儿来说，经过产道出来不仅肺功能得到锻炼，而且皮肤神经末梢经刺激也会得到按摩，从而使得神经、感觉系统发育得更好。但是产前的阵痛往往非常剧烈，且女性产后会出现阴道松弛、子宫和膀胱脱垂等后遗症。

2. 剖宫产

剖宫产是指在不能通过产道分娩或者被判断为产道分娩危险性很高的情况下，通过剖开腹壁及子宫，然后取出婴儿的一种分娩方法。这种分娩方式可以免去分娩前的阵痛，同时拯救因为某些原因而不能阴道分娩的胎儿。但是这种方式会导致生产过程中出血量多，并发症多，而且母亲自身的产后恢复会变慢。

3. 无痛分娩

无痛分娩是指通过在阵痛开始的时候进行镇痛，或者胎儿进入产道前进行麻醉等使产妇分娩时的疼痛减轻甚至消失的分娩方式。这种方式适用于对痛感过于恐惧，以及高血压、心脏病等身体不能承受过度压力的产妇。在生产过程中，产妇是可以自行用力生产的。但是这种分娩方式技术含量高，需要专业的麻醉医生操作。

4. 水中分娩

水中分娩是指产妇在充满温水的分娩池中自然分娩，目的是缓解阵痛、缩短分娩产程，从而节省产妇待产的痛苦。但是，这种生产方式的价格昂贵，对设施、医生和助产师的要求非常高。因为在生产过程中很难能监测到胎儿的心跳情况，所以有一定的技术风险。

二、生命的发展

美国著名的精神分析学家埃里克森将人的发展分为 8 个阶段，包括婴儿期、儿童早期、学前期、学龄期、青年期、成年早期、成年中期和老年期。

（一）婴儿期（0～2岁）

婴儿期的成长主要表现在运动能力、身体协调能力、感觉技能及语言能力的发展。婴儿通过自己的动作和感觉获取对外界世界的经验，开始出现有目的的行为。

（二）儿童早期（3～4岁）

处于本阶段的儿童在运动和身体控制方面的能力持续发展，并开始形成关于自我的概念。他们对自己的生理特征有了更多的了解，同时对自身的能力有过高的评估，会去做一些超出能力范围的事情，并且不喜欢听取成人的劝告。

（三）学前期（5～7岁）

学前期的儿童开始形成关于社会性别的概念，意识到了自身的身份和角色。在这一阶段，儿童喜欢和其他同伴玩耍，但思维以自我为中心。

（四）学龄期（8～12岁）

本阶段的儿童在读、写、算的能力方面逐渐有了飞跃性的发展。他们能够对客观事物和事件进行逻辑思考，并且能够理解物理特征的守恒性。此外，他们拥有强烈的道德感、荣誉感和责任感等，会主动遵循社会道德标准。

（五）青年期（13～18岁）

从青春期开始，青少年能够对抽象的命题和假设进行逻辑思考。随着生理的发展，性方面逐渐趋于成熟。在心理方面，他们开始注意自身的变化、进行自我探索，既渴望从父母处获得自由，又渴望从群体中获得亲密感和归属感。

（六）成年早期（19～25岁）

大学生正处在这一阶段，开始了进一步的自我探索和自我成长，生理和心理方面逐渐发展至完全成熟。此时，寻求和保持自我同一性对其而言至关重要，会影响他们之后亲密关系的建立。

（七）成年中期（26～65岁）

成年中期的个体已经达到身心完全成熟的状态，处在承上启下的阶段，既要赡养父母、抚养孩子，又要承担工作中的任务，是责任最大、负担最重的时期。

（八）老年期（65岁至生命结束）

老年期是个体生理和心理机能逐渐退化的阶段。如果老人长期缺少社会交往和社会关爱，容易产生孤独、抑郁等消极情绪体验。

三、生命的终点

生命的终点就是个体的死亡。死亡无论在东方国家还是西方国家都是一个非常沉重的话题。中国传统文化视死亡为不吉利的事情，极力避讳与死亡有关的一切。但正是因为人们不愿谈论，也未提前思考应对死亡的措施，所以在面对死亡时，大部分人往往表现得无法接受，或者茫然失措。

（一）死亡的定义

医学上对生命的传统定义为：一是活着的状态，即新陈代谢、生长、繁衍、对环境的适应性、动植物器官完成功能的状态；二是有机体从出生到死亡之间的时期；三是把生命物体与非生命物体区别开来的特征。

1968年在第22届世界医学大会上，美国哈佛医学院脑死亡定义审查特别委员会提出了将"脑功能不可逆性丧失"作为新的死亡判定标准，并制定了世界上第一个脑死亡的诊断标准：①不可逆的深度昏迷；②自发呼吸停止；③脑干反射消失；④脑电波消失。

同年，世界卫生组织国际医学科学组织委员会规定的死亡标准为：①对环境失去一切反应；②完全没有反射和肌肉张力；③停止自主呼吸；④动脉血压陡降；⑤脑电波平直。

在我国，一般以呼吸、心脏跳动、脉搏等均告停止且瞳孔放大为自然人死亡的标准。

（二）死亡的认知

每个人对于死亡的认知都有所不同，这是由社会文化、家庭环境、宗教信仰及个人经历差异而引起的。不同的认知决定了个体在面对死亡时的态度和表现。

💡 **思考**

你对死亡的认知是哪一种？你在面对死亡议题时的表现又是如何？

1. 死亡是顺其自然的；

2. 死亡是让人不安的；

3. 死亡是熟悉又陌生的；

4. 死亡是生者不能逾越的另外一个世界的界限；

5. 死亡是讳莫如深的；

6. 死亡是另一段生命的开始；

7. 其他。

同学们不妨试着体验不同认知所带来的感受，进而想象自己会有什么样的表现。如果你认为死亡是顺其自然的，那就能比较平静、坦然地接受和面对死亡。但如果你认为死亡是让人不安的、陌生的、不能逾越的、讳莫如深的，那相信你在面对死亡议题时就会多了一些恐惧、不安和抗拒。

生命教育中讨论死亡的意义就在于帮助同学认识并且接纳一个事实，那就是，死亡是每个人生命的终点，是自然而然一定会发生的事情，不论是衰老而死，还是因病或因意外而死，虽然过程不同，但结局终究相同。那些因为疾病或意外事故而身亡的人们固然会让我们感到遗憾，但如果一个人在活着的时候没有真正充实地、有意义地活过，那么即便他能长命百岁也无法感受到活着的乐趣，当死亡降临的那一刻也同样会觉得不幸和不甘。所以，与其恐惧死亡，倒不如趁自己还活着的时候好好地去生活、去学习、去交友、去体验生命的种种可能性、去感受活着的快乐。只有不留遗憾地活过，才能坦然地面对死亡。

正因为死亡议题是生命教育中最为重要的部分，人们越来越重视死亡教育。美国学者赫蒙·费弗尔（Hermon Faivre）在1959年发表了首部死亡教育的代表著作《死亡的意义》。1963年，罗伯特·富尔顿（Robert Fulton）在美国明尼苏达州大学第一次开设了正规的死亡教育课程。死亡教育作为生命教育的重要一环，目的是帮助人们正确地认识和面对生死，了解如何面对亲人的逝去，如何慰藉伤痛的心灵，还有如何处理大规模死亡的突发事件等。

在中国，越来越多的高校采用各种方式对学生进行生命教育，包括举办讲座、组织各类学生活动及开设选修课等。例如，金华职业技术学院在2021年9月首次开设了生命教育公共选修课。该课程结合了与生死相关的医学、哲学、社会学等方面的内容，帮助学生在了解生死学理论知识的基础上树立科学、合理、健康的生死观，能够正确看待生死与生活中的失意，明白生命的意义和价值，敬畏并珍爱生命，能够通过合理安排生活而成为更好的自己。

> 💡 **思考**
>
> 生命倒计时
> 1.假如你的生命只剩3个月，你会如何度过？
> 2.假如你的生命只剩1个月，你会如何度过？
> 3.假如你的生命只剩1个星期，你会如何度过？
> 4.假如你的生命只剩24小时，你会如何度过？

第二节　寻找生命的价值和意义

> 💡 **思考**
>
> 1.你认为一个普通的生命有没有价值？
> 2.你认为生命的价值有没有高低之分？
> 3.你认为生命的价值是由什么决定的？
> 4.你认为活着的意义是什么？

很多同学可能一直以来都没有思考过上述问题，不知如何作答。的确，生命的价值和意义似乎是哲学话题，但大学生如果在这方面缺乏必要的认知，可能就会导致某些消极事件的发生。例如，有的大学生会做出伤害自己或他人的行为。大学生之所以会伤人的原因在于对他人的生命没有敬畏之心。要知道，人生而平等，没有人有权力去肆意伤害另一个人的生命。而那些一遇到痛苦和挫折就认为人生没有希望，活着没有意义，选择伤害自己或结束生命的人同样没有意识到生命的价值和意义。生命的存在本身就有不可剥夺的价值，而生命本没有意义，任何意义都是个人赋予的。

一、生命的价值

生命教育的一项重要课题就是培养大学生自尊自爱，并且尊重他人的良好品德。实现这一目标的前提就是帮助大学生认识到生命的价值。只有意识到每一个生命都值得敬畏，人们才会珍惜、爱护生命，并努力提升自我生命的价值。

（一）认识生命的价值——敬畏生命

"敬畏生命"的观点是由诺贝尔和平奖获得者 A. 史怀哲（A. Schweitzer）提出的。他认为只有立足于"敬畏生命"的观点，我们才能倾其所爱，与这个世界上的其他生命建立一种灵性的、人性的关系。

生命是神圣的。当我们面对生命的诞生，或者体会死亡的恐惧时，都会自然而然地产生赞叹和敬畏之心。每个人都是父母感情的结晶，承载着家庭的爱与期盼，一个生命能够从受精卵期、胎儿期、婴儿期、儿童期直至顺利长大成人，需要父母和家庭倾注无数的心血、克服无数的困难。因此，生命的存在本身就是有价值的。大学生们要认识到生命的来之不易。

每个生命又都是独一无二的，拥有自己独特的风采。受遗传、环境和个体因素的影响，每个人的外貌、性格和思想都不相同，其生活内涵和人生道路都各有差异。生命从本质上而言并无优劣之分，因此在看待自己和他人时不应妄自尊大或妄自菲薄，而应该抱着彼此尊重的态度，求同存异，和谐共处。

（二）保护生命的价值——珍爱生命

生命是可贵的，但同时也是脆弱的，天灾人祸、意外事故、疾病暴发等都可能致人死亡。当新冠疫情全球性暴发时，人们再一次深刻地意识到生命在不可预测的灾难面前显得如此脆弱。然而，生命又是坚强的，其关键就在于不放弃。因此，珍爱生命中至关重要的一点就是不能轻易地放弃生命。

此外，珍爱生命要从日常生活中的小事做起。许多可能有生命危险的事情都应该避免，例如开车或过马路时低头玩手机、在危险的地方拍照、长期熬夜打游戏等。当人们保持健康的生活习惯和心理状态时，很多身心疾病就会远离，生命的长度得以延长，生命的质量得到提高。珍爱生命意味着对自己的生命负责，尽可能把握好现在，活在当下。人生是一场单向旅行，没有假设，更不能重来，与其感伤错过与失去的，不如好好珍惜现在所拥有的。

需要强调的是，每个人都有可能遭遇超出自身能力范围的、无法解决的问题，珍爱生命的另一个方面就是要学会求助。求助并不是无能或软弱的表现，反而体现了个人的智慧。在需要时向同学、老师、家人或者专业人士求助能够帮助大学生保持身心健康，维护生命的价值。

（三）提升生命的价值——升华生命

大学生的生命价值主要包括存在价值、目标价值和发展价值。存在价值已经在之前的内容中充分叙述，而目标价值和发展价值是困扰部分大学生的主要问题。有一部分大学生没有清晰明确的生活目标，对职业发展也非常迷茫，每天过得浑浑噩噩、碌碌无为，直到毕业才对就业和未来感到紧张和担忧。

提升生命的价值并不是要求大学生们都成为伟大的人物，干出轰轰烈烈的事业，而是希望每位大学生都能努力成为更好的自己。如果大学期间每天玩游戏不学习，那么毕业后恐怕只能处于被选择的境地；如果大学期间把主要精力花在美化外表而非武装头脑上，那么之后人生漫漫几十年又将用什么来保护和支持自己；如果大学期间把恋爱作为生活的全部，那么当步入社会后，又能用什么来吸引和留住恋人等。

大学阶段是非常关键和珍贵的时期，此时大学生的当务之急是认真充实地过好每一天，像海绵一样吸收知识、充实大脑，并且把握机会提高自己的综合素养、优化生命的质量。当然，大学生自我提升的同时也需兼济天下，对他人、对社会，以及对国家做力所能及的贡献，使生命得到进一步升华。

💡 **思考**

生命的选择

请写下你认为生命中最重要的 5 样东西，可以是任何对你而言珍贵的东西，不用排序。

此时，你的生活中发生了意外，你必须放弃其中一样东西，请划去。

不幸的事情又发生了，你必须再划去一样东西。

生活有时候就是这么残酷，你只能保留一样东西，请划去其余两样。

现在，你的清单上只剩下一样东西，也许这就是你当前认为最有价值的东西了，只有明确了什么对你而言是最重要的，才能明确目标，并尽力去实现。

二、生命的意义

生命的意义是一个与人类存在的目的与意义相关的哲学问题。在心理学领域，美国临床心理学家维克多·埃米尔·弗兰克尔（Viktor Emil Frankl）以人类对意义的探索为依据，结合自己在纳粹集中营的亲身经历，提出了"意义治疗理论"。此理论认为，当一个人对生命的忧虑或失望超过其生命价值感时，就会出现心灵性神经官能症，其出现的根本原

1. 微视频：人生剧本
2. 微视频：寻

因是寻求意义的意志受挫。

（一）认识生命的意义

人们通常提出类似于"生命的意义是什么？""生命有什么意义与价值？""生命的真谛是什么？""我为什么而生？"等问题表达对生命意义的疑问。科学、哲学、神学等都对这些问题做过各种解答，但并没有得出绝对化的、统一的答案。因此，我们需要多层面地去了解生命的意义。

💡 **思考**

不同的人对于生命意义的理解各不相同，你认为生命的意义是什么？为什么？

1.生命的意义不是获得的，而是记录在我们的遗传密码DNA上；

2.人应该在有生之年实现自己的理想，并为社会的和平发展贡献自己的力量，不虚度光阴，不碌碌无为，不给自己留下遗憾；

3.为别人活着：以别人的快乐作为自己的快乐，以别人的痛苦作为自己的痛苦，以别人的评价和称赞作为自己存在的意义；

4.为自己活着：以个人的物质或精神享受作为生活的目的，不顾及他人的感受、态度以及评价；

5.为某种信念或者理想活着：比如金钱财富、子女、某种信念等；

6.为了活着而活着：活着没有明确目的，仅仅是为了活着；

7.其他。

从根本上说，任何一种生命意义都是个人赋予自己的，都是使自己的生命变得有目标、有价值和有希望的方法。认为生命意义是记录在遗传密码上的人也许会自我设限，不敢挑战和尝试新鲜事物，但至少能做到一定范围内的事情；认为要实现自己理想并促进社会和平的人定会不断进取，乐于奉献；而为自己或为别人而活的人虽然失之偏颇，但也能找到活着的动力和目标；至于那些只是为了活着而活着的人，虽然人生会乏味无趣，但至少还会活着。当一个人想不到任何生命的意义时，也许就需要进行及时的干预了。

🔗 **链接**

"空心病"也许是伪命题

2016年，北京大学心理健康教育与咨询中心副主任徐凯文在一次演讲中抛出了一个令人震惊的结论：北京大学一年级的新生中，有30.4%的学生厌恶学习，或者认为学习没有意义；有40.4%的学生认为人生没有意义，"现在活着只是按照别人的逻辑这样活下去而已"，甚至还有更极端的——他们动了放弃自己生命的念头。

微课：空心病

徐凯文将这个现象的原因归为一些学生因为价值观缺陷导致了心理障碍，并称之为"空心病"——他们不知道为什么活下去，活着的价值和意义是什么。

年轻人，尤其是大学新生质疑"人生没有意义"，这是不是一种心理疾病？其实未必尽然。对于一个心智正常的青年而言，成长总有一个历程，他们或许在某个阶段对人生有所困惑，但经过自己的观察、沉吟、思虑，心境上早晚会豁然开朗。有时候，不经过一番大彻大悟，不出一身大汗，是无法对人生有透彻理解的。正处于飞速成长期的大学生，人生观、价值观尚未定型，有一些对人生的迷茫，再正常不过。尤其是对于那些刚刚从应试教育中脱颖而出的佼佼者，当以考试为中心的价值观突然崩塌，难免会产生虚无感。他们对人生意义的适度焦虑，或许反而有一定的积极意义，促使他们去寻找有意义的人生。

但我们也必须预防这种适度的焦虑发生"病变"的可能性。近年来，高学历年轻人出现抑郁症甚至轻生的新闻屡见不鲜，足以引起社会关注。

对于年轻人来说，也应认识到每个人都应该对自己的人生负责，积极去探寻能够燃起自己生命热情的事情，如此，才能让自己生命中的特质和潜能得到极致发挥，从而掌控自己的人生，而不是抱怨自己"只是按照别人的逻辑活着"。毕竟，只有通过参与，建立起自己与这个世界的通道，才不会觉得"生活在别处"。

（资料来源："空心病"也许是伪命题 [EB/OL].（2016-12-29）[2022-11-25].http://www.xinhuanet.com/politics/2016-11/29/c_129382145.htm）

（二）寻找生命的意义

弗兰克尔是意义治疗理论的创立者。意义治疗理论认为，每个人生命的意义都是独一无二的，且必须予以实践才能得出。人生的基本动力即寻求生命意义的意志，当这种意志缺乏时，人们可能面临的不是精神病理学意义上的心理疾病，而是一种"灵性的灾难"。人们在探索自身生命的意义和价值时产生的内在冲突、紧张感和疑惑是正常的，是心理健康的先决条件。

弗兰克尔认为发现意义的途径有创造与工作、体验价值和在痛苦中感悟 3 种。

1.创造与工作

创造与工作是相辅相成的。工作是人们发现生命意义的重要途径，只有在不断的实践中人们才能体会到什么给自身带来意义感和满足感。但是，意义的发现是主观能动的过程，如果个人只是简单地重复机械性的工作，那么很可能失去发现意义的动力。同理，大学生在学习中要善于思考，充分发挥创造力，感悟生命的意义。

2.体验价值

体验价值是指经由体验某个事件和人物，如工作的本质或文化等，尤其是"爱"来发现生命的意义。爱可以激发一个人的潜能，使他发现自己应该成为什么样的人，可以成为什么样的人。同时，爱能使人富有责任感和创造力，在爱的体验中发现生命的意义。意义疗法就是帮助人们学会爱、接受爱，并敢于承担随之而来的责任。

人本主义哲学家和精神分析心理学家 E. 弗洛姆（E. Fromm）认为，爱是一种对整个社会或世界的态度，并不只是和另一个人建立特殊关系。一切的爱都是以博爱为基础的，是对所有人的责任感、关心和尊重。个人通过给予自己内在有生命力的东西，如知识、幽默、欢乐、悲伤等，体会到生命的力量和意义。

3.在痛苦中感悟

人生中的各种苦难、不幸和挫折都是生命过程的必然组成部分。人们通过经历人生的悲剧和困境，深入思考人生，发现自我，最终感悟人生的意义。意义治疗理论认为，在某些情况下，如果一个人认为自己所受的苦难是有意义的，那么他就会选择承受痛苦。因为当他发现痛苦有意义时便不会再感觉到痛苦了，他所关心的不是如何逃避痛苦，而是感悟到生命的意义。

人生中有两种痛苦是几乎每个人都会经历的：一是求而不得，因为各种原因无法得到自己想要的，如表白被拒，或比赛没有得奖等；另一种是得而复失，即失去原本拥有的，如失恋，或失去亲人等。这两种痛苦无法避免，但人们能够通过感悟这些痛苦带来的生命意义而获取力量。例如，当亲人离世时，我们会感受到极大的痛苦、不舍和懊悔，但深入思考后明白，死亡是人生必经的阶段，每个人都必须学会面对自己和亲人的死亡。而正因为人生无常，所以更要珍惜当前与亲人和朋友的交往，以免在死亡来临时徒留懊悔与自责。

寻找生命的意义有可能是一个漫长的过程，有些人从一开始就没有寻找的意识，有些人在半途中就放弃了，而有些人终其一生都在寻找。生命的意义并不只是在于最终得出的结论，这一段不懈寻找的过程本身就赋予了生命独特的意义。

🔗 链接

《钢铁是怎样炼成的》片段

他沿着小镇上冷冷清清的街道踱步子，不知不觉走到了松树林前，在岔路口停住了脚步。岔口右面是从前的监狱，阴森森的，和松林只隔着一道挺高的尖木栅栏。监狱后面是医院的白色楼房。

就在这里，瓦莉娅和故乡的同志们被送上了绞架，牺牲在这空寂的广场上。在当年竖立绞架的地方，保尔默默站了许久，然后他走下路边的陡坡，进了烈士公墓。

也不知是哪一位热心肠的人，用云杉枝条编织的花环，装点了那一排掩埋忠骨的坟墓，又在小小的墓地周围种植上一圈苍翠的小树。陡坡外高耸着挺拔的青松。谷地里满铺着如茵的嫩草。

这儿是小镇的尽头，阴郁而冷清。只有松林轻声地沙沙作响。四野里复苏的大地散发出新春的气息。

就在这里，故乡的同志们英勇地牺牲了。他们为了改变那些生于贫贱、生就做奴隶的人们的命运，为了使他们的生活变得美好，献出了自己年轻的生命。

保尔缓缓摘下军帽。哀思，深沉的哀思充满了他的心：

人，最宝贵的是生命。生命对每个人只有一次。这仅有的一次生命应当怎样度过呢？每当回忆往事的时候，能够不为虚度年华而悔恨，不因碌碌无为而羞耻；在临死的时候，他能够说："我的整个生命和全部精力，都已经献给了世界上最壮丽的事业——为人类解放而进行的斗争。"

人，应当赶快生活。

保尔怀着这种的忧思，离开了烈士公墓。

（作者简介：尼古拉·阿列克谢耶维奇·奥斯特洛夫斯基，苏联作家，著名的无产阶级作家。1904 年 9 月 22 日出生于工人家庭。因家境贫寒，11 岁便开始当童工，15 岁上战场，16 岁身受重伤，25 岁身体瘫痪，年仅 32 岁便去世。他的长篇小说《钢铁是怎样炼成的》是 20 世纪 30 年代苏联无产阶级革命文学中最优秀的作品之一。）

💡 思考

如果你有机会为自己写墓志铭，你会怎么写？

1.你是一个什么样的人，你有着怎样的爱好？你的经历当中最令人感怀和难忘的事件是什么？它可曾给予你自豪感和成就感？

2.你对自己的评价或者希望他人如何评价你？

在英国约克郡地区，牙医的墓碑上写着："我的一辈子都花在为人填补蛀牙上，现在这个墓穴得由我自己填进去啦。"

法国作家司汤达的墓志铭比较精练："米兰人亨利·贝尔安眠于此。他曾经生存、写作、恋爱。"

16 世纪德国数学家鲁道夫花了毕生的精力，把圆周率计算到小数点后 35 位，是当时世界上最精确的圆周率数值。在他的墓碑上就刻着："$\pi = 3.14159265358979323846264338327950288$。"

"37，22，35"是美国影星玛丽莲·梦露的墓志铭，虽然简单，但给影迷留下了一个谜。最终这个谜由梦露研究会揭开，这 3 个数字代表梦露的胸围、腰围和臀围的英寸数，表明死者生前爱美的心愿。

现代著名作家老舍的墓志铭只有短短的一句话："文艺界尽责的小卒，睡在这里。"

生命是可贵的，是不可逆的。正因为生命的不可逆性，好好地活着才显得弥足珍贵。所有面向死亡的修行，都是为了更好地活着。思考死亡，是为了有备无患，更为了胸有成竹地生活。只有真正生活过的人，才能坦然平静地走向死亡。如果大学生们能认识生命、爱护生命、发现生命的价值和意义、挖掘生命的潜能、尊重和敬畏生命，并实现创新生命，那么接下来的生活将会更加充实、丰盈和平和。

第三节　大学生心理危机干预

案例

　　国庆放假时，你因有事情待在学校没有回家，同班同学小C悄悄地跟你说了一件事："我们寝室三个人一起出去旅游了，只剩小A一个人待在寝室，刚才我看到他朋友圈里发了一些很消极的话，好像是心情不好，你帮我去看一下好吗？"你立即赶到隔壁小A的寝室，发现小A正在喝酒，桌上放着一些你也不认识的药。因为是国庆假期，暂时联系不上班主任，此时你该怎么做？

　　酒后的小A向你倾吐了烦恼，他来自一个很不幸的家庭，父母离异，他自小跟着爷爷奶奶长大。他和室友、同学关系不好，平时也不知道该怎么和人相处，学业也亮起了预警信号。前阵子他被医院诊断为双相障碍。今天小A的女友强烈要求分手，两人在电话里吵了一架，女友把小A的电话、微信都拉黑了。

　　小A向你坦承桌上的药是治疗精神疾病的药物，但他说自己没事，刚才在朋友圈说自己想跳楼只是一时冲动，已经删掉了，他要求你绝对保守这个秘密，否则就不信任你了。这时，你该怎么办？

　　人生是一场曲折坎坷的旅行，随时可能遭到来自各方的挑战和打击。当代大学生面临交友、学习、恋爱、工作等人生课题，以及来自社会、家庭和学校的种种压力。如果自身解决问题的能力与抗压能力不足以应对各种挑战，那么就容易产生心理危机，影响学习和生活，严重的甚至会威胁到生命。因此，学会识别和应对心理危机是生命教育中非常重要的内容。

一、心理危机概述

　　心理危机的概念是美国心理学家G. 卡普兰（G. Caplan）在 1954 年提出的。他认为，每个人都在努力保持一种内心的平衡状态，使自身与环境协调稳定。但当突然或重大的问题和变化发生，如亲人亡故、突发疾病、遭遇自然灾害等，个体感到既不能回避又难以解决问题时，心理平衡状态就会被打破，正常的生活就会受到干扰，内心的紧张不断积累，继而进入无所适从甚至思维和行为紊乱的失衡状态。这种失衡状态也就是我们说的心理危机。常见的心理危机包括重大负性生活事件导致的心理功能紊乱、精神障碍（中度及以上）及自杀（伤人）危险。自杀是指个体蓄意或自愿地采用各种手段

1. 微课：自杀的迷思
2. 微课：自杀风险评估

结束自己的生命，是心理危机最极端的表现，会给社会稳定、家庭圆满和个人幸福带来沉痛的创伤。根据 2019 年世界卫生组织统计的数据，我国的自杀率在过去的 20 多年出现了明显下降的趋势，在世界范围内已处于较低水平，但绝对数字还是非常高。因此，我们有必要学习如何识别和干预自杀危机，及时挽救可贵的生命。

（一）产生心理危机的原因

大学生心理危机产生的原因主要有以下 5 种：① 精神疾病是导致大学生心理危机和自杀行为的重要因素；② 人格成长中的挫折与不良的早期经验；③ 适应困难、交往障碍与自卑；④ 学习、经济、就业压力带来的心理烦恼；⑤ 情感与性问题带来的心理困扰。

💡 **思考**

是否还有其他可能引起大学生心理危机的原因？

除了精神疾病引发的心理危机外，其他心理危机都来自日常的生活中。心理危机的出现并非一定是消极的，关键在于如何处理。心理危机的处理一般有 4 种结果：第一种是顺利度过危机，并学会了处理危机的方法，提高了心理健康水平；第二种是度过了危机但留下了心理创伤；第三种是承受不住强烈的刺激而自伤、自毁；第四种是未能度过危机而出现严重的心理障碍。

（二）影响危机形成的因素

💡 **思考**

同样是失恋，为什么有些同学没有受到很大的负面影响，有些同学却因此自暴自弃，一蹶不振？

某一事件是否会成为个人的心理危机，一般受 3 个因素的影响：

（1）个人对事件发生的意义及事件对自己将来影响的评价。

（2）个人是否拥有一个能够为自己提供帮助的社会支持系统。

（3）个人是否获得有效的应对机制，也就是个体能否从过去的经验中获得解决问题的有效方法，如哭泣、愤怒、向他人倾诉等。

不同的个体在这 3 个方面可能存在很大的差异，因此相同的事件不一定对每个人都会构成危机。当一个人在遇到现实刺激时，受灾难化刺激事件的影响，不知道应该如何有效应对，并且在现实生活中找不到支持的力量，那么他很可能遇到了心理危机。

二、心理危机类型

按产生危机的原因和时间点分类，大学生的心理危机一般分为发展性危机、境遇性危机、存在性危机和病源性危机。

（一）发展性危机

发展性危机是指个人在成长和发展过程中，对急剧的变化或转变产生的异常反应，如面对升学问题或生理发育问题时，个体可能产生强烈的内心冲突或焦虑。这些危机是大学生生命中必要和重大的转折点，要求大学生做出适应性的调整来解决。每一次发展性危机的成功解决都是大学生走向成熟和完善的阶梯。但是，如果个体缺乏处理危机的经验，对挫折的耐受能力差，缺乏自信，不会与人相处等，就会受到发展性危机的强烈冲击。

（二）境遇性危机

境遇性危机是指由外部事件引起的、突如其来、无法预料和难以控制的心理危机，如自然灾害、流行疾病、交通事故、战争、突发绝症、亲友死亡等。境遇性危机具有随机性、突然性、强烈性和灾难性等特点，往往对个体或群体造成巨大的心理影响。

境遇性危机通常具有以下特点：① 当事人有异乎寻常的内心体验（情绪），伴有行为和生活习惯的改变，但无明确的精神症状，不构成精神疾病；② 有确切的生活事件作为诱因；③ 面对新的难题和困境，当事人过去的举措无效；④ 持续时间短，一般是 4～6 周。

强烈或持续时间较长的境遇性危机可能导致个体患上急性应激障碍或创伤后应激障碍。

微课：创伤后应激障碍

（三）存在性危机

存在性危机是指人生中的一些重要事件出现了问题，如人生目的、责任、独立性、自由和未来发展等，从而导致个体内心产生冲突和焦虑。存在性危机可以是基于现实的，也可以是基于后悔的，还可以是一种压倒性持续的空虚感和生活无意义感。

案例

人为什么活着？

某高职院校大二学生王某自从开学伊始就在思考："人为什么活着？""我为什么要学习？""学习对将来发展有什么用？""我以后要做什么工作？"这些问题一直萦绕在她的脑海里，但是都没有明确的答案。渐渐地，她认为自己现在所做的一切都没有意义，因此逐渐失去了学习的动力，经常缺课待在寝室里，对什么事都没有了兴趣。为了摆脱内心的空虚感和痛苦折磨，她曾试图离校出走，并结束自己的生命，所幸被室友劝阻。

之后经过医生鉴定，王某患上了重度抑郁症，需配合药物治疗。与此同时，王某的同学、家长、班主任和心理健康老师也都积极陪伴在王某身边，帮助她最终度过了心理危机。王某在毕业后顺利找到了理想的工作，生活和事业都发展良好。

1.王某的心理危机类型是什么？有哪些表现？

2.为什么王某最终能够度过心理危机？

（四）病源性危机

病源性危机是指由于某些精神疾病导致的心理危机，包括精神分裂症和抑郁症。

1.精神分裂症

精神分裂症是一种常见的精神疾病，病因不清，多起病于青壮年，病前可能有一定的心理、社会因素。临床表现主要是在思维、感知、情感和行为等方面出现紊乱和不协调，如怀疑有人迫害自己、饭菜里有毒、外出感到有人跟踪自己、自己的想法被他人洞悉、听到背后有人议论自己或有声音时常对自己评头论足等。

精神分裂症目前仍主要依赖临床诊断，《中国精神障碍分类与诊断标准（第3版）》（CCMD-3）规定精神分裂症至少有下列两项症状，并非继发于意识障碍、智能障碍、情感高涨或低落，单纯型分裂症另有规定：① 反复出现的言语性幻听；② 明显的思维松弛、思维破裂、言语不连贯，思维贫乏，或思维内容贫乏；③ 思维被插入、被撤走、被播散、思维中断，或强制性思维；④ 被动、被控制，或被洞悉体验；⑤ 原发性妄想（包括妄想知觉、妄想心境）或其他荒谬的妄想；⑥ 思维逻辑倒错、病理性象征性思维，或语词新作；⑦ 情感倒错，或明显的情感淡漠；⑧ 紧张综合征、怪异行为，或愚蠢行为；⑨ 明显的意志减退或缺乏。

精神分裂症的病程标准要求符合症状标准和严重标准至少已持续1个月，单纯型另有规定。精神分裂症患者的社会功能明显受损或缺乏现实检验能力（自知力丧失，否认自己有精神病），需要早发现、早治疗，通过长期坚持服药治疗，并辅助一定的心理社会康复训练，可恢复一定的社会功能。

2.抑郁症

1. 微课：抑郁症
2. 微视频：抑郁症

抑郁症以心境低落为主，情绪反应与其环境不相称，可伴有思维缓慢和运动性抑制。患者表现为自我感觉不良、情绪低落、对外界反应缓慢、联想迟钝、言语动作减少，甚至发生木僵。患者可伴有自卑、自责和自罪观念，严重者可出现幻觉、妄想等精神病性症状。

抑郁症的临床表现有如下几点。

（1）抑郁心境。这是抑郁症患者最主要的特征，轻者心情不佳、苦恼、忧伤，终日唉声叹气，重者情绪低沉、悲观、绝望。

（2）乐趣缺失。对日常生活的兴趣丧失，对各种娱乐或令人高兴的事体验不到乐趣。轻者尽量回避社交活动，重者闭门独居、疏远亲友、杜绝社交。

（3）无明显原因的持续疲劳感。轻者感觉自己身体疲倦、力不从心、生活和工作丧失积极性和主动性，重者甚至连吃、喝、个人卫生都不能自理。

（4）睡眠障碍。有70%～80%的抑郁症患者伴有睡眠障碍，患者通常入睡无困难，但几小时后即醒，故称为清晨失眠症、中途觉醒及末期失眠症，醒后又处于抑郁心情之中。伴有焦虑症患者表现为入睡困难和噩梦多，还有少数的抑郁症患者睡眠过多，称为多睡型抑郁症。

（5）食欲改变。轻者表现为进食减少、体重减轻，重者则终日不思茶饭。但也有少数患者有食欲增强的现象。

（6）躯体不适。抑郁症患者普遍有躯体不适的表现。患者常检查和治疗不明原因的疼痛、疲劳、睡眠障碍、喉头及胸部的紧迫感、便秘、消化不良、肠胃胀气、心悸、气短等病症，但多数对症治疗无效。

（7）自我评价低。轻者有自卑感、无用感、无价值感，重者把自己说得一无是处，有强烈的内疚感和自责感，甚至选择自杀作为自我惩罚的途径。

（8）有自杀观念和行为。这是抑郁症最危险的行为。抑郁症患者有不同等级的自杀风险。

（9）其他。老年抑郁症患者还可能有焦虑、记忆力减退等症状。

如果发现自己有持久的心境低落，并伴有上述3种及以上的症状，持续两周以上，建议到专科医院做进一步诊断。抑郁症是一种可以治疗的心理疾病，通过整合多种治疗方法可以达到治疗效果，其中包括抗抑郁药治疗、物理治疗和心理治疗。

> **💡 思考**
> 你是否遭遇过以上一种或几种心理危机？

三、心理危机干预

心理危机干预就是通过明确有效的措施，缓解当事人的心理危机症状，恢复其心理功能，使其重新适应生活。心理危机干预的主要目的是避免当事人自伤或伤人，以及帮助其恢复心理平衡与动力。

（一）心理危机的识别

心理危机干预的前提是能够有效识别危机迹象，对一些异常的表现引起重视与警觉。心理危机可以通过个体的情绪性格、躯体行为、重大生活事件与家庭因素4个方面进行识别。

1.从情绪性格方面识别

（1）情绪明显不同于往常，焦躁不安、常常哭泣。

（2）过分焦虑，担心的程度与事情的严重性不符合。

（3）陷入抑郁状态，对以前感兴趣的东西或活动失去兴趣，感到麻木、空虚、无聊，沉默少语。

（4）流露出绝望、无助的情绪，对自己或这个世界感到气愤，将死亡或抑郁作为谈话、写作或阅读的内容。

（5）性格突然改变，言语比平时显著增多、联想加快，思维奔逸、自感言语跟不上思维活动的速度，自我评价过高，甚至显得荒谬离奇（如一个普通学生认为自己是万物之神）。

（6）出现强迫思维，如对自然界的一切现象或生活中的一些事情总是反复思索，明知毫无意义，但无法控制。

（7）出现妄想、幻听现象，想象与现实分不清楚。

2.从躯体行为方面识别

（1）饮食紊乱，暴饮暴食或食欲不振。

（2）睡眠困难，无法入睡或失眠、多梦、早醒。

（3）胡思乱想、坐立不安，常常自责，并常会表达身体上的不适等情况。

（4）眼神呆滞、口齿不清、听觉迟缓、步履不稳、注意力不易集中或不持久，脑力易疲劳、感到没有精神，还可有心悸、气短、多汗、肢冷、腹胀、尿频等自主神经功能紊乱症状。

（5）对某些特定的环境感到恐惧，如高处、广场、密闭的环境和拥挤的公共场所等。

（6）对身体健康或疾病过分担心，其严重程度与实际健康情况很不相称，或经医院检查无生理病症还常感身体疼痛不适。

微课：NSSI——生命中不能承受之痛

（7）孤僻、经常独来独往、回避与他人接触、不愿见人，或人际关系恶劣、常常责怪他人。

（8）无缘无故收拾东西，向人道谢、告别、归还所借物品、赠送纪念品（可能是自杀前兆）。

（9）意图伤害或恐吓他人，或做出自我伤害的行为（抓伤、划伤自己的身体，或在身上做标记等）。

（10）曾经有过自残、自伤或自杀未遂的行为。

3.从重大生活事件识别

（1）家庭遭遇重大变故，如亲友伤亡、经济损失、父母离异、家庭暴力等。

（2）生活中受到意外刺激，如居住地发生自然灾害、校园暴力、遭遇交通事故等。

（3）其他因素，如学业困难（考试期间承受过多压力，考试失利、不能如期毕业等）、失恋、人际困难（与同学或朋友绝交、受到同伴排斥或孤立等）、就业困难、身患重病（个人或亲友，突发或长期的疾病）等。

4.从家庭因素识别

（1）家庭功能不良，如单亲家庭、重组家庭、家庭经济困难、童年有寄养经历等。

（2）亲友或熟人有过自杀行为。

（3）家庭关系不和睦，如父母经常吵架、家庭内部矛盾多等。

需要注意的是，家庭因素的影响可能是隐性的，有很长的潜伏期。以上4个方面会互相影响，激化心理矛盾，成为大学生心理危机的导火索。

自杀危机作为最极端的危机类型，有其特殊的征兆，需要大学生了解并引起警觉，其中主要包括言语和行为两个方面。

1. 言语征兆

（1）流露出无助或无望的心情或无价值感。

（2）表达过想死的念头，谈论与自杀有关的事或开自杀方面的玩笑。

（3）谈论自杀计划，包括自杀方法、日期和地点、易获得的自杀工具等。

（4）直接说"我希望我已死去""我再也不想活了"等。

2. 行为征兆

（1）突然把心爱的、珍藏的、有价值的物品送人，与亲朋好友告别。

（2）出现突然的、明显的行为改变，如曾经情绪一直不好，突然变得很平静，甚至比较高兴。

（3）搜索关于自杀的信息，购买自杀工具。

（4）在社交平台发布自杀消息。

（5）长期频繁的自残。

（6）频繁出现意外事故，并潜意识中让自己处于危险的处境。

案例

其实我希望你们能看见

某高校一名大一男生在宿舍淋浴间自杀，被发现时为时已晚。这名学生此前曾在QQ空间中表达了对生活的绝望，在与其他同学交往时也会谈论到生和死的问题，甚至他在自杀前还和室友讨论厕所里的水管是否牢固。室友虽然觉得奇怪，但并没有放在心上，还和他开玩笑。直到事发后，他的室友和同学才意识到他曾经多次向他们表达出对生存的绝望。

其实这位同学在真正实施自杀行为前已经多次传达了自杀的信号，这也是一种求助的信号。如果周围人员能够及时接收到并重视这些信号，也许这位男生最终不会选择自杀。

练一练

以下关于自杀的陈述中，正确的有哪些？

1. 自杀身亡的人中，有 25% ～ 50% 曾经尝试自杀。

2. 谈论自杀的人不会自杀。

3. 性格外向的人往往比内向的人更不容易自杀。

4. 生活压力大是预测自杀的有效因素。

5. 一个有自杀倾向的人开始恢复正常时，通常是危险已经结束的信号。

6. 自杀与天气有关。

7. 如果一个人已经决定要自杀，他人通常是无法阻止的。

8. 与有自杀倾向的人讨论自杀的问题可能会引发他下决心自杀或提示他如何成功地自杀。

解析：1. 对。有过自杀经历，突破过死亡恐惧的人更容易自杀。个体如果最近有过自杀经历就属于高危人群。同学们千万不要认为自杀过的人才懂得生命的可贵，有时恰恰与此相反，个体经历过自杀才知道怎么去自杀或者更有勇气去自杀。

2. 错。谈论自杀的人也有可能会自杀，包括宣称自己要自杀、讨论与自杀相关的事情等，这可能是个体在向外界传递求救信号，渴望自己被发现、被关注、被帮助。

3. 错。没有研究证明外向的人比内向的人更不容易自杀。性格外向可能只是一个人的防御机制。

4. 对。长期处在巨大生活压力下的人更有可能自杀。

5. 错。当一个有自杀倾向的人开始恢复正常并不说明危险已经结束，反而有可能是他已经下定决心，准备下一次计划。一般来说，危机干预后 3 个月内个体仍有自杀风险。

6. 对。自杀确实与天气因素有关。在秋冬、雾霾天气下存在季节性抑郁，此时可采用光照疗法。

7. 错。人的本能是求生而不是求死，很多时候自杀只是解决问题的一个办法。如果能让处在危机中的人看到还有其他解决问题的办法，意识到还有人真心关心他，那么他很可能不会自杀。

8. 错。如果我们刚和他人讨论了自杀的问题以后对方就自杀了，那只能说明他本来就想自杀了。其实我们可以以一种从容、专业、镇定的态度去询问这些问题，例如"当你感觉特别痛苦熬不下去的时候，你会不会产生结束这一切的想法？""你在感受这样的痛苦时有没有过自杀的想法？"等，从而去了解对方的实际想法。

（二）心理危机的自我干预

心理危机并不是洪水猛兽般可怕的存在，我们可以通过运用一系列的方法，挖掘自身潜在的力量，调动所有可以运用的资源予以应对。

1.进行情绪和认知调节

心理危机会使我们在情绪和认识上发生失调，因此当我们感觉自己的状态有异常时，可以先尝试自我调节，具体方法请回顾专题五"压力与情绪管理"中的相关内容。

微视频：重生

（1）情绪调节。调节情绪的方法在相应的章节中已经有了具体的阐述，关键在于觉察、接纳和纾解。首先，觉察出自己当时的情绪，以及表面情绪下真正的情绪，例如，是生气下的羞愧，还是伤心下的后悔。其次，接纳自己的情绪，对那些令人感到不适的情绪也不压抑、不自责，允许它们的存在。例如，允许自己伤心难过、生气愤怒等，让自己能够与这些情绪共处。最后，用积极合理的方式纾解情绪，如合理宣泄、转移注意力等。

（2）思维调节。理性情绪疗法的创始人艾利斯提出，人们的消极情绪是由个人对客观事件持有不合理信念导致的，因此我们要思考自己是否存在一些非理性信念，避免绝对化、过分概括化和糟糕至极的想法。当思维得到调节后，情绪自然会随之改变。

（3）理性审视。理性审视包括客观的自我评价和对危机事件的评估。客观的自我评价包含对自己的优缺点与潜在力量的重新认识，评价要符合客观实际，不可过低或过高。对于危机事件的理性认识包括意识到危机并不一定带来不好的结果，危机既是危险也是机遇，积极面对它们会帮助我们成长。

2.主动求助

很多大学生不愿意寻求他人的帮助，认为他人帮助不了自己，或者觉得求助很没有面子，并且认为这也泄露了个人隐私。但是我们必须认识到，心理危机已经超出了个人解决能力的范畴，如果没有得到及时有效的帮助，很可能导致严重的后果。所以，在权衡得与失后我们会发现，主动求助会获益良多。

（三）心理危机的社会支持系统干预

个体的社会支持系统主要包括能够给予支持的父母、亲人、老师、同学与朋友等。这里的支持包括了心理和情感支持，以及一些实质的救助行动。有研究表明，社会支持系统具有建立同盟、增进个人价值、提高亲密感和满意度等功能，这对处于心理危机状态的大学生具有重要的救助作用。

> 💡 **思考**
>
> 请列出你的社会支持系统。
> 在亲人中，能给予我支持的有 ＿＿＿＿＿＿＿＿＿＿＿＿＿＿＿＿＿＿＿＿＿＿；
> 在学校里，能给予我支持的有 ＿＿＿＿＿＿＿＿＿＿＿＿＿＿＿＿＿＿＿＿＿＿；
> 在朋友中，能给予我支持的有 ＿＿＿＿＿＿＿＿＿＿＿＿＿＿＿＿＿＿＿＿＿＿；
> 在社会资源中，能给予我支持的有 ＿＿＿＿＿＿＿＿＿＿＿＿＿＿＿＿＿＿＿＿。

如果大学生发现朋友或同学有心理危机，既要予以重视，又不必过度紧张，可以采取以下三步措施：① 保持冷静，避免惊慌失措；② 确保当事人的人身安全，做好看护工作，不可让其独处；③ 及时向老师反映情况。

如果当事人有严重的自杀、杀人或精神疾病的危险，大学生必须马上报告班主任或本学院心理辅导老师，也可以联系学校心理中心寻求帮助。

1. 微课：危机干预八步法
2. 微课：精神卫生法下危机学生的转介

（四）心理危机的专业干预

当大学生通过自身努力及已有的社会支持系统干预仍然无法解除危机时，就需要求助专业人员进行危机干预，这通常是有效心理危机干预必不可少的一部分，目前普遍使用的是"六步干预法"。在高校中，则被拓展为"八步干预法"。此干预法并不局限于专业人员使用，任何一位同学都可以在确定问题、保证安全、给予支持和帮助环节提供积极有效的协助。

1.确定问题

干预人员从学生的立场出发，通过使用积极的倾听技术和开放式问题确定和理解学生的问题，同时注意其言语和非言语信息，判断其所处的状态，设计接下来的应对方案。

2.保证安全

危机干预的首要目标是保证学生的安全。干预人员所做的检查评估、倾听和制订行动策略等都是为了将学生对自我和对他人的生理和心理的危险性降到最低。在这一过程中，任何安全问题都会被给予同等的、足够的关注。

3.给予支持和帮助

干预人员会通过语言、语音、语调和躯体语言与学生沟通和交流，使其意识到干预人员真心地、积极地、不加评判地关心、接纳和支持他们，让其相信"这里确实有关心你的人"。

4.提出应对方式

干预人员会帮助学生摆脱无路可走的想法，探索可获得的社会支持和环境资源，启发其变通的、积极的思维方式，思考如何充分利用资源找到更多可供选择的应对方式。对于有些学生而言，知道有哪些人曾经关心过或现在仍然关心自己能够帮助其获得克服困难的勇气和力量。

5.制订行动计划

干预人员以学生为主导，协助学生制订现实的短期计划。计划内容一般包括可提供支持的人员、团体、组织机构，学生目前可理解和自愿行动的应对方式或步骤。计划的制订是根据学生实际的应对能力，目的是切实可行地帮助学生解决问题。

6.得到承诺

在行动计划制订后，干预人员会要求学生承诺采取明确的、积极的行动。如果学生不能做出承诺，说明还存在一些未解决的问题，干预人员会与学生再次继续深入沟通和交流，发现并解决问题。在危机干预结束前，干预人员需要从学生那里得到诚实、直接和适当的承诺。

在整个过程中，干预人员的作用在于引导、启发、促进和鼓励，而不是提供具体的、现成的应对方法。因此，学生需要积极配合干预人员，做到有效沟通和诚实反馈。

（五）危机干预的技术

危机干预的具体技术包括倾听、支持和干预技术。大学生也许无法完全掌握这些技术，但如果能耐心地倾听和理解他人，并表达支持和关心，提供一定的解决方案，那么同样能对危机干预产生积极的促进作用。

微课：心理危机干预中的"要说"和"不要说"

1.倾听技术

良好的倾听技术是有效危机干预的关键，有时仅仅倾听就可以帮助处于危机状态的人，安抚其焦虑、不安，甚至恐惧的情绪。同学们诉说自己的经历和人生故事，倾诉内心的情感体验的过程本身就是自我疗愈的过程。

有效倾听包括以下4个重要因素：

（1）识别学生表达出的促进自我探索的、感受性的关键信息。

（2）准确地领会学生所描述的事实和情绪体验。

（3）将了解到的信息尽量清楚、明白地反馈给学生，帮助其进一步了解自己的情感、动机和体验。

（4）帮助学生了解影响危机处境的因素。

2.支持技术

支持技术是危机干预主要使用的技术，目的是让学生表达或发泄内心的积郁，并在此基础上给予共情、解释和保证，树立其信心，使其情绪状态恢复到危机前水平，减轻其焦虑水平。

3.干预技术

干预技术又称问题解决技术，是指帮助学生按以下步骤进行思考和行动：① 明确存在的问题和困难；② 提出各种可供选择的方案；③ 罗列并澄清各种方案的利弊和可行性；④ 选择最可取的方案；⑤ 确定方案实施的具体步骤；⑥ 执行方案；⑦ 检查方案的执行结果。

💡 **思考**

作为非专业人员，在危机干预中，你可以做些什么？

（六）自杀危机的干预

大学生对发生在身边的自杀危机进行干预时应遵循以下13条原则。

（1）保持平静、沉稳。

（2）给其充分的机会倾诉，以便确定危机类型、诱发事件及严重程度。

（3）向辅导员、班主任老师、学校心理咨询老师等告知具体情况。

（4）不要对其责备或说教。

（5）不要批评他或对他的选择、行为提出批评。

（6）不要与其讨论自杀的是非对错。

资料：全国心理援助热线列表

（7）不要被他所告诉你的危机已过去的话所误导。

（8）不要否定他的自杀意念。

（9）不要过于紧张、害怕。

（10）不要分析他的行为或对其进行解释。

（11）不要对他有自杀的想法保密。

（12）不要把自杀行为说成是光荣的、浪漫的、神秘的，以防止他人盲目仿效。

（13）不要忘记在危机解除后仍然关注其状况。

小知识

自杀强度的判断

1. "你有这个想法多久了？"该想法持续越久者自杀强度越高。

2. "你打算用什么方法自杀？"行动越激烈者自杀强度越高。

3. "你实际去准备了吗？"已经开始着手准备者自杀强度越高。

4. "你写过遗书吗？"有遗书者自杀强度越高。

5. "你曾经将此想法告诉过别人吗？"不曾告诉别人者自杀强度越高。

6. "倘若你现在就死了，还有什么挂念吗？"挂念越少者自杀强度越高。

7. "在什么条件下可以解决问题，让你不必去死？当然，也许不会真的发生，我只是假设而已。"能找到生活意义者，自杀强度低；找不到生活意义者，自杀强度高。

超简单心理实践

安全岛技术

安全岛技术是指在个体的内心深处找到一个绝对惬意舒适的场所，在这个想象的安全岛里，没有任何压力存在，有的只是好的、保护性的、充满爱意的东西。在被强烈的负面情绪如伤心、难过、愤怒、焦躁、沮丧袭击时，使用安全岛技术可以让自己进入内在的安全领域，从而重新获得愉悦、平静的心情。

练习安全岛技术即在闭眼舒适的坐姿状态下，聆听指导语进行心理想象。指导语具体如下：

现在，请你在内心世界里找一找，有没有一个安全的地方，在这里，你能够感受到绝对的安全和舒适。它应该在你想象的世界里……也许它就在你的附近，也可能它离你很远。无论它在这个世界或者这个宇宙的什么地方……这地方只有你一个人能够造访，你也可以随时离开，可以带上友善的、可爱的，陪伴你、为你提供帮助的东西……

你可以请自己的好朋友、父母等可靠的人读引导语而帮助你构建自己的安全岛，也可以将指导语用录音机或MP3之类的设备录制下来，然后放给自己听，直到完成内在安全岛的构建。你可以给这个地方设置一个你所选择的界限，让你能够单独决定哪些有用的东西允许被带进来，但是真实的人是不能够被带到这里来的。

1. 课堂活动
2. 课后巩固

参考文献

[1] 《生命的价值和意义》编写组. 生命的价值和意义[M]. 北京：世界图书出版公司，2009.

[2] 崔燕. 大学生心理健康教育[M]. 2版. 大连：东北财经大学出版社，2016.

[3] 孔丹华. 大学生恋爱与性教育手册[M]. 长春：吉林大学出版社，2020.

[4] 马建青. 大学生心理健康教程[M]. 2版. 杭州：浙江大学出版社，2015.

[5] 王卫红. 抑郁症、自杀与危机干预[M]. 重庆：重庆出版社，2016.

[6] 吴少怡. 新编大学生心理健康教程[M]. 西安：西安交通大学出版社，2016.

[7] 夏克特. 心理学[M]. 3版. 傅小兰，等译. 上海：华东师范大学出版社，2016.

▶▶ **教学目标**

知识目标：理解幸福的要素；知道幸福是什么和幸福不是什么。

能力目标：提升追求幸福的能力，能体验"心流"。

情感与价值目标：确立正确的幸福观，培养主动追求幸福的勇气，正确处理个人幸福与他人幸福的关系。

▶▶▶ **课前热身**

1.（单选题）彩票大奖得主在得奖多久后会回到他们之前的幸福感水平？

A.1 个月　B.半年　C.1 年　D.5 年

2.（单选题）因车祸致残的人，一般什么时候可以回到车祸前的快乐心态？

A.半年　B.1 年　C.5 年　D.10 年

3.（简答题）你上一次真正感觉到幸福，是在什么时候？发生了什么？

▶▶▶ **导言**

幸福是一个永不过时的话题，是人类永恒的追求，正如亚里士多德所说："幸福是人生的目的和意义，是人类存在的最终目标和终点。"

以前，心理学关注各种疾病和变态心理，认为只有消灭了它们，人类才会获得幸福。所以在之前长达两个世纪的时间里，似乎大多数心理学家的任务是理解和解释人类的消极情绪和行为，他们对各种疾病的判断和解释越来越细致和专业。然而患抑郁症、焦虑症、强迫症等疾病的人却在加速增长。直到有一天人们突然醒悟，解决负面情绪的关键在于关注正面情绪。真正推动人类进步的并不是抑郁、攻击、焦虑、愤怒、妒忌、憎恨、怨恨、悲观等消极情绪，而是诸如幸福、仁爱、激情、爱情、欣喜、幽默、乐观、感恩等积极情绪。为什么我们不去研究人类已有的优势和美德，看看它们是在多大程度上给予了人类进步的力量呢？于是，人们开始改变研究重点，开始直面幸福本身，而不再尝试用回避不幸这样的方法来问道幸福。

如今，幸福已经成为时代浪潮中独具个性的一个符号，一个普遍关注的焦点。一直以来，人们对幸福赋予了太多的意义和诠释，幸福似乎与快乐、成功、金钱、地位、健康和生命的意义紧紧地联系在一起。时代进步了，财富增加了，人们的幸福感有时却在原地踏步。

为什么梦寐以求的幸福目标，有时是那么遥不可及呢？

哲学家告诉我们，幸福不是用心去找就能找到的；社会学家告诉我们，幸福的多少与财富无关；先贤告诉我们，幸福是一种感觉；积极心理学家却告诉我们，幸福是可以学习的……今天，我们对幸福的认识，从一棵树开始。

✎ **练一练**

　　请你画一棵树，画出树上的果实、树干、树叶和树根。想象一下，这棵树叫幸福树，那么树上的果实、树干、枝叶、树根及周围的环境，是怎样构成了"幸福"？

第一节　认识幸福的真义

微视频：温暖

当你画完了之后，请静静地欣赏一下属于你的这棵幸福树，看看树上是否有果实？它是什么样的果子？它的颜色是诱人的红，还是清新的绿？它成熟了吗，是否有扑鼻的香味？树上有几颗果子？是否有人去采撷它（们）？它们长得都一样吗？有没有已经掉落在地上的果子？最美最大的那颗果子，它在树的哪一头？在我们提出这些问题的时候，实际上，请你把枝头的这些果子当作你的幸福果实，闭上眼睛想象一下，这些甜美的幸福之果上面刻了什么字？是成功、金钱、爱情、满足、快乐，还是别的什么？摘到了这些果子，你就撷取到幸福了吗？

一、幸福不等于……

在被问及一生中最想得到什么时，在很多个备选答案里，人们总是会选出共同的答案："幸福！"如此看来，幸福对于我们的意义重大。然而，幸福又是一个谜，1000个人来回答幸福是什么，就会有1000种答案。饥饿的人看见馒头就看见了幸福，绝望的人看见希望就看见了幸福，年轻人视拥有爱情为幸福，老年人视子孙绕膝为幸福等。而在很多人的幸福法则里，我们都会看到金钱、成功等字样，似乎金钱、成功等是人们确信无疑的幸福基石。不过有关幸福与成功、金钱、快乐的关系，我们还需要慢慢梳理一下。

（一）成功和幸福的关系

成功就会幸福吗？"当我成功了，我就会幸福"是很多人对成功与幸福关系的认识。然而心理学家经过多年的调查发现，幸福的人和其他人之间并没有什么不同。这些幸福的人并不是有钱人，大多相貌平平，身材也很一般，可能没做过什么伟大的事，也没有很好的运气，他们的幸福并不一定是成功带来的。

积极心理学的践行者，哈佛大学的泰勒·本–沙哈尔（Tal Ben–Shahar）在很早的时候就发现了这一点，当他用非比寻常的毅力克服各种困难，赢得壁球冠军后，他本以为从此会过上幸福生活的愿望并没有实现，相反，空虚和失落迅速占据了他的内心。为何成功并不能带来持久的幸福呢？

其实，成功和幸福的关系是双向的，成功只是可能带来幸福。如果要剖析成功与幸福之间的关系，应该是在追求成功的过程中，在全身心投入的过程中人们能够体验到幸福。所以，千万别为了成功抛弃其他重要的东西，因为只是成功还不足以带来真正的幸福。因此成功并不一定就会幸福，相反，幸福却很有可能带来成功。努力获得更多的幸福，不仅可以让一个人心情愉悦，还可以激发他无穷的活力和创造力，润滑他的人际关系，提高工作效率，从而更有可能带来成功。

（二）金钱和幸福的关系

金钱能带来幸福吗？积极心理学之父马丁·塞利格曼的团队对 40 多个国家的人进行了幸福感调查，他们发现金钱确实在一定程度上可以给人带来幸福，如给一个饥饿的流浪汉一小笔钱，他会有强烈的幸福感。如果每天花 10 元钱买彩票，突然有一天，我的彩票中了 500 万元，我也会感觉幸福。但是彩票带给人的幸福能持续多久呢？人的基本需要得到满足后，金钱对幸福的影响其实很小。住在别墅里的人一定比无家可归的人感觉幸福，但不一定比住在舒适公寓里的人幸福。

"我曾经富有过，也尝过贫穷的滋味，感觉还是有钱好"和"金钱买不到幸福"这两句看似矛盾的话其实都是正确的。金钱可以影响人的幸福感，但只是在一定程度上影响。

许多人说过这样的话："如果我有了（海景别墅、一个大房间、一辆喜爱的车子等），我将会多么幸福啊！"但研究显示，富人虽然在物质上确实比普通人拥有的更多，但他们不一定比普通人更幸福。美国著名的建筑师弗兰克·劳埃德·赖特（Frank Lloyd Wright）曾说："富人只是他们财富的看守者。"如果你的人生目标只是追求物质财富，那么你就会沦为金钱的奴隶，物质财富很有可能是不幸的根源。

1976 年，研究人员在多所名校就人生态度问题对 12000 名大一新生进行了调查，他们的平均年龄是 18 岁；20 年后又在他们 37 岁时对他们生活的满意度进行了调查。结果表明，那些在刚上大学时表现出强烈物质欲望的学生（也就是以赚钱作为他们主要人生目标的学生），20 年后，他们对生活的满意度普遍都比较低。[①] 除此之外，和那些追求精神财富的学生相比，只追求物质财富的学生更容易患上各种精神疾病。

物质财富不能让我们获得更多的幸福，其中一个原因是当人们最终获取了大量财富后，其幸福感并不会随着财富的积累而增多。同时，一心追求物质财富也可能会让人们忽略那些更有意义、能够给人带来更多快乐的事情，例如维护家人和朋友之间的关系、享受生活，或者从事公益活动等。越看重金钱的人对他的收入越不满意，也就对他的生活越不满意，越缺少幸福感。

对贫穷国家而言，幸福感是和财富一起增长的，也就是说，人民越富裕，他们就越幸福。而一旦国民收入超过年人均 8000 美元，这个相关性就开始消失，财富的增长，哪怕是大幅增长，也不能再给人民带来更多的幸福感。并且也有越来越多的证据表明：当一个国家变富时，患抑郁症和其他精神疾病的人的比例也随之飙升。家庭和个人的收入也是如此影响个体的幸福感，金钱和幸福的关系只是一定范围内的正相关。

（三）快乐和幸福的关系

快乐等同于幸福吗？人为什么会感到快乐，又为什么会感到痛苦？快乐或痛苦是因为我们碰上了令人高兴的事或痛苦的事。我们千辛万苦做成了一件事，这满足了我们取

---

① 柳博米尔斯基. 幸福有方法[M]. 周芳芳，译. 北京：中信出版社，2014.

得成功的愿望，于是我们就感到欢欣鼓舞；反之，如果我们的努力受到了挫折，我们就会不高兴，甚至感到痛苦。除了这个原因之外，心理学家还发现了一些其他原因，其中一个就是，刺激脑的某些部位也能产生欢乐或痛苦的情绪。原来，在我们的大脑中有专门分管快乐和分管痛苦的情绪中枢。20 世纪 60 年代，心理学家发现了老鼠大脑中的"愉快中枢"，在该区域中放了一根很细的探针，老鼠按杆时，会有轻微电流通过，刺激该区域。结果有些已经很饿的老鼠宁可去按带来直接快感的杆子，而不是去按另外一根可以获取食物的杆子，最后饿死在能直接获得快感的杆子下面。实验者从中发现了原因：老鼠对电刺激产生了强烈的渴求，必须有下一个刺激才能满足这个渴求；很不幸，下一个刺激又会带来更大的渴求，这样就形成了恶性循环，直到老鼠累死、饿死为止。老鼠后来再按杆已经不是为了愉悦，而是为了满足这个渴求，这种激起渴求而无法停止渴求本身就是消极的。这种渴求反应，是不是和物质成瘾很像？

现在，问题来了，唾手可得的快乐你要不要呢？假如你可以在自己的脑袋里装一个"幸福机器"，只要你想，它就可以刺激你的大脑并带给你幸福感，你会装它吗？答案也许是"不会"。然而人类却发明了许多捷径去获得暂时性的感官愉悦，如电脑游戏等，我们有时候会沉沦在这些感官的愉悦里不能自拔，却忘记了没有意义的寻欢只会带来更大的空虚、更多的沮丧。要记得愉悦始终无法代替满足，因为满足只有在高尚的行为做完后才会自然产生。你可以去找到、培养、强化你的愉悦，但是你无法用同样的方法去扩大满足。感官愉悦通往快乐，内心富足通往幸福，快乐是感官和情绪的，而幸福来自个人的优势和美德。

（四）"幸福谎言"

金钱、成功、快乐、满足、爱情等都能给我们带来一定的、也许是短期的幸福感，但它们不是幸福本身。其他诸如漂亮、健康、年轻、信仰、高智商、已婚、高薪、良好教育等也不是都能带来幸福，财富、学历与青春对获得幸福的帮助都相当有限；婚姻对幸福的影响好坏参半；倒是亲情和友谊，确实更能让我们体验幸福。

伊利诺伊州立大学心理学教授爱德华·迪纳（Edward Diener）研究发现，只要基本生活无虞，额外的收入并不能给人们带来更多的快乐。良好的教育与高智商对快乐的提升也没有很大帮助。年轻也不能保证快乐，20 ～ 24 岁的年轻人情绪低落的时间比65 ～ 74 岁的老年人还长。所以，它们都只能算是幸福的相关因素而非因果联系。

在这棵幸福树上的果实里，我们看到了一些幸福的影子，但也看到了一些虚幻的目标。关于幸福，有几个谎言需要我们去澄清。第一个谎言是"明天／长大后，我就会开心了"，实际情况是，如果你今天不幸福，明天同样也不会幸福，除非立即采取行动。因为幸福不是被等到的、被找到的，而是被创造的。第二个谎言是"换个环境／拥有……后，我就会幸福了"，当我们把自己的幸福希望寄托在外物或者别人时，其实幸福离我们越来越远。第三个谎言是"我这辈子就这样了，我太内向/我容易发火/我的性格不会给我带来幸福"，大多数人尤其是那些不幸福的人，深信幸福与否是由先天的基因、性格、气质决定的，个人对此无能为力。其实，越来越多的研究有力地证明了我们能够博弈遗传基因，让自己获得幸福。这3个谎言就像幸福树上的3个烂苹果，记得在采摘幸福果实的时候，避开它们。

二、幸福是什么

幸福是什么和怎样才能得到幸福是有关幸福最重要的两个问题。就像"不知道什么是道德，就不能过有道德的生活"一样，不知道"幸福是什么"的话，就无法知道"怎样才能得到幸福"。所以，幸福从来都属于认识清楚、目标明确的人。

（一）4种人生模式

汉堡是你喜欢吃的食物吗？哈佛大学的泰勒·本-沙哈尔从汉堡中看到了不同的人生模式。这4种人生模式都和幸福有关，代表了每个人对幸福生活的不同理解（见图8-1）。

1.享乐主义型

享乐主义型的人信奉"及时行乐，逃避痛苦"。这种模式好比垃圾汉堡，好吃但不健康，这种模式的人是现在的奴隶，他们为及时享乐而出卖未来的幸福人生，注重的是眼前的快乐，忽视自己的行为可能带来的任何负面后果。他们认为充实的生活就是不断地满足自己当下各种各样的欲望。

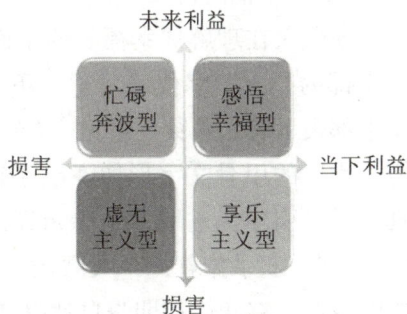

图8-1 4种人生模式

2.虚无主义型

虚无主义型的人信奉"快乐至上"，这种模式好比最差的汉堡，这种模式的人是过去的奴隶，这种汉堡既不好吃也不健康，吃了它，不但现在无法享受美味，日后还会影响健康。这种人既不享受眼前的所有，也对未来没有任何希望。

3.忙碌奔波型

忙碌奔波型的人信奉的是"实现谬论"。这种模式好比素食汉堡，口味差，可里面全是蔬菜和有机物，这种模式的人是未来的奴隶。这类人只追求未来的快乐，承受着现在的痛苦，他们认为此刻的一切努力都是为了实现未来的目标，痛苦的过程是获得未来幸福的必由之路。

4.感悟幸福型

那么，会不会还有一种汉堡，既好吃，又健康呢？那就是第四种感悟幸福型汉堡。一个幸福的人，是既能享受当下所做的事，又可以获得更美满的未来。感悟幸福型汉堡既好吃又健康，这种模式的人不但能够享受当下所做的事情，而且通过目前的行为，可以拥有更满意的未来。

4种风味汉堡、4种人生模式、4种感悟幸福的态度，你选择哪一种呢？

其实我们身边的人，全都可以归入这四类人中，而且大多数人在"忙碌奔波型"和"享乐主义型"之间游走。想想我们成长的过程，小的时候，为了"好大学、好工作"的未来利益努力，到了寒暑假又喜欢沉浸在当下看电视、睡懒觉的"享乐主义"中，一个假期过了之后常常后悔自己没有好好规划生活，长假的放松并没有令我们感到内心的宁静和喜悦。而真正的幸福人生，需要结合当下及未来的利益，人生就像爬山，我们要有时间停下来，享受路边的风景，我们也需要有明确的目标追寻自己未来的愿景。

"好吃"和"营养"总是难以两全，更何况我们的一生。但是，难以两全并不等于不能两全。我们要学会的是，懂得怎样的原料放在一起会既营养又好吃。可以确定的就是，每个人都想成为第四种汉堡——"感悟幸福型"汉堡。

现在，我们知道了自己不想要的生活，那是否真正了解自己想要的幸福又是什么样的呢？

（二）幸福的含义

现代人在理解"幸福"的字面意思时，都会从汉字"幸福"的表意来看，"幸"字上半部的"土"字代表房子，下半部代表有钱；福字右半部表示一家人有吃的（田），左半部表示有衣服穿。可见，"幸福"合起来就是一家人吃穿不愁，有房子住，有钱花。但"幸"的甲骨文字形像一副手铐。幸字的本义是指古代用来锁执犯人手腕部位的刑具，后来引申为逃脱、免除重罪。有罪能够逃脱、免除当然是"幸"的。甲骨文中的"福"字是双手捧着一个大酒坛，在祭台（"示"）前求神赐福的样子，后逐渐演变成现在的字形，有庇佑和期盼自然是有福的。由此可见，幸福这个词不是物质上的概念，而是精神上的概念。一个人的幸福，主要还是来自心理感受。

测试：青少年主观幸福感量表

由于学者们的研究方向不同，幸福被细分为主观幸福感和心理幸福感。它们的差别主要在于对幸福感的定义不同。定义的不同，导致了学者在研究方式、测量工具和评估幸福指标上的差别。主观幸福感研究者基本上把个体当下的生活满意度等同于幸福，幸福相当于快乐或满足，但这种感觉很难长久维持。心理幸福感研究者则认为，人生的意义得到体现才是幸福。幸福感是个体根据自定的标准，通过对自我生存质量进行综合评价而产生的一种比较稳定的认知和情感体验，是自我接受、自我成长和自我实现的一种能力，能使生命力保持长期旺盛。泰勒·本-沙哈尔认为幸福就是快乐和意义的结合；"积极心理学之父"马丁·塞利格曼把幸福划分为3个维度：快乐、投入和意义，认为存在3种幸福生活：第一种是愉快的生活，即情感积极、快乐、感觉良好的生活；第二种是充实的生活，即深入地参与家庭、工作，有兴趣与爱好；第三种是有意义的生活，即充分发挥自身人格的长处与优势。每个维度的幸福都是好的，但是将浅层次的快乐转化为深远的满足感和持久的幸福感是一件益处更大的事情。

我们可以这样理解，幸福，是指一个人的需求得到满足而产生长久的喜悦，并希望一直保持现状的心理状态。幸福不是简单的快乐、喜悦或满足，而是为了一个有意义的目标快乐地努力和奋斗。真正幸福的人，能够在自己觉得有意义的生活方式中享受它的点点滴滴。幸福不是拼命爬到山顶，也不是在山下漫无目的地游逛，而是向山顶努力攀登过程中的种种经历和感受。

三、幸福基线

研究表明，大多数彩票大奖得主可能在中奖后 6 个月就已经回到了他们之前的幸福感水平——如果他们在中奖前是不快乐的，那他们就会回到不快乐的状态。同样，因车祸致残的人，一般在短短一年内就可以回到车祸前的快乐心态。你在课前热身环节中选对了吗？

（一）什么是幸福基线

1996 年美国明尼苏达大学的奥克·特立根（Auke Tellegen）和戴维·莱肯（DAvid Lykken），将一起长大或分开养育的同卵和异卵双胞胎作为调查对象，研究了他们的幸福相似性。在这项确定幸福的差异与基因的差异的研究中，心理学家发现，每个人都拥有一条与生俱来的幸福基线，大体上是由基因决定的。而这条幸福基线水平是在 3 岁以前由个体的生活经验及遗传特性确定下来的。也就是说，每个人因为其出生环境、遗传等因素影响，会拥有其个人特有的幸福基线水平。有的人天生就比一般人的幸福基线水平高，当然也有的人天生就比他人的幸福基线水平低，但是无论每个人的生命中发生过什么，我们大多数人最终都会逐渐回到自己的幸福基线水平。

买张彩票，意外中了大奖这样天大的喜事，可谓一夜之间梦想成真了，随即就能拥有一大笔为自己带来诸多选择的钱财，免除生活中许多生存烦恼和消费限制，可以追求自己的梦想、购买自己梦寐以求的物品、享受舒适的生活等。但是美国西北大学社会心理学家菲利普·布里克曼（Philip Brickman）对（1000 万美元）彩票中奖者的调查发现：大多数的彩票中奖者在 6 个月之后，有些人甚至在一个月之后，就恢复到了原先的幸福基线水平。

那些车祸致残者，一开始都会以为自己从此将与快乐绝缘，会觉得自己的一生都完了，他们伤心不已，甚至要放弃自己心中原来的希望。但是几个月后，他们也开始适应新的情况，并设定比较平实的人生目标。他们发现自己的身体状况每天都有一点进步，随之感受到生活中还有许多的快乐。

（二）如何提高幸福基线

彩票中大奖只能带来一时的欢愉，事业上的成功会带来短暂的得意，工作中的失败或许会引发一段时期的心情低落，身体的疾病也是阶段性地在困扰着我们。但是或早或迟，整体幸福水平总会趋向于靠近一个固定的基线，精神病理专家称这个过程为"适应原则"。不管或得或失，我们的幸福水平总会趋向于这条基线（不过，适应也是有限度的，有些不好的事情我们可能没有办法适应，或者适应得很慢，比如配偶或孩子的意外身故）。

　　长远来看，其实人生的际遇并不重要。不管是面对好运还是厄运，人们最后都会回归自己的快乐起始点，即大脑系统默认的快乐程度。而这个基本点主要是由基因决定的。每个人的基因会带来许多的不同，但是基因并不能决定我们每个人的所有的不同。也就是说：并不是幸福基线水平低的人就永远只能在不愉快和悲观中度日。积极心理学的基本任务就是帮助人们去提升幸福基线水平，提高个人、社区和社会的总体幸福感水平。帮助人们在跌入低谷的时候，建立较强的心理韧性，让人更快和更容易回到幸福基线水平。

　　如果以 1 ～ 10 计分，一个人天生的幸福基线是 5，积极心理教育可以帮助他逐步提升到 7。并在以后遭遇困难和挫折的时候，他的幸福感可能会降到 2，但是这个人会花比原来短的时间，而且更容易就能回到 7 左右的基线水平上。

　　当下的情绪，无论是欢乐还是悲哀，并不是一种长期的情绪体验和感受，人总是会比较快地回到自己既定的幸福基线水平。如果没有经过后天的学习或有意识的努力改变，每个人的幸福感都会大致保持在原有的水平状态，但是人们可以通过积极心理学的学习，学会有意识地去提升自己的幸福基线水平。

第二节　掌握幸福的方法

　　诚如要结出一树的幸福果实，必须先有挺拔的树干和繁茂的树叶，为累累硕果输送营养。幸福是一种主观感受，也是可以测量的客观指标，它是生活态度和环境共同作用的结果，人类的优势与美德、目标与努力共同构成了他们的幸福。积极心理学家索尼娅·柳博米尔斯基（Sonia Lyubomirsky）的研究认为，人类 50% 的幸福是天生的，是由基因决定的。每个人生来就有一个幸福定位点，贯穿我们一生特有的幸福潜能，5–HTTLPR（五羟色胺转运体基因）的长等位或短等位基因在很大程度上决定了我们是天生的乐观主义者还是无可救药的悲观主义者。但它若想发挥作用，还需要一个适宜的环境，而且在某种程度上，高遗传性并不代表不可改变。有些遗传特质是不可改变的，而有些遗传特质如悲观、恐惧等则是可以改变的。10% 的幸福由生活环境决定（所以以后别指望换个环境我就一定能幸福）。剩下 40% 的幸福则由我们的行为和思维决定，而幸福的秘密就在于这 40%。幸福的人与不幸福的人，其差别往往在于思维和行为模式的不同。只有健康的人格，才能撑起幸福的参天大树。

一、幸福树的枝叶——12 个方法获取幸福

　　柳博米尔斯基博士认为幸福的秘密就在于这 40%，还提出了 12 项可行性极强的幸福行动，这些方法能够切实提升我们这 40% 的幸福，帮助我们重新发现内在的力量，拓展自己的积极性思维，更加深入地了解自己，最终激发出幸福的潜能。

　　这 12 项方法可以分为 6 个部分，分别是：表达感恩（表达感恩之情、培养乐观的心

态、避免思虑过度、不要攀比）；加强社交投入（多行善事、维护人际关系）；应对压力、困境和创伤（积极应对、学会谅解）；活在当下（增加心流体验、享受生活）；找到人生目标（努力实现目标）；寻找精神寄托的力量（冥想、体育锻炼）。下面为大家着重介绍感恩和体育锻炼的力量。

（一）感恩

耶鲁大学校长彼得·沙洛维（Peter Salovey）在 2014 年毕业典礼上的演讲中曾提出感恩的能力是一种核心竞争力。可能是因为表达感恩的需求使我们意识到并非所有的事情都在我们的掌控之中，或是习惯于受他人恩惠或依赖他人，使我们意识到自己的命运并不完全由我们自己掌握，也有可能是因为我们的文化长期以来告诉我们熟不拘礼。在中国，表达谢意似乎是一件很不容易启齿的事情。我们习惯于在内心感受并感谢他人的善意，而不善于在第一时间表达出来感激之情。

然而感恩其实是润滑我们的心扉和人际关系的非常重要的精神力量。没有感恩，美好的生活可能遥不可及，当我们能够培养一种开放的心态接受他人的帮助并表示感激时，幸福就在心中悄然降临。

当一个人心存感恩时，就很难同时感受到妒忌、愤怒、仇恨等负面情感。事实上，那些会表达感激的人，往往也拥有较高的幸福感。

感恩之所以能够提升幸福感，有以下 8 个方面的原因：① 心怀感恩，可以让人们更加积极地体验生活、品味人生。② 表达感恩有助于提升自我价值，增强自尊。③ 心怀感恩有助于人们应对压力和心灵上的创伤。④ 心怀感恩能够激发人们的道德感。⑤ 心怀感恩有助于加强社会联系，加深朋友之间的感情，拓展新的社交圈子。⑥ 心怀感恩有助于克服攀比心态。⑦ 心怀感恩和消极情绪是无法相容的，对他人表达感恩之情实质上就是在消除负面情绪。⑧ 感恩之情能够帮助我们战胜享乐适应。

那么，我们如何来表达感恩呢？最有效的方式是写感恩日记。马丁·塞利格曼在《真实的幸福》一书中建议读者，要想提升人生幸福感，有个简单实用的方法，那就是每天坚持写感恩日记。把每天个人生活中发生的让你感动、开心和感觉幸福快乐的事情用三言两语记录下来，并写清楚事情发生的原因。这个小小的举动，帮助我们发现并铭记生活中美好的事情，可以非常有效地帮助我们感受幸福、发现自我价值。

此外，你也可以通过面对面表达的方式，来让对方感受到你的感激之情。还有一种表达感恩的方法，那就是写感谢信给对方。马丁·塞利格曼研究了那些写过感恩信的人和只写过自传的人之间幸福指数的差异。结果发现，写过感恩信的人幸福指数显著增加，而且这些幸福指数可以持续一个月左右。

（二）体育锻炼

现在正郁郁寡欢的同学，建议你去运动一下，顺便晒晒太阳，因为这两者都是非常简单而有效的促进内啡肽分泌的方法。2000 年，心理学家曾对 156 名重型抑郁症患者采取分组治疗：1/3 的患者只服用抗抑郁药物；1/3 的患者每周慢跑 3 次，每次 30 分钟；还有 1/3 的患者同时采用服用抗抑郁药物和慢跑两种方式。实验发现，16 周后，3 组患者的抑郁情况都有明显改善；但是，10 个月后的随访却发现，慢跑组患者的复发率要远远低于另外两组。

也许你会意外，体育锻炼的效果竟会比抗抑郁药物还要好？这是因为当运动量超过某一阶段时，人体内便会分泌内啡肽，而内啡肽是一种令我们感觉愉悦放松的物质。长时间、连续性的、中量至重量级的运动和深呼吸都是分泌内啡肽的条件，长时间运动把肌肉内的糖原用尽，只剩下氧气，便会分泌内啡肽。

心理学家认为体育锻炼能提高幸福感主要有以下 3 种原因。

（1）进行体育锻炼或者健体养生，让我们感到自己有能力掌控健康，这会让你感到浑身充满了力量，从而提升自我价值。

（2）体育锻炼容易让人体会到心流状态，远离焦虑，不胡思乱想。

（3）当你和他人结伴同行时，体育锻炼能够提供更多地与他人交往的机会，得到更多的社会支持，加深与他人的友谊，消除孤独感。

要想通过体育锻炼来达到愉悦体验，这些锻炼应该是长时间、连续性的、中量至重量级的有氧运动，包括跑步、游泳、越野滑雪、长距离划船、骑单车、举重、舞蹈或球类运动等。坚持每周三次，每次男生 40 分钟以上、女生 30 分钟以上的运动量，可有效提升自己的幸福感。

此外还有 6 个建议：

（1）缓慢开始运动，让心率保持在最大心率的 65% ～ 80%。

（2）事先安排运动的具体日期、次数及时间长度，用手机软件或笔记录下来，可以有效分析自己的锻炼状态。

（3）在一天当中选择一个自己感觉精力最充沛的时段进行锻炼。

（4）每天坚持 30 ～ 40 分钟的适度体育锻炼，不要运动过量。即使只有 10 分钟的锻炼时间也比不运动强，最重要的是坚持你的计划。

（5）如果你已经在定期进行体育锻炼，可以加大运动量。

（6）一个锻炼计划就像减肥一样，偶尔没有坚持也没关系，但不要让愧疚的情绪击垮你，尽量不要放弃。

二、幸福树的树干——幸福的支柱

微课：幸福
五要素

列夫·托尔斯泰说："幸福的家庭都是相似的，不幸的家庭各有各的不幸。"其实把这句话套用在幸福的人身上，你会发现，幸福的人生也是有一些共同的支撑点的。健全的人格是幸福的树干，唯有人格健康才能提供源源不断的幸福果实。在健康人格的基础上，积极心理学之父马丁·塞利格曼提出了幸福生活的框架——PERMA，其中字母 P 代表 positive emotion（积极情绪），字母 E 代表 engagement（沉浸其中，参与），字母 R 代表

relationships（人际关系），字母M代表meaning（意义），字母A代表accomplishment（成就）。如果说美德和优势是在品行方面保证了汲取幸福的根系，那么幸福生活的5个支柱就从行动上诠释了维持幸福的途径，它们在健康人格的基础上，就像雄伟的主枝，撑起了参天的大树。

（一）积极情绪

积极情绪就是让人感觉良好的情绪，比如喜悦、感激、宁静、自豪等。积极心理学家认为人们应该多关注自身积极的一面。关注积极情绪不是让人忽视消极情绪，而是以更务实、平和的心态去采取行动，消除消极情绪。积极情绪和盲目乐观有本质区别。盲目乐观与现实脱节，积极情绪则让我们更好地享受当下的生活。

积极情绪让一个人变得更积极，更能摆脱外界环境的影响而获得稳定的快乐，同时拓展积极思维、促进人际和谐，从而获得更健康、更有创造力的生活。比如在恋人发脾气时，带有积极情绪的人能更好地回应伴侣，安抚伴侣的情绪，看到伴侣情绪失控背后的需要和诉求，从而更好地理解对方、促进双方关系、提升自身价值感。相反，带有消极情绪的人则焦躁不安，陷入糟糕的想法不能自拔，既不能处理自己的情绪，也不能跟伴侣好好沟通，导致关系的破坏，带来无尽的懊恼。《积极情绪的力量》一书的作者芭芭拉·弗雷德里克森（Barbara Fredrickson）指出，个体要真正幸福，其积极和消极情绪的比例应为3：1。正因为如此，个人追求幸福时需要更多地关注自己的积极情绪。

悲观者在每个机会中看到困难，乐观者在每个困难中看到机会。现代脑科学认为，大脑的生物化学变化，是产生行为、情绪和认知方面变化的物质基础；反过来，精神的变化也可以导致大脑的物质基础的变化。外界心理刺激可以改变大脑的物质基础，这一结论意味着，我们如果总是给人好的心理刺激，大脑的物质组织就会朝好的方向发展。所以，人的积极情绪体验能力的获得与其他心理能力的获得一样，是在遗传素质的基础上，通过后天的环境、教育的影响形成的。

1.修女实验

截至目前，在研究积极心态和乐观领域中，最有趣也是影响最深的实验，就是针对修女的实验。实验的结论是积极情绪真的能使人快乐生活和长寿。并且，情绪不是过去人们认为的那样，毫无办法控制，没有解决方案，而是也可以通过某种激励培养出积极因素。

这项修女实验是从1932年开始的。1932年178位修女完成受训，她们的年龄大约为22岁，这些即将开始传教的修女，受到方方面面的测试，其中之一就是要求她们写自己的短小传记。

直到1995年的某一天，心理学家才打开这些资料进行研究。心理学家通过对她们的传记分析，考察她们的文化和智力水平，发现长寿及生命质量与文化和智力水平一点关系都没有。再通过调查，观察她们的居住环境，比如卫生条件、文明程度等，发现寿命与这些也无关。又研究她们的虔诚程度，发现这对长寿也没什么影响。只有一样东西与她们的寿命有联系，那就是积极情绪。积极情绪不但影响她们的寿命，而且对生命质量的影响更大。

最后，心理学家将这些修女分为四类：最积极的、最不积极的，以及这两类中间的两类。然后他们比较最积极的那类与最不积极的那类，得出了一些结论。

调查数据显示，她们当中85岁还健康活着的，最积极的那类有90%，而最不积极的那类只有34%，两个数据相差很大。这并不是说消极者就不会活到120岁，也不能说明积极者就不会30岁死于心脏病。但平均来说，在这个长寿研究中，最能解释两组差异的因素，就是积极情绪，总体的积极性。

又过了9年，2004年她们约94岁的时候，再次跟踪调查发现，最积极的那类中，有54%的人还活着，而最不积极的那类只有11%。并且，那些长寿的修女，她们的人生也比那些消极者要精彩得多，生命质量也高得多。

💡 **思考**

你从修女实验中看到了什么？

2. "杜乡的微笑"

与此相似的还有另一个著名的对微笑的研究，即杜乡的微笑。微笑有两种：一种叫作"杜乡的微笑"，这一命名是用来纪念发现它的法国人杜乡，这种微笑指的是发自内心的微笑，你的嘴角上扬，眼角鱼尾纹出现，而牵动这些地方的肌肉非常难以用意志加以控制；另一种微笑叫作"官夫人剪彩的微笑"，这种微笑不是发自内心的，没有杜乡的微笑的特点，与其说是快乐，倒不如说是低等灵长类动物

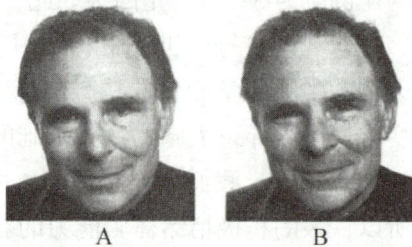

图8-2　杜乡的微笑

受到惊吓时的表情，也就是所谓的"皮笑肉不笑"。你能区分出图8-2中哪张是衷心的微笑，哪张是礼貌的微笑吗？

有经验的、受过训练的心理学家可以很快区分出杜乡的微笑和非杜乡的微笑。加州大学伯克利分校的D. 克特纳（D. Keltner）和L. A. 哈克（L. A. Harker）研究了密尔斯女子学院1960年毕业照上的141名女生，里面除了3名女生，其余都是微笑的，而在这些微笑中，有一半是杜乡的微笑。研究者分别在这些女生27岁、43岁及52岁时访问她们，询问她们的婚姻状况，对生命的满意程度等。当克特纳和哈克在1990年接手这个研究时，他们很怀疑能否从毕业照中预测出这些人的婚姻生活。结果他们惊讶地发现，拥有杜乡的微笑的女生一般来说更可能结婚，并能长期维持婚姻，在以后的30年中生活也过得比较如意。原来，人的幸福与否竟然能从微笑的鱼尾纹中预测出来。

克特纳和哈克曾质疑他们所得到的结果，思考是否拥有杜乡的微笑的人本来就比较

漂亮，是她们的美貌而不是真诚的微笑预测了她们未来生活的幸福程度。所以这两位研究者又去做美貌的评估，结果发现美貌跟婚姻是否美满、生命是否完美关系不大，一个真诚微笑的女人大概率会拥有美满的婚姻、幸福的生活。

美好的微笑是道美丽的风景，人类有了它而倍感温暖、祥和、幸福。体验积极的情绪，可以从微笑做起，经常性地对自己发自内心地微笑，增加愉悦的体验，可以逐渐改变大脑的生物基础，朝着更乐观、快乐的方向发展。

📖 **小知识**

60 秒钟微笑法

第一步：注意此刻的感觉。如果正在发愁或无精打采，那么注意自己的心情、自己的精力及自己身体的感觉，什么也不要改变，就保持这个样子。

第二步：开始微笑（如果有必要，就假装）60 秒。咧开你的嘴唇并且发出笑声。如果以你目前的状态感觉真的不能发出笑声，那么可以去看些有趣的视频或回想一些有趣的事情。

第三步：通过自身或观看喜剧片段进行 60 秒的微笑后，重新评估你的感觉。注意你的情绪、身体、姿势、面部肌肉和精力水平。

这时，你可能会感觉轻松点，面部、颈部和肩部肌肉更加放松，缓解了许多内在的压力和紧张，并且从担忧的想法中解脱出来。

想想你每天会笑多少次并且考虑是否需要增加 60 秒微笑的时间。

（资料来源：60 秒微笑方法清除坏情绪阴霾 [EB/OL].（2012-03-28）[2022/11/20].http://www.xinli001.com/info/1829/）

（二）参与

一行禅师是世界闻名的佛教大师，每当有人向他请教冥想的最佳方式时，他总是这样回答：去洗碗吧，就像为婴儿时期的佛陀沐浴那样心存恭谨。特雷莎修女也曾留下类似的箴言：当你照顾麻风患者时，要像照顾耶稣一样小心细致。这两位伟大的人物给我们上了珍贵的一课，即全神贯注的重要意义。无论你做的事情多么微不足道，都要像对待世界上最重要的事情那样认真完成。他们所提倡的，正是一种全身心投入的参与态度。

1.参与的重要性

专注让我们学会参与，但参与远比专注更加复杂，它是一种全身心的投入，不仅包括感官，还包括我们的心灵和精神。参与不只是感觉，也不是与外界互动的寻常方式，而是以海纳百川的心胸拥抱现实、世界和他人，因为我们知道，这样做能够丰富自己的心灵，甚至带来快乐。同时作为回报，我们也在帮助他人不断成长，在人生的旅程中获得了快乐。

事实上，生命的价值并不取决于完成了多少事情，而在于每一个过程中我们投入了多少精力。

在大学生活中，参与感给人带来归属感，投入地参与寝室事务、班级事务和社团工作，能令个体感觉到被接纳。一个人如果在大学几年里，能参与到各种活动中去，他在即将离开大学的时候，内心就会是充实而幸福的，因为在共同做事中他培养起了和集体、和他人及对自己的情感联结。反之，如果他并没有机会投入班级或其他集体活动中去，这种"与我无关"的疏离感会引起极大的空虚和懊恼，因为没有全情投入就无法产生联结感，个人会因为丧失与他人的联结而感到无意义。

2.心流对幸福的意义

参与感或者说投入在个人的学习和工作中也是非常重要的，全身心的投入能令一个人忘却焦虑和烦恼，忘却时间的流逝，这就是最直接的幸福体验——"心流"。

微课：心流

（1）心流是什么

心流（flow），又称福流、涌流，是一种特殊的心理状态。心理学家米哈里·契克森米哈赖（Mihaly Csikszentmihalyi）在他的著作《心流：最优体验心理学》中提出心流是一种将个人精神力完全投入在某种活动上的感觉。心流产生的同时会有高度的兴奋及充实感，是"一种几乎自动的、不需花力气但又高度集中的感觉状态"。

芝加哥公牛队的职业篮球队员本·戈登（Ben Gordon）对打球过程中"处于巅峰状态"的描述也许可以帮助同学们理解心流体验："你失去了对时间的感知，不知道现在是第几节比赛。你听不到观众的叫喊声，你不知道自己得了多少分。你什么也不去想，只是打球。所有的动作都像是本能的。"

（2）心流的路径

心流有非常显著的、独特的特点，当它到来时，你沉浸其中如痴如醉；当它离开后，你感觉圆满、有成就感。具体来说，心流的出现，有以下几个前提。

①挑战和技能匹配。当个体面对具有挑战性的任务时，这些任务需要与他们的技能水平相匹配。如果任务太容易或太难，个体可能会失去兴趣和动力。

②专注和意识集中。当个体全神贯注地投入一个任务中时，个体可以完全专注于当前的活动，并忘记时间和其他干扰的因素。这种专注状态可以帮助个体进入心流状态。

③反馈和奖励机制。个体需要及时的反馈来肯定自己的表现，并且获得适当的奖励以激励自己继续努力。这种反馈和奖励机制可以增强个体的自信心和动力，从而促进心流的产生。

④自我掌控感。个体需要有一定的自我掌控感，能够自由地调整自己的思维和行为方式。如果个体感到受到限制或无法控制自己的环境，个体可能会失去心流体验的机会。

《南华经》里有一个故事叫作庖丁解牛。庖丁为文惠君解牛，庖丁手碰的地方、肩靠的地方、脚顶的地方、膝盖碰的地方，每一次碰到都有声音，每一个声音像音乐一样动人，每一次碰到都有动作，每一个动作像跳舞一样优美。文惠君看了以后非常震撼，就问庖丁，你是怎么做到如此出神入化、行云流水的，此中的秘诀是什么。庖丁说三年前解牛，眼睛中只见牛，三年后解牛，眼中无牛，只有自己澎湃的福流，也就是一种身心愉悦的体验。

这种体验用积极心理学的方式来分析的话，其实就是 5 个特别鲜明的特点：一个就是全神贯注，注意力高度集中，专心致志，以至于你达到了一种物我两忘的境界；一个是一种特别驾轻就熟的感觉；不担心结果，不担心评价，肯定知道你能够完成；同时有一种点滴入心准确心理体验；最后就是一种淋漓尽致发自内心快乐。做任何事情能够让你产生这 5 个特点的话，你肯定就有过福流的体验。越是福流体验多的人，肯定就是有过幸福的生活，幸福的时刻，只不过你没有意识到这一点。

（资料来源：彭凯平．积极心理是伟大的人性：幸福之道的科学探索 [J]．科技中国，2017（2）：106–107）

心流是幸福的试金石，最有价值的幸福是集中在此时此刻，以自己擅长的专业技能从事自己认为有意义的活动，是全身心投入时的状态。心理学家的研究表明，生活中经历心流越多的人，幸福感越强。那么，有哪些事情能让自己产生心流呢？有兴趣爱好非常重要，搭积木、做手工、养宠物、照顾花草能产生心流；运动可以产生一种澎湃的心流，15 ～ 30 分钟的简单锻炼就能让人沉浸其中；阅读、看电影，会让我们忘掉时间；优质的人际交往同样能产生心流体验，朋友聚会、倾诉谈心、相互交换小秘密，都能让我们投入对对方的关注中；学习、工作也可以产生心流，而且可能是我们生活中大部分心流的来源，虽然它需要我们付出更多的劳动，但在工作和学习中得到的充实感和兴奋感也使我们获得心流的回报。

思考

你是否有过全身心投入一项自己喜爱的活动，完全忘了时间的时刻？

（三）良好的人际关系

关系是幸福的一个重要决定因素。有人曾问密歇根大学心理系教授、研究性格优点和美德的克里斯托弗·彼得森（Christopher Peterson）："能不能用 3 个单词把积极心理学说得更清楚一些？"彼得森回答说："别人很重要。"（Other People Matter.）

塞利格曼和迪纳一起调查了一批大学生，想要弄明白幸福的人究竟是什么样的。他们的结论是："很幸福的人有良好的人际关系。与其他人背后的温暖相比，他们的爱情和各种人际关系都更好。"很幸福的人在人际关系的各个方面——友情、亲情和爱情方面的得分都更高，他们愿意花更多的时间与朋友相处，结识新人并善于维护友谊。别人对他们的人际关系的评价更好。

两年后，塞利格曼和迪纳总结了更多的研究，肯定了人际关系与幸福的关系是相辅相成的：人际关系好的人更幸福，而幸福的人有更好的人际关系。比如乐于助人的人更幸福，同时，如果一个人处在更幸福的状态时，他也更乐于助人。

反过来，糟糕的人际关系会使人更不幸福，甚至导致精神疾病。有大量研究表明，朋友越少的人，心理问题越多；一个闺蜜也没有的女人不会开心；没有社交圈子的人有更多的消极情绪；还有心理学家认为，人际问题是抑郁的根本原因之一。中国人自古就将个人幸福置于家族和社会的联系之中，集体主义的文化传统使得人际和谐成为个人幸福的基本价值追求。家庭和睦、拥有三五知己与个人主观幸福感的相关程度很高。

资料：什么样的人才能活得更美好

总之，高质量的人际关系、丰富的社会网络、美满的婚姻质量，都是幸福的重要组成部分。

（四）做有意义的事

叔本华认为："人生如同上好弦的钟，盲目地走，一切只听命于生存意志的摆布，追求人生目的和价值是毫无意义的。"当一个人理解了自己是世界上独一无二的并且明确了他们生活中将要达到的目标时，便具有了对生活存在的意义。意义是指主动属于和服务于你认为可以提升自己的一些事情。人们大多希望做有意义的事情，过有意义的生活，拥有意义便为生活提供了指南针。那些找到生活意义的人往往更加乐观，并且拥有自尊，生活更加幸福，抑郁和焦虑水平较低。

1.每个人要为自己寻找一个意义

花境是花匠的意义，孩子是母亲的意义，夺冠是运动员的意义，利他是助人者的意义，爱人的微笑是情侣的意义等。

没有一个人可以告诉你，你活着的意义是什么，因为每个人活着的意义是不一样的，就如每个人面前的路，通往不同的地方。那些能令你感觉到生命被充实、被召唤的火种，就是你的意义，它无关好坏，只在于能否点燃生命。

微课：你的兴趣是什么

对大多数人来说，工作具有非凡的意义，因为意义和使命感联系在一起。如果一个工作，能让我们有自我实现的可能，那么它就是最有意义的事情。一个人若要在工作中获得更多的幸福，就要明白我们对工作的认可有时候比工作本身更重要。

心理学家马斯洛曾写道："人类最美丽的命运、最美妙的运气，就是从事自己喜爱的事情并获得报酬。"寻找如此"理想"的工作——这种能让我们更幸福的工作并不容易。研究表明，人们对待工作的态度可以对此产生影响。

心理学家艾米·瑞斯尼斯基（Amy Wrzesniewki）指出，人们对待工作有 3 种态度：任务、职业或使命感。如果一个人只是把工作作为一种任务和赚钱手段，而不是期待在其中有任何自我实现，这种情况下，每天去上班是因为他必须去，而不是他想去。把工作作为职业的人，除了注重财富的积累外，也会关注事业的发展，比如权力和声望等。对于把工作看成使命的人来说，工作本身就是目标。薪水和机会固然重要，但他们工作是因为他们想要做这份工作。他们的力量源于内在，同时也在工作中感到了充实与快乐。他们的目标正是自我和谐的目标。他们对工作充满热情，在工作中实现自我。

> **💡 思考**
>
> 你会把你的工作当成是任务、职业，还是使命？

> **👥 案例**
>
> 三个工人在建筑工地上砌墙。有人经过，问他们在干什么。
>
> 第一个工人悻悻地说："没看见吗？我正在砌墙。"
>
> 第二个工人认真地回答："我正在建造大楼。"
>
> 第三个工人快乐地回应："我正在建造一座美丽的城市。"
>
> 十年之后，第一个工人还在砌墙，第二个工人成为建筑工地的管理者，第三个工人则成为这个城市的领导者。

寻找适合的工作（可以发挥我们的优势和热情）通常是很有挑战性的，MPS模式也许可以帮助到大学生。MPS模式中，MPS分别代表的是意义（meaning）、快乐（pleasure）和优势（strengths）。我们用以下3个关键问题来问自己：什么能带给我意义？什么能带给我快乐？我的优势是什么？请注意顺序。然后看一下答案，找出其中的交集，这样的工作就是最能使你感到幸福的工作。

做这个自测时，切记要用心，而不是胡思乱想瞎写一通。你会发现头脑中有很多现成的答案，但从中寻找到准确答案并不容易。比如在回答"什么能带给我意义"这个问题时，我们需要尽量多地写下所有我们曾经做过的、让我们感到有明确目标的事情，认真地回忆和反思生命中的这些时刻，确定对我们而言真正有意义的事情。

如果多花些时间去思考这3个问题，答案可能会有很多，并且彼此交叉的地方一开始不一定那么明显。但是随着自我思考的不断深入和生活实践的展开，你会发现在工作中积累的优势会越来越明显，而工作成就带来的快乐也会越来越多，以自我实现为驱动的工作通常能整合MPS，从而带来幸福感。

2.痛苦是发现意义的"前夜"

每天过着上课、下课、看书、睡觉、打游戏的生活，你会不会偶尔午夜梦回，被两个声音左右着？一个声音对你说："人生不就那么回事吗，往

微视频：你的孤独

上爬是一生，待在原地也是一生。死后万事皆休，所做的一切意义在哪里？还不如及时行乐。"另一个声音反驳说："我们无法延长生命的长度，但可以拓宽生命的广度和深度。"到底哪个才是你内心真正需要的声音呢？

当我们被这两种声音撕扯的时候，其实是幸运的，因为至少我们还可以选择，如果你在很深的梦里睡得很死，那么不会出现这种情况。一个人不停地翻身、做动作、不安，那是因为他接近醒来。有时候我们感觉心里空荡荡的，不但感受不到旁人，也感知不到自己，不知道自己是谁，也不知道自己想成为什么样的人。出现上述症状的人，和午夜翻身的情况是相同的，这是一种生命要醒来的表现。这实际上是件好事，但不知道实情者却陷入了恐慌。他们会不停地问自己，这是怎么了？我这是怎么了？有的人还会为自己出现这种情况而内疚、自责、焦虑，陷入心理疾病，这些人在寻找自己生命的本来面目，他们介于清醒和睡梦间，因此他们格外痛苦。

那些在黑暗中辗转翻身的人们，曾被冠以"空心病"。空心病是指价值观缺陷导致的心理障碍，症状为觉得人生毫无意义，对生活感到十分迷茫，不知道自己想要什么。这种强烈的无意义感导致痛苦、迷茫，不知道前路在何方。其实这种无意义感恰恰是对意义的一种追求，是对庸常生活的一种否定。正是对现实生活不满足，对功利的、世俗的"意义"不认同，才会产生那种无意义感。无意义感恰恰是对生活"有心"的结果：对生活有着严肃认真的态度，对人生有着别样的期待，才会对现有的生活不满，只是对自己应该走怎样的路，也还是茫然的。这是旧的意义被毁坏，新的意义尚未建立时的彷徨与茫然。我们不能说这种彷徨与茫然就是无意义的，谁知道其中就没有新的种子在萌芽与生长呢？

自我否定和自我批判是大学生群体这个年纪必须面对的问题。你不是一个人在痛苦，每一个时代的年轻人，都会面临时代的困境。空心只是一个自我收纳的过程，将一段时间积累的认识与理念统统掏空，重新审视自己。不必害怕这暂时的空缺，反而该感谢这"放空"的阶段，不破不立，推陈出新，正是这一时的空白，能让你更清楚地明白自己想将什么重要的事物装进心里。

（五）取得一定的成就

成就感是愿望与现实达到平衡时产生的一种心理感受。成就代表了一个人对环境的掌控能力，它是人们的安全感之源。幸福感是人类基于自身的满足感与安全感而主观产生的一系列欣喜与愉悦的情绪。成就使人们感觉到自己的活动是有意义的，并且使他们在生活中体验到更多的自尊和自信。这些使人们产生了一种对生活道路的控制感，并且会得到这样的反馈：他们证明了自己，他们没有偏离生活的轨道。

如果说意义更注重个人对环境的贡献的话，成就则更注重环境对个体的回报和反馈。个人价值往往是通过成就来实现的，但我们需注意，幸福感常常来自成就的实现过程而不是成就本身。当我们过于追求结果的时候，我们往往会把目光集中在成就本身，而忘记享受追求成就过程中的投入感、付出感和意义感，而后者才真正能带给我们幸福。

三、吞噬幸福的蛀虫

如果你仔细观察过一棵树，就会发现大多数的树干上，都会有伤疤，这些伤疤，可能是由外力如刀斧、雷电造成的，更多的却是由树上不起眼的虫子咬噬带来的。有时候树上的虫子多一些，有时候少一些；有的大树有自我疗愈的本事，而有的大树，被一群看似不起眼的虫子，日复一日地啃食树干和枝叶，导致硕大的树木轰然倒地，这样的情形很常见。

幸福也是如此，原本美好的幸福生活，着实有可能被一些"蛀虫"啃噬。这些蛀虫就像幸福大盗一样，不知不觉中就偷走了我们的幸福。

对每一个正在努力实现幸福的人们来说，我们的幸福小偷确实不少：攀比、完美主义、拜金主义、焦虑、自私、埋怨、自怜……

"小时候觉得能吃饱饭就是幸福，有肉吃就是最大的幸福，长大后饭能吃饱了，肉也能随便吃了，可我就幸福了吗？没有！那时候又觉得钱还是太少，再涨点工资就幸福了。最好自己做老板，那就最幸福了。结果现在我钱也多了，也自己做老板了，可我幸福了吗？还是没觉得！"——人很容易适应物质水平的提高，因此，就算日子越过越好，钱越来越多，我们还是难以找到幸福。

"虽然我目前看上去是不错，可是还不够，如果我更努力，我就可以过上完美的幸福生活了。"——完美主义的人，容不得生活中一丁点的不美好，他们总是很自然地聚焦于不够好的1%却忽视了已经拥有的99%的美好。其实，真正幸福的人，不是没有痛苦和缺憾，而是他们能坦然地面对这些痛苦和缺憾。

"我饿了，看见别人手里拿个肉包子，他就比我幸福；我冷了，看见别人穿了件厚棉袄，他就比我幸福。"——很多人把幸福感建立在和别人的比较之上，他们的幸福不在于自己怎么样，而在于相对于别人来说自己怎么样。但积极心理学的研究表明：越喜欢和别人比较，就越不幸福。幸福和攀比心之间存在相关性，越幸福的人越少跟别人比较；反过来，攀比心越强的人越不幸福。攀比心不仅不能带来幸福，反倒是通往不幸福的捷径。个人就算通过攀比得到了短暂的幸福，它会驱使着你像转轮上的小仓鼠一样拼命奔跑，永不满足。

除此之外，只要你环顾四周，稍加观察、思考，就可以发现更多幸福感的蛀虫，比如："死要面子活受罪"的虚荣心，让我们为别人的目光活着，而不是为自己的幸福而活。人们如果不善于发现生活中美好的事，太过于关注不好的事，忽略了光明面，自然不会有好心情等，都会影响我们的幸福感。

幸福树的蛀虫是不是很多、很可怕？无须担心，有两个方法可以使我们免受害虫的困扰：一是防虫灭虫，"时时勤拂拭，勿使惹尘埃"，将攀比、埋怨等导致我们不幸福的蛀虫及时捉出；二是强大自身，狂风和害虫只能毁坏弱小的幼苗而对生命力强盛的大树无可奈何，只要我们培养出健康的人格和积极的思维，自然就百害不侵了。

第三节　培养幸福的能力

某报纸面向社会征集"谁是世界上最幸福的人"这个问题的答案，各界人士十分踊跃，纷纷应答。报社组织了权威的评审团，在众多的答案中进行遴选和投票，最后得出了3个答案，因为众口难调意见无法统一，还保留了一个备选答案。得出的答案是这样的：①给患者做完了一例成功手术，目送患者出手术室的医生。②给孩子刚刚洗完澡，怀抱婴儿面带微笑的母亲。③在海滩上筑起了一座沙堡的顽童，望着自己的劳动成果。备选的答案是：写完了小说最后一个字的作家。

> 💡 **思考**
> 你在这些"世界上最幸福的人"身上看到了什么样的共同点？

一、幸福力——幸福从心开始

很多时候人们在追问"我的幸福在哪里"，幻想"如果有一天怎样我就可以幸福了"，但是幸福真的是我们能够求到的吗？幸福真的是另外一个人可以给予我们的吗？还是说我们自己就是幸福的来源？

幸福不是来自一时的亢奋感受和快乐片段，而是一种稀缺的、可持续获得幸福感受的能力，即"幸福力"。幸福力是一个人内在的心理素质，是一个人获得幸福的能力。这种能力是一种软实力；是一个人情感力、认知力、健康力、意志力、抗挫力、微笑力和德行力的综合体现。有了幸福力，人就有了认知幸福的能力、创造幸福的能力、感受幸福的能力、传递幸福的能力，这种能力是可以通过学习来培养和提升的。

美国心理学家迪纳等人指出积极的心态是主观幸福感最强有力和最可靠的预测因素。凯斯（Keyes）提出心灵旺盛与心灵枯萎的概念。心灵旺盛（flourishing），泛指个人有能力创造或维持主观幸福感。心灵旺盛之人会在任何情况下都对生活感到满意，都会感到生活有目标、有意义，都感到自己有能力战胜压力，都会悦纳自己的一切。而心灵枯萎（languishing）是指个人没有或欠缺能力创造或维持主观幸福感。心灵枯萎之人通常没有精神疾患或抑郁症状，但他们的情感、心理和社会适应状态很差，很容易产生挫败感、空虚感和学习无助感。从认知的角度来看，人的心态决定幸福的能力。因为人不是被动地体验事件和环境，相反，所有的生活事件都是认知过程，是个体的分析与建构、预期与回忆、评价与解释的过程，多样化的认知操作与动机过程对人的心理具有重要的影响。对幸福的主观认知加工过程同样通过控制人与环境的反应方式，调节环境对于个人主观幸福感受的影响。

研究发现，人们对常规和非常规的事件两者的反应导致不同的幸福感水平。例如，幸福者常常具有：①更乐观的策略和性格；②倾向于用积极的方式建构生活情境；③预期未来适宜的生活环境；④感觉能够控制自己的收入；⑤对自己的能力与技能拥有自信。此外，幸福者能够化消极为积极，并思考自我及与自我有关的问题。而另一些心理学家则描述了人们应对问题的认知与动机过程，发现积极与有意识良好方式对人的心理健康极有价值，如：①积极幻觉显现；②从消极事件吸取积极的意义；③通过幽默、信念、意志等克服困难；④不钻牛角尖；⑤用适合的方式进行社会比较。所有这些，均能够减少应激并促进心理健康，是一个人幸福能力的体现，积极的认知，无论是对于主观幸福感还是心理幸福感的达成，都有着重要意义。

二、幸福的根基——美德和积极特质

健康积极的人格是获得幸福的基础，美德是到达幸福的必经之路，美德对幸福的作用，就像一棵大树用它的树根吸取土壤里的营养供给树干和果实一样，可以说是幸福的源泉。一个幸福的人，他是平静的、能解决自己内心冲突的，即使是在令人不悦的压力事件下，内心幸福的人仍能保持自律和自我超越。那么，放之四海而皆准的、支持人类走向幸福的美德有哪些呢？它们分别是智慧、勇气、仁爱、正义、节制和超越自我。

但是智慧、勇气、仁爱、正义、节制和超越自我都太抽象了，心理学家无法测量它们。为了构建和测量美德，于是就筛选出了人类共同拥有的到达美德的方法。例如，仁爱可以经由仁慈、博爱、爱人与被爱的能力、牺牲或热忱来达到，而节制可以经由谦虚、纪律、自我控制或谨言慎行来达到等。

要成为一个高尚的、幸福的人，你需要拥有上述 6 种美德，如果不能全有，至少也要有大部分。6 种美德可以通过不同的途径到达，这些途径叫作优势，优势是可以测量也是可以学会的。看看二维码中这 24 种优势中哪些是你已经拥有的，哪个优势是你最突出的优势。

资料：24 项积极心理品质的品质目标

✎ **练一练**

说一个最能表现你的优势的故事。

如果你的优势符合以下标准之一，那就是你的突出优势了

1. 这项优势让你有真实感和拥有感（这是真正的我）。

2. 当你展现你的某个优势时，你很兴奋，尤其是第一次展现时。

3. 刚开始练习这个优势时，有快速上升的学习曲线。

4. 会不断学习新方法来加强你的优势。

5. 渴望用别的方式去展现自己的优势。

6. 在展现优势时，你有一种必然如此的感觉。

7. 运用这个优势时，你会越用越情绪高昂，而不是越用越疲倦。

8. 个人追求的目标都是围绕这个优势的。

9. 在运用这个优势时，你会感到快乐、热情高涨甚至是狂喜。

每一天，在不同场合尽量展现你的突出优势，以得到最多的满足与真正的幸福。

亚里士多德认为，幸福是最高的善。当然他承认幸福中也含有快乐的成分，但是这种快乐并不是靠消遣，而是来自实践他自己的德行。美德和性格优势是幸福生活的必要的条件，只要你想要拥有幸福的生活，就应该发现、培育和发挥自己的美德和性格的优势。

关于幸福树，我们的探索并没有结束：这个快速发展、转型的时代提供了幸福生活的环境；我们培养的好习惯就像大树的肥料，催生幸福；而内在的力量则是灌溉幸福的阳光雨露……

W. 巴克莱（W. Barclay）博士早在随笔集《花香满径》的开篇中就说过类似的道理："幸福的生活有 3 个不可缺少的因素：一是有希望，二是有事做，三是能爱人。"生活中不缺少幸福，只是缺少发现幸福的眼光。幸福盲如同色盲，把绚烂的世界还原成了模糊的黑白照片。擦亮你寻找幸福的眼睛吧，就会看到被潜藏、被遮掩、被蒙昧、被混淆的幸福。

▢ 超简单心理实践

3 分钟呼吸空间

3 分钟呼吸空间冥想，来自正念认知疗法。相对于比较正式的冥想练习（比如觉察呼吸、身体扫描、觉察想法和声音等），它的练习时间可以非常短，当你置身于压力之中时，这个练习可以暂时让你静下心来，帮你正确认识问题，充分了解当前情况。

微课：正念观呼吸

3 分钟呼吸空间的练习分为 3 个步骤，每个步骤大约持续 1 分钟，我们通过每一个步骤的指导语，来进一步了解这个练习的内容。

第一步：觉察和承认。选择一个舒服和端正的姿势，或坐或立都可以，闭上双眼练习。然后，将觉察集中到内心感受，并承认它的存在。询问自己：我现在的感觉是什么？

脑海中现在有哪些想法？如果可以的话，设法把想法识别为心理的活动，你也许可以把它们用言语描述出来。

我有什么感受？主动面对不适和不快感受，承认它们的客观存在，不要试图改变它们。

现在有什么身体感知？快速扫描一下身体，搜索紧张或压抑感，承认它们的存在，但同样不要试图以任何方式改变它们。

第二步：聚焦注意力。重新把你的注意力放在呼吸本身带来的身体感觉上，靠近腹部的呼吸感觉……感受腹部随着气体进入而扩张的感觉……随着气体被呼出而下沉的感觉。

一直跟随着你的呼吸，吸气和呼气的整个过程，使用呼吸来把自己锚定在当下。

第三步：扩大注意力。现在，将围绕气息的意识范围扩大，将整个身体、姿态和面部表情都包含进去，好像整个身体都在呼吸一般。如果你感到任何不适或紧张感，想象气息可以进入并围绕知觉，将注意力焦点引入知觉强化区。在这一过程中，你只是在辅助意识感受知觉，善待它们，而不是试图以任何方式去改变它们。如果它们不再吸引你的注意，重新坐好，持续感知整个身体。

1. 课堂活动
2. 课后巩固

参考文献

[1]　本-沙哈尔.幸福的方法[M].汪冰，刘骏杰，译.北京：中信出版社，2013.

[2]　彼得森.积极心理学[M].徐红，译.北京：群言出版社，2010.

[3]　柳博米尔斯基.幸福有方法[M].周芳芳，译.北京：中信出版社，2014.

[4]　契克森米哈赖.心流：最优体验心理学[M].张定绮，译.北京：中信出版社，2017.

[5]　塞利格曼．真实的幸福[M].洪兰，译.沈阳：万卷出版公司，2010.